# 중국어의 운율과 형태·통사

# 중국어의 운율과 형태 · 통사 汉语的韵律, 词法与句法

## Interaction between Morphology, Syntax and Prosody in Chinese

冯胜利(Feng Shengli) 지음

신수영 · 이옥주 · 전기정 공역

역락

## 한국어판 저자 서문

운율통사론prosodic syntax은 운율이 통사를 제약하는 양상을 드러내는 새로운 사실들을 다룬다. 이 새로운 연구인 *Interactions between Morphology, Syntax and Prosody in Chinese*(IMSP)는 1997년 중국에서 처음 출간되어 2009년에 개정되었다. 이옥주, 전기정, 신수영 교수에 의해 이 책의 한국어 번역본이 출간된다니 기쁠 따름이다. 이 새로운 학문분야가 운율에 관심을 가진 더 많은 사람들에 의해서 탐구되고 발전될 것에 더욱 기쁘다. 한국 독자들의 반응에 긴장되면서도, 새로운 문제를 논의하고 새로운 영역을 개척하기를 기대하는 바이다.

운율의 제약을 받는 통사prosodically-constrained syntax의 연구가 현재 증가하고 있지만, 우리는 '음운의 제약을 받지 않는 통사phonology-free syntax'가 1980년대와 90년대 언어학에서 상호작용 원칙으로 간주되었던 것을 잊을 수 없다. 나는 90년대 초 사람들이 내 박사학위 논문에 대해 물으면 반어적으로 "나는 실체가 없는 환영을 좇고 있다"고 대답했던 것을 기억한다. 물론 나는 환영을 잡는 데는 실패하였다. 그러나 형태론을 지배하는 음보 형성 규칙Foot Formation Rule, FFR과 문말 동사구 통사를 제약하는 핵강세 규칙Nuclear Stress Rule, NSR을 발견하는 데 성공하였다. 이러한 규칙들을 비형식적으로 발견하고 형식적으로 규명한 것을 되돌아보니, 나의 학문적 발전의 결과는 펜실베니아 대학의 Bill Labov, Tony Korch, Mark Liberman과 그 외 많은 사람들에게 돌리고 싶다. 그들의 지도와 영감, 그들과의 친밀한 교류가 없었다면 나는 언어학을 과학으로 볼 수 없었을 것이다. 서구에서 발전한 형식 과학이 없었다면 동양에서 운율통사론이 발전하지 않았을 것이다. 이는 실제로 이 책이 다루는 내용의 핵심이며 내가 앞으로 추구할 이정표이다.

이 책은 운율형태론prosodic morphology(제1, 2장)과 운율통사론(제3, 4장)뿐만 아니라 90년대에 형성되어 많은 관심을 얻기 시작한 또 하나의 새로운 영역인 운율 문학prosodic literature(제6장)을 다룬다.

한국어에서 운율은 형태, 통사, 문학에 어떠한 영향을 미치는가? 이는 앞으로 해결되어야 하는 문제이다. 만약 이 책이 한국어 언어학의 관련 문제에 대해 시사하는 바가 있다면, 이는 번역자들의 노력을 더욱 의미 있게 만들 것임에 틀림없다. 사실 이 책의 번역이 가지는 의의는 '음운의 제약을 받지 않는 통사'라는 전제가 이제 사라지고 있다는 점과 "문법 요소가 자율적이라는 초기의 견해는 명백히 잘못되었다"(39차 NELS)는 새로운 진술, '문장의 말소리 패턴은 통사와 더욱 통합적'(http://web.mit.edu/newsoffice/2010/uttering-trees-0326.html)이라는 관찰이 점차 더 많은 주의를 끌기 시작한 것과 직접적으로 관련된다. 따라서 이 책의 한국어 번역은 운율통사론에 대한 첫 번째 국제적 목소리라는 점에서 우리를 더욱 뿌듯하게 한다. 물론 오늘날 운율통사론은 아직 많은 다른 언어에 적용되지 않았는데, 바로 이 점이 이 번역서가 앞으로 운율통사론이 비교언어학적으로 발전할 수 있는 길잡이의 역할을 할 수 있는 이유이다. 새로운 영역인 운율통사론이 앞으로 독립적이고 완전한 학문분야가 되기를 희망하며, 운율통사론뿐만 아니라 이론언어학의 측면에서도 세 역자의 헌신적인 작업에 감사를 표한다.

2013년 8월 30일
Feng Shengli

Prosodic syntax is concerned with new facts that illustrate how prosody overrides syntax. This new study, entitled "*Interactions between Morphology, Syntax and Prosody in Chinese* (*IMSP* for short) was first published in Chinese in 1997 and revised in 2009. As the author, I am very happy that it is now translated into Korean by Prof. Ok Joo Lee, Prof. Gijeong Jeon, and Prof. Sooyoung Shin. I am even more delighted because the new area will be explored and developed by more people who are interested in prosody. I am thus anxious to receive feedback from Korean readers and look forward to discussing new questions and exploring new frontiers.

While study of prosodically-constrained syntax is growing now, we must not forget that "phonology-free syntax" had been considered an interface principle in linguistics during the 1980s and 90s. I remember people asking me about my dissertation in the early 90s, and responding ironically: "I am chasing a ghost". Of course, I failed to catch the ghost but I succeeded in finding the Foot Formation Rule (FFR) that governs morphology and the Nuclear Stress Rule (NSR) that constrains the last-VP syntax in Chinese. Looking back on how these rules were informally discovered and formally construed, I would like to attribute the result of my academic enlightenment to Professors Bill Labov, Tony Kroch, Mark Liberman and many others at UPenn. Without their guidance, inspiration and personal feedback, I would be incapable of viewing linguistics as a science. Had formal science not developed in the West, prosodic syntax certainly would not have evolved in the East. This is actually the essence of what this book is about and it is the pharos that I will pursue into the future.

The book *IMSP* not only covers prosodic morphology (chapters one and two) and prosodic syntax (chapters four and five), but also prosodic literature (chapter six), which is another new field that has begun to gain popularity since its genesis in the 90s.

How does prosody influence morphology, syntax and literature in Korean? This is an open question waiting for answers in the future. If this book can shed some light on these questions for Korean linguistics, it would definitely make the effort of the translators even more worthwhile. In fact, the significance of this current translation is related directly to the fact that the assumption of "phonology-free syntax" is now disappearing and new statements that "the initial view that components of the grammar are autonomous has proven to be overly strong" (from the 39$^{th}$NELS) and observations that "the sound pattern in sentences is more integral to the syntax" (from http://web.mit.edu/newsoffice/ 2010/uttering-trees-0326.html) are beginning to appear and attract increasing attention. The Korean translation of the *IMSP* therefore makes us proud as it is the first international voice on prosodic grammar. Of course, prosodic syntax today has not yet been applied to many other languages, which is why this translation may serve as a landmark for future cross-linguistic developments of prosodic syntax. With the hope that this new field will eventually become an independent, full-fledged discipline, I deeply thank professor Ok Joo Lee and her team for their dedicated work not only on prosodic grammar specifically, but for theoretical linguistics as well.

Shengli Feng
2013-8-30

## 역자 서문

≪중국어의 운율과 형태 · 통사≫는 冯胜利 교수의 ≪汉语的韵律、词法与句法≫(개정판, 2009)를 한국어로 옮긴 것이다. 冯胜利 교수는 현재 홍콩中文대학교 중문과中国语言及文学系에 재직 중이며, 운율통사론, 역사 문법과 훈고학 등의 영역에서 활발한 연구를 진행하고 있다. 대표적 저서로는 ≪汉语韵律句法学≫(2000), *The Prosodic Syntax of Chinese*(2002), ≪汉语韵律语法研究≫(2005), ≪汉语书面用语初编≫(2006) 등이 있다. 저자는 1990년대 <论汉语的韵律结构及其对句法构造的制约>(1996)에서 통사론, 형태론, 문체론에 대한 운율의 제약을 통하여 중국어의 특성을 설명함으로써 학계에서 큰 반향을 일으켰다. 이후 출간된 저서인 ≪汉语的韵律、词法与句法≫에는 그의 축적된 연구 성과와 한층 다듬어진 이론이 소개되어 있다.

운율형태론은 운율이 형태 및 통사 층위와 상호작용하는 현상을 탐구하는 이론이다. 이 책은 운율의 작용과 제약을 통하여 중국어의 형태 및 통사 현상을 해석한다. 제1장은 운율단어의 개념을 통하여 중국어의 복합어를 재정의하며, 제2장은 고대 중국어의 운율 체계가 변화한 역사적 과정을 고찰하고 이를 통해 운율단어와 복합어의 발전 과정을 규명한다. 이어 제3장은 복합 운율단어인 4자격四字格을 형성하는 중국어의 운율 모형과 문체적 기능을 소개하며, 제4장은 운율통사론의 기본 원리와 체계를 분석한다. 제5장과 제6장은 각각 문법화와 수사법에 나타나는 운율의 기능을 밝힌다. 음운론, 형태론, 통사론을 아우르는 이 책은 중국어 언어학의 새로운 분야인 운율형태론과 운율통사론 연구를 이끌어주는 길잡이가 될 수 있을 것이며, 언어 제 요소의 상호작용에 대한 이해를 돕는 데에 도움을 줄 것으로 기대된다.

음운론, 통사론, 의미론을 각각 전공한 세 명의 역자는 언어 현상에 대한 깊이 있는 이해를 위해서는 언어학 분야 간의 통합적 연구가 필요하다는 것을 절감하고 있었다. 2008년 역자와 대학원생들의 공부 모임에서 이 책의 내용에 대한 거듭된 논의를 통하여 운율형태론과 운율통사론이 중국어 연구에 대한 보다 통합적 시각을 제시해 줄 수 있다는 데에 의견을 모았다. 2009년에 출판된 개정판에 보이는 수정과 보완을 통하여 저자의 학문적 고민과 노력을 고스란히 느낄 수 있었고, 번역을 결심하게 되었다. 본격적으로 번역 작업을 하면서 여러 가지 어려움이 있었지만, 운율과 형태, 통사를 아우르는 새로운 이론을 배우고 비판적으로 논의하는 즐거움은 어려움보다 훨씬 크다. 이 번역서를 통하여 역자들이 느낀 학문적 즐거움이 독자들에게도 전해지기를 바란다.

이제 이 번역서를 선보이게 되니 감사를 전해야 할 분들이 생각난다. 길고 거듭되는 고민과 토론의 시간을 함께 한 이화여자대학교 중어중문학과 대학원생들과 번역 검토 작업에 참여해준 김지영, 박윤지에게 고마움이 크다. 무엇보다도 중국어 연구에 있어 운율형태론과 운율통사론의 이론적 틀을 확립하여 통합적 연구의 계기를 마련하였으며, 이 책의 한국어 번역을 흔쾌히 허락한 저자 冯胜利 교수에게 진심으로 감사드린다. 또한 이 책의 출판을 기꺼이 수락해준 도서출판 역락에 깊은 감사의 마음을 전하고 싶다.

2013년 12월

역자 일동

* 제1, 2장, 부록은 전기정이, 제3, 6장은 신수영이, 제4, 5장은 이옥주가 번역하였다.

** 인명과 서명은 한자로 표기하였으며 현대 중국어 발음에 따라 한국어 조사를 표기하였다.

## 개정판 저자 서문

중국어 운율형태론과 운율통사론에 관해 처음으로 논의한 이 책이 드디어 개정판을 내는 영광을 누리게 되었다. 초판과 비교해 보면 그동안 두 학문 영역이 어떠한 성장과 발전을 거두었는지를 살펴볼 수 있을 것이다.

이번 개정판에서는 초판의 내용을 일부 수정했다. 제1장에서 운율단어와 복합어의 역사적 기원에 관한 내용을 첨가했고, 원래 제6장에 있던 형식 통사와 중국어 被자문은 운율과 직접적인 관계가 없다고 판단하여 삭제했다. 이러한 노력을 통해 책이 전체적으로 더 짜임새를 갖추었다고 자부한다. 제1장에서는 중국어 복합어는 반드시 하나의 운율단어이어야 한다는 중국어 형태론에 관해 논의하였고, 제2장에서는 운율단어와 복합어의 형성과 발전 과정, 모라로 구성된 음보가 음절로 구성된 음보로 바뀐 과정, 그리고 이로 인해 2음절화의 경향을 나타내는 과정을 역사적인 관점에서 설명하였다. 다음으로 제3장에서는 4자격四字格이라고 하는 복합 운율단어의 운율 모형과 문체 기능에 대해 논의하였다. 제4장에서는 운율통사론의 기본적인 원리에 대하여 제시하고, 제5장에서는 운율이 어떻게 문법화를 촉진하게 되었는지, 마지막 제6장에서는 운율통사와 수사법의 상호 관계에 대해 논의하였다. 종합해 볼 때, 제1~3장은 중국어 운율형태론의 원리에 대해 논의하고, 제4~5장은 운율통사론의 기본적인 모형을 제안하며, 제6장은 운율문체론의 토대를 제공하였다. 개정판에서는 두 개의 장을 첨가하였고, 각 장마다 초학자들이 복습할 수 있도록 생각할 문제를 덧붙였다. 이 외의 내용은 초판과 동일하다.

초판과 비교하여 개정판에서는 <중국어의 운율 통사 현상 요약>을 새로 첨가했다. 이 부분은 앞으로의 연구를 위한 기초를 다지기 위해 이전의 작업을 종합한 것으로, 지금까지 현대 중국어에서 수집한 운율형태와 운율통사 현상을 수록한 것이다. 초학자들도 이를 참고로 하여 자신의 실력을 향상시킬 수 있을 것이다. 마지막으로 독자들을 위해 이 책의 뒷부분에 주요 개념과 용어의 색인을 덧붙였다. 이번의 수정을 통해 예전보다 훨씬 더 체계적이고 실용적인 내용을 담게 되었다고 자부한다.

십여 년 전과 달리 운율형태와 운율통사에 관한 연구가 갈수록 주목을 받으면서 연구자도 많아졌고, 수준도 계속 향상되었다. 예전에는 통사적 분석에 근거하여 운율 구조를 잘못 분석하는 경우가 있었다. 예를 들면, 我买的书를 [[我买][的书]]로 분석하여 [2+2]의 형식이라고 잘못 판단하기도 했다. 지금은 대학원생조차도 운율 내용어와 운율 기능어를 혼동하지는 않을 것이다. 我从北京来나는 베이징에서 왔다에서 从은 운율적으로 앞에 나오는 명사성 성분과 결합하는데 이는 문장의 운율 구조와 관련이 있다. 운율 체계에서는 전치사가 항상 자신의 목적어와 하나의 운율단위를 구성하는 것은 아니다. 따라서 从과 같은 전치사가 다른 성분과 결합하여 약강세로 발음하는 경우와 전치사이기 때문에 약하게 읽어야 하는 경우는 구분되어야 한다.

학문적 발전은 논리적 근거에 기초한다. 예전에는 1음절 동사에 2음절 명사를 더한 [1+2] 형식이 운율 조건에 부합하지 않기 때문에 자주 출현하지 않는다는 견해를 제기한 바 있으나 그 운율 조건이 무엇인지는 규명하지 않았다. 그러나 지금은 통사 구조의 논의와 마찬가지로 운율통사 연구에 있어서도 운율 조건을 규명하는 것은 매우 중요하다. 사실 开玩笑농담하다, 说笑话웃기는 말을 하다, 看电影영화를 보다, 写大字큰 글자로 쓰다와 같이 1음절 동사와 2음절 명사로 이루어진 [1+2] 형식은 중국어에서 흔하게 사용되는 운율 형식 중 하나이다. 운율적 연구도 다른 학문 영역과 마찬가지로 규칙에 관한 연구이므로 과학적인 엄밀성이 필요하다. 앞서 언급한 자주 출현하지 않는다는 말은 조건에 부합하지 않는다는 말과는 다르다. 자주 출현하지 않는다고 해서 형식에 부합하지 않는 것은 아니며 형식에 부합한다고 해서 자주 출현하는 것도 아니다. 엄격하게 말해서 조건에 부합하지 않으면 아예 출현하지 않아야 한다. 조건에 부합하는지의 여부는 출현 가능 여부의 문제이고, 출현 빈도의 문제는 사용상의 문제이므로 양자를 분명히 구분해야 한다. 당연히, 규칙에 위배되므로 약간의 수정을 거쳐야만 출현 가능하다거나 수정이 필요하기 때문에 자주 출현할 수 없다는 점은 이해할 수 있다. 수정은 조건에 따르기 위한 과정 중에 생긴 결과이기 때문이다. 그러나 자주 출현하지 않는다는 것과 조건에 부합하지 않는다는 것은 완전히 별개의 문제이다. 자주 출현하지 않는다고 해서 조건에 부합하지 않는 것은 아니며 자주 출현하지 않는다는 것은 오히려 조건의 위력을 증명하는 셈이다.

학문적 엄밀성을 위해서는 개념의 정립이 필수적이다. 운율 조건에 부합하지 않는 현상도 출현할 수 있다고 하는 것은 객관적인 기술처럼 보이지만, 이는 엄격한 학술적 논리에 모순된다. 현상과 규칙이 모순된다면 규칙이 잘못 되었거나 그 현상이 예외이기 때문이다. 운율 조건에 부합하지 않는 현상이 출현한다면 이는 조건을 엄격하게 설정하지 못한 언어학자의 문제일 수 있다. 운율 조건이나 규칙을 엄격하게 적용할 수 없다면 그것이 조건 자체의 문제인지 아니면 조건 설정과 분석의 문제인지 재고해야 한다.

학문적 개념 정립을 통해 다른 학문과의 효과적인 연계가 가능하다. 운율통사론은 학제간 연구의 특징을 지니는 언어학 연구 분야이다. 또한 건가학파乾嘉学派와 장황학파章黄学派의 음훈音训 이론을 계승하고, 루소와 촘

스키의 연역적 방법론을 결합한 것이다. 앞으로 후학들이 운율통사론을 더욱 발전시키기를 기대한다.

마지막으로 이 책이 나올 수 있기까지 沈浦娜 팀장의 독촉과 白雪 편집장의 노고가 큰 역할을 했다. 교정 과정에서 黃梅, 王丽娟, 崔四行, 王永娜 학생이 부분적으로 정리해 주었고, 王丽娟 학생이 원고 전체를 교정해 주었다. 또 施春宏 선생이 하버드 방문 중 바쁜 시간을 쪼개 교정을 봐 주셨다. 이분들께 무한한 감사를 드린다.

2009년 4월 16일<br>하버드에서

## 초판 재인쇄 저자 서문

이 책이 준비를 거쳐 출판되고 지금에 이르기까지 벌써 10년의 세월이 지났다.

이 책은 당초 朱庆之 선생의 요청으로 四川대학교의 강의를 준비하면서 작성하였던 강의안이었는데 이후 郭力 선생의 추천으로 北京대학교 출판사에서 출판하게 되었다. 北京대학교 출판부는 독자들의 수요에 부응하여 이 책의 재인쇄를 추진하면서 필자에게 서문을 요청하였다. 초판에서는 서문이나 후기도 없었고, 학술적 이론에 대한 안내의 말 역시 전혀 없었으므로 생각해보면 독자들에게 참으로 미안한 감이 없지 않다. 이제 이를 보상할 기회를 얻게 되었으므로, 이 기회를 빌려 郭力, 徐刚 두 분이 보여주신 열의와 정성에 감사드린다.

운율형태론과 운율통사론이 중국어 연구의 새로운 영역이라고 한다면, 이 책은 이 두 영역에서 체계적으로 이론적 탐색을 시도한 최초의 책일 것이다. 10년 동안 이 책에서 제시한 운율형태론과 운율통사론의 연구는 이미 다각적으로 장족의 발전을 이루었지만, 기본적인 개념과 결론은 여전히 유효하다.

이 책은 중국어 형태론에 처음으로 운율단어의 개념을 도입하여 표준음보(2음절), 결손음보(1음절), 초음보(3음절)를 구분하고 운율조어법에서 음보의 작용을 체계적으로 해석하였다. 음보를 단위로 하는 운율단어의 개념은 이제 광범위하게 받아들여지고 있으며 새로운 연구과제와 성과를 끊임없이 이끌어내고 있다. 또한 복합어는 반드시 하나의 운율단어이어야 한다는 이 책의 결론은 현대 중국어 복합어의 연구에 새로운 시각을 제공했을 뿐만 아니라 복합어의 통시적 발전을 해석하는 데 유효한 이론적 도구를 제공하였다.

운율통사론은 제3장의 핵심적인 내용을 이룬다. 이 영역은 중국어뿐만 아니라 일반 언어학에서도 비교적 새로운 연구 영역에 속한다. 기존의 언어학에서는 운율통사론이라는 용어가 존재하지 않았지만 지금은 많은 사람들에게 받아들여지고 있을 뿐만 아니라 새로운 연구논문과 성과가 지속적으로 이어지고 있다. 신흥 학문이 나날이 성숙하여 부단하게 발전하고 완성되고 있는 것이다. 이 책의 내용을 다시 살펴보면 운율과 통사가 교차하는 학제적 연구에 새로운 영감을 얻을 수 있을 것이다. 예를 들어 이 책의 주된 이론적 주장은 운율통사론은 통사운율론이 아니라는 것이다. 모든 사람들이 이 점을 분명하게 깨닫고 있는 것은 아니다. 운율통사론의 지향점은 통사이므로, 그 연구 대상은 모든 운율 현상에 대한 전체적 기술이 아닌 통사에 대한 운율의 제약에 한정되어야 한다. 즉, 통사에 영향을 주지 않는 운율 현상은 운율통사론의 연구 대상이 아니다. 운율 현상에 대한 전면적인 기술과 묘사는 운율론의 범주에 속하며, 통사적 시각에서 운율이 어떻게 통사를 제약하는지를 연구하는 것은 통사운율론에 속한다. 이것은 이 두 영역이 아무런 상관이 없다는 뜻이 아니다. 다만 두 영역이 다루는 대상과 범위를 분명히 정하여 혼란을 피하고자 하는 것이다. 중국어에서 운율과 통사가 서로 영향을 미치는 현상은 일찍부터 주의를 끌어왔지만, 운율이 통사를 제약하는 방식에 대한 보편적 규칙을 귀납하는 것은 쉽지 않은 일이다. 그러나 이 책에서는 그동안의 연구를 통해 운율 규칙은 주요동사를 중심으로 하며, 주요동사의 자매 논항에 주요강세nuclear stress가 할당된다는 결론을 도출하였다. 이로부터 운율이 통사에 기반하기 때문에 통사를 제약할 수 있다는 새로운 결론을 얻었다. 이는 사실 이 책에서 밝히고자 했던 또 하나의 원칙, 즉 통사 구조가 없으면 운율 효과도 없다는 원칙이기도 하다. 그러므로 통사 구조를 명확히 규명해야 운율의 작용도 설명할 수 있다. 어감에만 의존한 운율의 논의는 학문적 발전을 저해한다.

운율형태론과 운율통사론은 중국어 연구의 다른 영역에도 유효한 이론적 도구로 활용되고 있다. 4자격四字格을 다룬 제3장과 중국어의 문장 구성 특징을 논의한 제5장이 그 예이다. 4자격은 매우 보편적으로 사용되지만 강세 형식이 두 가지로 나타나는 원인이나 화용적 기능의 차이 등에 대해서는 일치된 견해가 없으며 충분한 주목을 받지 못했다. 이 책에서는 운율통사론적 시각에서 이러한 문제들을 이론적으로 설명하려고 노력하였다.

중국어에서 대우가 보편적으로 사용된 원인에 대해서는 사회문화적 연구가 이루어져 왔다. 그러나 그 원인은 언어 외적 요소가 아닌 언어 내적 요소에서 찾아야 한다. 중국어의 대우를 형성하는 언어적 기제는 무엇인가? 이는 오랜 세월 동안 해결되지 못한 난제였다. 이 책에서는 운율형태론과 운율통사론적 시각에서 변우와 대우, 문장 구성에 있어 고정적 음절수의 운용은 운율 구조에 기인한다고 주장한다. 즉 중국어의 특수한 문장 형식은 운율 체계에서 비롯된 것이다. 고대 중국어뿐만 아니라 현대 중국어에서도 동일한 원리가 적용된다. 이 책에서는 고대 중국어에서 통사 층위에 사용되던 일부 1음절어를 현대 중국어는 형태 층위로 옮겨와 사용한다고 결론 내리고, 통사적으로는 자유롭지만 운율적으로는 의존적인 단어의 운율적 속성을 밝혔다. 이는 중국어 연구의 오래된 난제와 연관되어 있을 뿐만 아니라 문체 연구에도 새로운 연구 과제를 제시한다.

이 책의 편폭은 길지 않지만 적지 않은 문제를 다루고 있다. 많은 부분은 그저 시작에 불과하지만 뜻이 있는 학자, 대학원생들이라면 이로부터 관련 주제나 논증을 발견할 수 있을 것이며, 운율형태론 및 운율통사론의 발전과 이론적 근거를 이해할 수 있을 것이다. 운율형태론proscdic morphology은 새로운 학문 영역이지만 운율과 형태의 상호작용은 중국어에서 오랫동안 존재해 왔다. 따라서 운율형태론을 중국어에 적용함으로써 새로운 학문 영역을 합리적으로 발전시킬 수 있다. 이와 달리 운율통사론은 처음으로 수립된 개념이다. 이에 대해 필자는 두 가지 학문적 배경에 그 공을 돌리고자 한다. 하나는 章太炎과 黄侃의 전통을 통해 다져진 학문적 기초이고, 다른 하나는 형식통사론적 훈련이다. 陆宗达 선생은 필자에게 다년간 ≪说文解字≫의 연구 방법을 가르쳐 주셨는데, 이를 통해 훈고의 뜻은 성운에 뿌리를 둔다训诂之旨本於声韵는 학문적 견해의 영향을 깊게 받았다. 이는 黄侃 선생의 입장과 일맥상통한다.

중국어는 음은 한 글자이지만 말은 두 글자로 하여, 종종 한 글자를 두 글자로 바꾸어 쓴다. 그리하여 모든 하나의 이름에 한 글자 이름과 두 글자 이름 두 가지가 있다. 天을 皇天이라고도 하고 昊天이라고도 한 것이 그 예이다. 두 글자 이름은 솔직히 말하면 군더더기와 같으나 문언에서는 반드시 두 글자 단어를 사용하여야 한다. 음은 한 글자이지만 음조는 두 글자이므로, 한 글자 이름은 종종 두 글자 이름으로 바뀌며, 이로 인해 시가나 변문, 연어联语 등의 문체가 만들어졌다. 장단이 있는 말은 모두 이로부터 형성되었다. ≪世说新语≫에 나오는 사람의 말이 대부분 지극히 정돈되어 있고, 후세의 극대본에 사용된 대사도 그러하다.

中国语言音单语复，故往往变单字为双字。而每一名有单名双名二者。如‘天’称‘皇天’、‘昊天’是也。双名在质言则为赘疣，而于文言则须用之。由于音单调复，单名多变为双名，因之制成诗歌、骈文、联语等文体。他如节奏之语言，亦皆由此形成也。≪世说新语≫中人语言音辞多极整饬，后世则剧台宾白亦然。

－黄侃, ≪文字声韵训诂笔记≫ 100쪽

오늘날의 시각에서 보면 黄侃의 견해는 운율형태론의 발단이라 할만하다. 陆宗达 선생께서 성음으로 훈고에 통한다以声音通训诂고 하신 가르침을 심화, 발전시키면 성음으로 통사에 통한다以声音通句法고 할 수 있을 것이다. 이제 돌이켜보면 운율통사론은 성음으로 훈고에 통한다고 했던 원칙에서 발전되어 나온 것이 아닌가 생각한다. 전통적 학술이 가지고 있는 내용의 풍부함은 이렇게도 큰 것이었다.

물론 전통은 전통의 한계가 있다. 신흥 학문을 확립하는 데 있어 공리axiom를 설정하고 정리theorem에 따라 추론하며 연역deduction적 체계를 수립하는 것은 필수적이다. 이러한 측면에서 형식통사론은 필자에게 크나큰 도움을 주었다. 그러므로 이 책에 무언가 취할만한 점이 있다면 내용보다는 정신에 있다고 생각한다. 즉 전통적 훈련과 서양적 논리의 결합이며, 이 두 가지 가운데 어느 한쪽도 없어서는 안 될 것이다. 이것이 이 책이 지향하는 바이다.

2005년 3월

# 차 례

제1장

# 운율단어와 운율형태론

제1장에서는 현대 운율형태론에 근거하여 중국어 운율단어에 대해 논의하고자 한다. 서술상의 편의를 위해 먼저 운율단어의 일반적인 정의에 따라 중국어 운율단어란 무엇인지 논의한 후, 중국어 운율단어의 표현 형식과 중국어 형태론에서 운율단어가 차지하는 위치에 대해 설명할 것이다. 또한 운율단어의 형성 원인, 복합어에 대한 운율단어의 영향과 제약을 분석하여 중국어 복합어는 하나의 운율단어이어야 한다는 점을 밝힐 것이다. 마지막으로 이에 근거하여 중국어 복합어의 형식은 중국어 운율체계에서의 음보 모형에 기초하며, 형태론적으로 중국어 복합어는 운율단어에 상응한다는 두 가지를 주장할 것이다.

## 제1절 운율단어의 개념

운율단어prosodic word, PrWd로 줄여 씀[1)]는 운율적 측면에서 단어를 규정한 개

1) 영어의 prosody는 일반적으로 운율韵律로 번역되며, rhythm은 리듬节律으로 번역된다. 그러

념이다. 통사론에서는 일반적으로 단어를 자유롭게 운용할 수 있는 최소의 언어 단위로 정의한다. 그런데 운율단어는 운율론에서 자유롭게 운용할 수 있는 최소의 언어 단위이다. 운율론에서의 언어 단위는 운율단위이므로 운율단어는 언어의 운율단위를 기반으로 한다. 제1장에서는 주로 McCarthy & Prince(1993)의 운율형태론prosodic morphology에 근거하여 중국어의 운율단어에 대해 논의할 것이며, 인류 언어에서 자유롭게 운용할 수 있는 최소의 운율단위는 음보foot임을 주장할 것이다. 운율단어는 운율형태 단위인 음보로 구성되며, 음보는 그보다 더 작은 단위인 음절syllable로 이루어진다. 운율형태론은 다음과 같은 운율위계를 기반으로 한다.

**운율위계**prosodic hierarchy

운율단어PrWd
|
음보foot
|
음절syllable
|
모라mora

운율형태론에서 운율 체계는 4개의 층위로 나뉜다. 가장 하위 층위는 모라[2]이며, 모라는 음절을, 음절은 음보를 구성한다. 마지막으로 음보는 운율단어를 실현한다. 즉 모라, 음절, 음보는 구성 관계이며, 음보와 운율단어는 실현 관계이다. 그러므로 운율단어는 음보를 넘어 직접 음절과

---

므로 prosodic word는 리듬어节律词가 아닌 운율단어韵律词이다. 운율단어는 운율형태체계에서 결정되는 단어를 가리키며 운韵과는 관계가 없다.

2) mora는 운소韵素로 번역할 수 있다. mora는 bao包의 a와 o 혹은 dan单의 a나 n처럼 음절의 운모에 포함된 최소의 운율 성분을 가리킨다.

관계를 가질 수 없고 반드시 음보의 기반 위에 형성되며, 운율단어는 최소한 하나의 음보이어야 한다. 음보는 동시에 두 개의 성분을 지배해야 한다는 2분지binary branching 제약을 엄격히 준수해야 한다(McCarthy & Prince 1993 : 43).

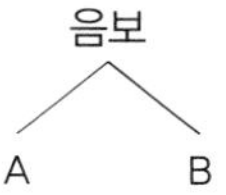


2분지 제약은 운율 리듬에서의 강약을 반영한 것이다. 강약이 없으면 리듬이 없고, 리듬이 없으면 운율도 없다. 음보는 언어 리듬에서 가장 기본적인 역할을 담당하고, 강약을 나타내는 최소 단위이므로 반드시 2분지이어야 한다. 강과 약은 상호 의존적이기 때문에 음보는 2분지가 아니면 강약을 표현할 수 없다(冯胜利 1996). 음보는 2분지이므로 운율위계에서 두 개의 음절로 구성되어야 한다.3) 2분지로 구성된 음보는 입말, 글말, 시가 등 모든 언어 사용체계에서 나타나는 전형적인 강약의 조합 단위이다.

운율형태론에서는 자유롭게 독립적으로 운용할 수 있는 최소의 운율 단위를 음보로 간주하므로(McCarthy & Prince 1993) 운율단어는 최소한 하

3) 어떤 언어에서는 음보가 모라와 직접 연계되어 두 개의 모라가 하나의 음보를 구성할 수 있다. 다시 말해 강약의 운율 리듬이 하나의 음절에서 실현되는 것이다. 예를 들면 영어의 i는 ai로 읽고, 그 중 a와 i는 일정한 음의 길이를 가지고 있으며 a에서 i로 가는 과정이 매우 명확하기 때문에 이 두 개의 모라를 발음하면 억양과 높낮이가 생겨 자연스럽게 하나의 음보를 구성한다. 미국 학생들이 중국어 爱ai를 읽을 때 爱의 i를 너무 길고 정확하게 읽어 爱姨aiyi처럼 들리는 것도 이러한 이유 때문이다. 영어는 모든 모라가 일정한 시간의 길이를 가지고 있지만 중국어 모라는 그렇지 않다. 그래서 외국인이 天tian을 梯安ti'an처럼 발음하면 중국인들이 이상하게 느끼는 것이다. 일반적인 상황에서 중국어 1음절은 충분한 길이와 억양이 부족하기 때문에 하나의 음보를 구성할 수 없다. 그러므로 중국어 음보는 음절 층위에서 2분지 제약을 반드시 만족시켜야 한다.

나의 음보이어야 한다. 만일 음보가 두 개의 음절로 구성되어야 한다면 운율단어도 최소한 두 개의 음절을 포함해야 한다. 음보보다 작은 단위는 운율단어를 구성할 수 없다. 운율단어가 아니면 사용상에 있어 여러 가지 제약을 받아 자유롭지 못하다(중국어 1음절어 사용상의 제약은 吕叔湘(1963) 참조). 이러한 점에서 볼 때 운율단어의 규정은 전통적인 단어에 대한 규정보다 훨씬 더 엄격하다. 왜냐하면 전통적인 단어에 대한 정의에서 최소라는 개념은 모호한 데 반해, 운율단어는 최소한 하나의 음보보다 작아서는 안 된다고 매우 명확하게 정의하고 있기 때문이다. 음보가 운율단어를 결정하기 때문에 언어마다 음보에 따라 운율단어도 달라질 수 있다. 운율단어에 대한 제약은 그 언어의 음보에 의해 결정된다. 음보를 구성하는 성분 간의 관계가 어떠하든 간에 음보의 기본적인 조건을 만족하면 운율단어가 될 수 있다. 그러므로 운율단어를 연구하기 위해서는 먼저 음보에 대해 연구해야 하며, 중국어 운율단어를 연구하기 위해서는 먼저 중국어 음보를 살펴보아야 한다.

일반적으로 중국어의 가장 기본적인 음보는 두 개의 음절이라고 본다. 1음절 음보와 3음절 음보도 존재하기는 하지만, 2음절 음보가 가장 일반적이다. 편폭상의 제약으로 인해 상세히 논의하지는 않겠지만, 이 책에서는 2음절 음보가 중국어의 가장 기본적인 최소 표준음보이고, 다른 음보 형식은 표준음보의 변이체 즉, 1음절 음보는 결손음보degenerate foot, 3음절 음보는 초음보super foot로 보는 가장 일반적인 견해를 채택할 것이다(郭绍虞 1938, 冯胜利 1994, Chen 1979, Shih 1986). 결손음보와 초음보가 출현하기 위해서는 조건을 만족해야 한다. 표준음보, 결손음보, 초음보 간에는 차이가 존재한다. 표준음보가 가장 기본적이고 일반적이므로 절대적으로 우선 실현된다. 이에 반해 초음보는 하나의 말마디에서 표준음보가 완성되고 난 후 남는 1음절 성분이 이웃하는 2음보와 결합하여 3음보를 구성하고(Chen 1979, Shih 1986),[4] 결손음보는 1음절이 독립적인 억양구 independent intonational group를 형성하는 환경에서만 출현하며 휴지나 음절의 모음을 길게 늘어뜨리는 등의 방법을 통해 하나의 음보가 될 수 있다(Feng 1995).

2음절 음보가 중국어의 표준음보이고, 1음보와 3음보는 특정한 조건에서만 허락되는 음보라는 점을 인정하면 운율형태론에 따라 중국어 표준 운율단어는 두 개의 음절을 가질 수밖에 없다. 1음절어는 휴지나 모음을 길게 하여 만든 결손음보로 엄격한 출현 제약을 받으므로 임시적일 수밖에 없다. 따라서 하나의 음보가 되기에 부족하며 운율단어의 기준에 맞지 않아 운율단어가 될 수 없다. 3음절의 조합은 표준음보보다 커서 표준 운율단어가 될 수 없다. 그러나 세 개의 음절은 하나의 초음보를 구성할 수 있다. 음보는 운율단어를 구성하는데, 초음보로 구성된 운율단어는 초운율단어라고 한다. 초운율단어는 표준 운율단어에 1음절 단어 혹은 형태소를 더하여 형성된 것이다. 이러한 분석에 근거하면 표준 운율단어는 최소한 두 개의 음절을 가져야 하며 초음보보다 더 큰 운율단어는 출현할 수 없다. 그러므로 4음절 형식처럼 3음절보다 큰 조합은 두

---

4) Chen(1979), Shih(1986)의 방법 참조. 문장의 음보를 나누는 과정은 (1) 먼저 직접 성분분석법에 따라 문장을 나눈다. (2) 오른쪽에서 왼쪽으로 2음절 음보씩 성분을 묶는다. (3) 남는 1음절 성분은 2음절 음보가 되도록 묶는다. (4) 2음절 음보가 되지 않은 1음절 성분은 이웃한 음보와 묶는데, 이 때 통사 관계에 따라 왼쪽 성분에 결합할지 오른쪽 성분에 결합할지를 결정한다. 예를 들면 校长想请小王吃晚饭교장은 샤오왕을 저녁식사에 초대하고 싶어 한다이라는 문장은 (1)에 근거하여 (a)와 같이 나눈다. 다음 (2)에 근거하여 (b)와 같은 음보를 구성하며, (3)을 통해 (c)를 구성한다(괄호를 사용하여 음보 표시). 마지막으로 (4)에 따라 (d)와 같은 음보 구조를 완성한다.

a. 校长//想请小王/吃晚饭
b. (校长)//想请(小王)/吃(晚饭)
c. (校长)//(想请)(小王)/吃(晚饭)
d. (校长)//(想请)(小王)/(吃晚饭)

문장에 기능어functional word가 있으면 음보의 조합은 달라진다. 제1장에서는 기능어를 다루지 않으므로 자세히 논의하지 않을 것이다.

개의 표준 운율단어인 2음절 음보의 조합이고,[5] 4음절보다 큰 조합은 표준 운율단어와 초운율단어의 조합이다.[6]

## 제2절 운율단어의 기본 유형

운율단어는 음보로 결정된다. 하나의 음보를 구성하기에 부족한 1음절 단어나 1음절 형태소가 운율단어가 되기 위해서는 음절 하나를 더해야 한다. 1음절이 2음절이 되는 현상은 중국어에서 매우 흔하고 그 방식과 기능도 다양하다. 몇 가지 예를 들면 다음과 같다.

a. 중첩식 : 天天매일, 年年매년……

중첩은 운율단어를 실현하는 방식의 하나로 그 유형도 다양하다. 위에서 든 양사의 중첩은 모든, ~마다每의 의미를 나타낸다. 이러한 형식은 다음과 같은 규칙으로 귀납할 수 있다. 양사가 모든, ~마다每의 의미를 나타내기 위해서는 (1) 중첩한다 (2) 중첩의 결과는 반드시 하나의 운율단어이어야 한다는 두 가지 조건에 부합해야 한다. 중첩하지 않거나, 중첩 후의 결과가 운율단어보다 크면 이 두 조건을 만족하지 않는다. 그러므로 年年매년, 斤斤근마다 등은 조건에 부합하는 중첩이다. 그러나 *星期星

5) 가장 대표적인 예는 네 글자로 이루어진 사자성어이다. 사자성어는 각 글자간의 통사적 관계에 상관없이 모두 [2+2]나 [음보+음보]로 읽는다. 예를 들면 一衣带水한 줄기 띠처럼 좁은 강물, 거리가 매우 가까워 왕래가 편리함을 비유함의 통사관계는 [1+2+1]이지만, 일반적으로 一衣#带水라고 읽고, 그 중 带가 무슨 뜻인지 잘 모르는 사람도 많다.

6) 이 책에서 말하는 음보는 어휘어lexical word를 중심으로 형성된 음보이다. 만일 的, 在……上, 了, 把와 같은 기능어도 고려한다면 3음절 이상의 음보도 출현할 가능성이 있으므로 3음절보다 큰 운율단어도 있을 수 있다. 그러나 이 문제는 제1장에서 논의하지 않을 것이다.

期, *加仑加仑은 운율단어의 조건에 부합하지 않으므로 문법에 맞지 않다. 중국어에는 다양한 유형의 중첩형식이 더 있는데, 그 중에는 慢慢천천히+V와 같이 운율단어와 관련이 있는 것도 있고, 哗啦啦와르르와 같이 강세와 관련 있는 것도 있다. (a)의 예는 운율단어를 기준으로 한 것이다.7)

b. 연장식 : 踅 → 踅摸찾다, 眨 → 眨么깜빡거리다 ……

연장이란 하나의 음절을 연장하여 두 개의 음절로 만드는 것이다. 이러한 현상은 孔 → 窟窿구멍, 茨 → 茨藜질려(≪诗≫)와 같이 예전부터 있었다. 연장 역시 운율단어가 실현되는 방식의 일종이다. 郭绍虞(1938)에 따르면 어기를 완만하게 하기 위해 소리를 늘이고 글자를 더할 수 있다. 여기서 어기를 완만하게 한다는 것은 운율 구조에 따라 1음절 단어를 운율단위인 음보가 되도록 만든다는 뜻이며, 이 때 소리를 늘이고 글자를 더하는 것이 효과적인 수단이 된다. 이로 볼 때 소리를 늘인 운율단어도 운율 구조로 인해 조절된 것임을 알 수 있다.

c. 감탄사 : 妈的!젠장! 天哪!세상에!

감탄사도 운율단어를 실현한다. 위에서 든 예문 외에 哎呀아이고, 妈呀엄마야, 哎哟에그머니와 같은 것도 감탄사이다. 감탄은 1음절어를 사용할 수도 있다. 예를 들면 啊! 长城!아! 만리장성!에서 1음절도 독립적으로 하나의 음보가 될 수 있는 것처럼 보인다. 그러나 상술한 바와 같이 이러한 1음절어는 일반적으로 휴지와 모음을 길게 하는 방법을 통해 음보를 보충한다. 그러므로 1음절 음보가 있는 곳에서는 我买 : 油、盐、醋、还有酱油나는 기름,

7) 모든 조어 형태가 운율단어의 조건을 만족시키지 않는 것과 마찬가지로 모든 중첩이 운율단어의 조건을 만족시켜야 하는 것은 아니다.

소금, 식초 그리고 간장을 샀다에서의 油기름, 盐소금, 醋식초와 같이 휴지를 두거나 혹은 스스로 하나의 억양구를 형성한다. 휴지를 두거나 연장을 하지 않으면 1음절어는 제약을 받는다. 예를 들어 *我们种植花는 1음절 花가 문말강세 음보의 위치에 있지만 독립적인 억양구를 형성할 수 없으므로 비문이며, 1음절 목적어는 종종 동사와 함께 하나의 억양구를 형성한다. 이 문장의 목적어를 2음절어 花草로 바꾸어 我们种植花草우리는 화초를 심는다라고 하면 문제가 해결된다. 花草화초가 하나의 음보이자 운율단어이기 때문이다.

d. 부가식 : 阿姨아주머니, 老虎호랑이……

부가식은 음보가 부족한 곳에 의미와 무관한 글자를 더해 음보를 보충하는 방법이다. 이는 문장의 운율 구조를 조절하는 중요한 수단의 하나이다. 예를 들면 王力(1944 : 上273)가 말한 即行裁撤즉시 철수를 행하다, 즉시 철수하다의 行행하다과 殊属不合특별히 맞지 않는 것에 속한다, 특별히 맞지 않는다의 属속하다가 이러한 종류에 속한다. 吕叔湘(1941)는 有夏하왕조가 夏와 같고, 老虎호랑이가 虎와 같으며 石头돌가 石와 같다고 했는데, 이처럼 음보를 보충하는 것은 단어를 만드는 데 도움을 준다. 여기에서 앞이나 뒤에 부가하는 글자는 아무런 의미가 없으며 두 글자로 만들기 위해 보충된 것뿐이다. 이것이 뜻에는 군더더기가 되나 음에는 오히려 단어가 되기에 족하다于义为缀, 于音则所以足词는 의미이다(郭绍虞 1938). 사실 단어가 되기에 족하다足词는 음보가 되기에 족하다足音步는 것을 뜻한다. 문장을 만드는 과정에서 음보에 어떤 성분을 부가하는 것은 수의적이므로 殊属와 같은 임시적 운율단어가 출현한다. 그런데 이런 것들도 계속 사용하다보면 점점 굳어질 수 있다. 굳어진 이후에는 因而그러므로이나 而后이후처럼 고정적 운율단어가 된다. 단어로 만들기 위해 일부러 음보를 보충한 운율단어는 고대의 有夏나 현대의

阿姨처럼 의도적 운율단어가 된다.

e. 축약어 : 北大베이징대학교, 天大텐진대학교, 中科院중국과학원……

다음절 단어나 구를 하나의 음보로 축약한 것을 축약어라고 하는데, 이는 중국어에서 매우 보편적으로 사용된다. 예를 들어, 航空学院항공대학을 航院으로 축약한 결과가 운율단어가 되기 때문에 축약어에도 운율단어가 자주 관찰된다.

f. 연면어 : 彷徨방황하다, 葫芦조롱박, 蝌蚪올챙이……

연면어는 일반적으로 앞뒤 음절의 성모가 같거나 운모가 같은 다음절어인데, 3음절 연면어는 없다. 이러한 2음절어는 운율상의 필요에 의해 만들어진 것으로, 성모를 따르거나 운모를 따라 2음절로 만들어진 것이므로 당연히 운율단어의 범위에 속한다.

g. 복합식 : 水井우물, 垫肩어깨 패드, 热带鱼열대어……

복합어는 운율단어가 실현되는 방식이며 산물이다. 이에 관해서는 제3절에서 상세히 논의할 것이다. 여기에서는 몇 가지 예만 들면, 盐 : 咸盐소금, 井 : 水井우물, 眼 : 眼睛눈, 龟 : 乌龟거북 등은 1음절 : 2음절로 짝이 되는 것들인데, 1음절과 2음절 단어 사이에 의미의 차이가 없다. 소금이 짜지 않으면 사는 사람이 없을 것이고, 우물에 물이 없으면 우물이라고 할 수 없기 때문에 咸盐에서 咸과 水井에서 水는 불필요한 것들이다. 이렇게 의미상 사족인 다음절 복합어의 출현 역시 운율단어의 필요에 의해 생성된 것이므로 의도적 운율단어이다.

제2절에서는 몇 가지 예를 들어 중국어 운율단어의 개념과 다양한 실현 방식에 대해 설명했다.

## 제3절 운율단어에 대한 복합어의 의존성

중국어에서 운율단어가 실현되는 주요 수단이 복합이라는 점은 쉽게 예측할 수 있다. 중국어에서 절대다수의 음절은 독립적인 의미를 가지기 때문이다. 다시 말해, 하나의 음절은 하나의 형태소 혹은 단어이고, 1음절 형태소는 대부분 근원형태소로 사용되어 통사 관계를 통해 다른 어근 형태소와 조합할 수 있다. 음보가 두 개의 음절로 구성되는데 매 음절이 상대적으로 독립적인 형태소라면, 음보는 형태소의 조합이 된다. 따라서 음보는 형태소의 조합으로 실현된다. 형태소에 형태소를 더하는 것은 복합어의 일반적인 구성 방식이다. 그러므로 음보의 실현은 복합어의 실현과 같다. 다시 말해 하나의 형태소에 다른 형태소를 더하여 만들어진 단순 복합어는 음보의 조건을 만족시키며, 하나의 음절에 다른 음절을 더하여 만들어진 음보 역시 복합어를 형성한다. 두 개의 음절로 이루어진 음보가 항상 하나의 복합어일 수는 없지만, 중국어에서 이러한 [음절+음절]인 음보와 [형태소+형태소]인 복합어의 대응관계는 지극히 보편적이고 자연스럽다. 형태소와 형태소의 결합은 형태 범주의 현상이며, 음절과 음절의 결합은 운율 범주의 현상이다. 형태소와 음절이 대응되는 중국어의 특징은 음보와 복합어라는 두 가지 다른 층위의 단위가 하나의 형식으로 동시에 실현될 수 있게 만든다. 즉 형태소 A가 형태소 B와 결합한 [AB] 형식이 운율 측면에서는 하나의 음보가 되고 형태 측면에서는 하나의 복합어가 된다. 같은 형식이 분석하는 각도에 따라 운율단어가 되기도 하고 복합어가 되기도 하는 것이다.

두 개의 1음절 형태소가 조합한 결과는 운율단어인 동시에 복합어이다. 그러나 운율단어와 복합어의 상호 작용에서 이 둘은 평등하지 않다. 운율단어와 복합어에는 주종 관계가 존재하며, 운율단어는 복합어일 필요는 없지만 기본 복합어는 반드시 운율단어이어야 한다.

여기서 말하는 기본 복합어는 电视台텔레비전 방송국, 中央중앙과 같이 가장 기본적이고 간단한 복합어를 가리킨다. 中央电视台중앙방송국처럼 비교적 복잡한 조합은 복합어의 재조합이므로 논의하지 않을 것이다. 여기에서는 운율단어 조건에 부합하지 않는 조합은 기본 복합어를 구성할 수 없다는 점을 강조하고자 하며, 이 점은 아래의 예들로부터 살펴볼 수 있다.

첫째, 중국어 복합어는 年轻젊다, 地震지진 등과 같이 주술 구조나 垫肩어깨에 심을 덧대다, 어깨 패드, 操心걱정하다과 같이 동목관계에 따라 구성될 수 있다. 그러나 중국어 복합어는 주술목 구조에 따라 조합되는 경우는 거의 없다.[8] 주술, 동목, 수식, 동보, 연합 등의 형식으로 이루어진 운율단어는 보편적으로 출현하는 반면 주술목 구조의 운율단어는 거의 출현하지 않는 현상을 형태론의 측면에서는 설명하기 어렵다. 그런데 이 문제는 운율의 각도에서 쉽게 해석할 수 있다. 주술목 구조가 운율단어를 구성하기 어렵기 때문이다. 복합어는 하나의 운율단어이어야 하기 때문에 어떤 통사 형식이 운율단어를 만들 수 없다면 통사적으로는 합법적이더라도 복합어로 만들 수 없다.

둘째, 동목과 동보식 복합어는 중국어에서 흔히 볼 수 있지만, 2음절 동사에 1음절 목적어나 보어를 더해 구성된 복합어는 찾기가 어렵다. 예

8) 狗咬狗개가 개를 문다는 반례처럼 보이지만 복합어가 아니므로 반례가 아니다. 아직까지 이러한 복합어를 발견하지는 못했지만 설사 있더라도 극히 개별적인 것이므로 여기에서의 일반적인 규칙을 부정하기에는 충분하지 않다.

를 들면 (1)과 같다.

| | | | |
|---|---|---|---|
| (1) 提高제고하다 | *提拔高 | 站稳똑바로 서다 | *站立稳 |
| 压碎으깨다 | *压挤碎 | 改正바로잡다 | *修改正 |
| 得罪죄를 짓다 | *获得罪 | 越轨탈선하다 | *超越轨 |
| 种地경작하다 | *耕种地 | 缺德부덕하다 | *缺少德 |

陆志韦(1965：91)에 의하면 다음절 동사에 목적어를 더하면 일반적으로 단어를 구성할 수 없다. 만일 복합어가 동목 관계에 따라 조합될 수 있다면 동목구인 *获得罪, *超越轨와 같은 3음절 복합어가 적법하지 않을 이유가 없다. 그러나 사실상 이런 복합어는 근본적으로 존재하지 않는다. 그럼 [2+1] 형식의 동목/동보 복합어가 존재하지 않는 이유를 설명해야 하는데, 기본 복합어는 운율단어이어야 한다는 운율론의 관점이 아니라면 이 문제를 제대로 설명하기 어렵다.

셋째, 중국어는 1음절 동사에 2음절 목적어나 보어를 더한 복합어가 없다. 예를 들면 (2)와 같다.

| | | | |
|---|---|---|---|
| (2) 放松느슨하게 하다 | *放宽松 | 扩大확대하다 | *扩广大 |
| 缩小축소하다 | *缩微小 | 垫肩어깨에 심을 덧대다, 어깨 패드 | *垫肩膀 |
| 仗义정의를 받들다 | *仗义气 | 设法방법을 강구하다 | *设方法 |

중국어에 이러한 운율단어가 없는 이유는 간단하다. 복합어는 운율단어이어야 하기 때문에 운율단어 형성 규칙에 따라 1음절 동사에 2음절 목적어나 보어를 더한 복합어가 배제된다. 이와 같이 운율의 관점을 통해서 이러한 유형의 복합어가 없는 이유를 설명할 수 있다.[9]

9) 陆志韦(1965：90)는 세 글자 이상의 목적어는 일반적으로 구가 되는데, 放秃尾巴鹰꼬리가 없는 매를 놓아 주다, 남에게 돈을 빌려주고 받지 못하게 되다와 같이 목적어가 비교적 긴 경우는 어감 상

넷째, 3음절보다 큰 형식인 一衣带水한 줄기 띠처럼 좁은 강물, 满城风雨좋지 않은 소문이 자자하다 등을 중국인 화자는 단어로 보지 않는다. 이 형식은 복합어라고 하지 않고 성어라고 한다. 이들을 단어로 보지 않는 이유는 이것이 네 글자 형식이기 때문이고, 또 네 글자 형식이 단어처럼 보이지 않는 이유는 이것이 성어이기 때문이라고 말하는 사람이 있을지도 모른다. 그러나 성어 역시 복합의 방식으로 형성된 것인데 왜 복합어가 아닌지, 성어와 복합어는 어떠한 차이점이 있는지, 성어는 단어가 아니라는 어감은 어디에 근거하는지를 설명하기 어려울 것이다. 운율의 각도에서 보면 성어는 운율단어보다 커서 운율형태론에서 규정한 단어의 범주에 속하지 않으므로 단어로 받아들여지지 않는 것이다. 다시 말해 이것들은 운율단어가 아니므로 단어가 아니다.

다섯째, 3음절 복합어는 대부분 수식관계로 조합된다. 예를 들면 (3)과 같다.

(3) 电影院극장　少年宫소년궁　游击队유격대　教育局교육국

그러나 皮鞋工厂구두공장을 3음절로 축약한 皮鞋工, 皮鞋厂과 같은 [2+1] 형식은 단어가 되는데, *皮工厂, *鞋工厂과 같은 [1+2] 형식은 중국어에

더더욱 단어 같지 않다고 지적했다. 비교적 긴 목적어가 단어처럼 보이지 않는 이유에 대해서는 아직까지 해답을 찾지 못했다. 한편 그는 尥蹶子뒷발질하다, 昧良心양심을 속이다 등과 같은 [1+2] 형식의 동목 구조는 동사와 목적어가 분리될 수 없기 때문에 단어라고 주장하였다. 그러나 이러한 설명은 타당하지 않다. 尥了一个蹶子뒷발질을 한 번 했다, 昧着你的良心너의 양심을 속이다는 확실히 구에 속하지만 목적어가 여전히 동사를 벗어날 수 없기 때문이다. [1+2] 형식의 동목 구조는 위의 두 가지 예문처럼 구로도 사용될 수 있지만, [1+1] 형식은 구로 사용되지 않는다. 예를 들면 得罪노여움을 사다는 *得了他的罪, *得了罪, *得了一个罪로는 사용될 수 없다. 이는 [1+2] 형식 동목 구조의 조합이 단어로 고착화한 것이 아님을 보여준다. 운율형태론에 근거하면 [1+2] 형식의 동목구는 단어로 변할 수 없으며, 기껏해야 고착화 정도가 비교적 강한 구가 될 수 있다.

서 허용되는 단어가 아니다. 吴为善은 일찍이 复印文件복사문건과 같은 재미있는 예를 든 적이 있다. 이것을 3음절로 축약한 复印件은 단어가 되지만, 印文件은 구가 된다. 그럼 [2+1]은 단어가 되는데, [1+2]는 말이 안 되거나 구가 되는 이유는 무엇인가? [1+2]는 운율단어가 될 수 없기 때문에 복합어가 될 수 없는 것이다. 이로 볼 때 문법에 맞는 복합어가 될 수 있는지는 이것이 운율단어인가의 여부에 달려 있다.

이상의 예들은 모두 기본 복합어가 되려면 먼저 운율단어이어야 하고, 운율단어가 아니면 복합어가 될 수 없다는 점을 설명한다.

## 제4절 복합어에 대한 운율단어의 제약

### 4.1.

운율은 어떻게 복합어를 통제하는가? 이 문제는 음보가 관건이다. 복합어가 운율단어이고 운율단어는 음보로 결정되므로 운율이 복합어를 통제하는 문제를 해결하는 관건은 바로 음보에 있다. 그럼 음보는 어떻게 복합어를 통제하는가? 이 문제에 답하기 전에 먼저 (4)와 같은 두 가지 사항을 제시할 필요가 있다.

(4) a. 중국어 복합어 내부의 각 성분 간의 관계는 통사 구조를 통해 실현된다.[10)]

10) 중국어의 복합어와 구의 평행 구조에 대해 동의하지 않는 사람도 있다. 일반적인 주요 논거는 복합어와 구의 어순에 차이가 있다는 점이다(刘叔新 1990). 그러나 汤廷池(1992)의 연구에 따르면 어순의 문제는 현대 언어학의 포합incorporation이론을 통해 해석이 가능하다. 소수의 예외와 아직 이견이 있는 예도 전통적인 통사론의 일반적인 결론을 부정하기에는 부족하다. 예를 들면 柴火장작는 柴火인지 아니면 柴禾인지 생각해 볼 필요가 있다.

b. 중국어 음보는 주로 구 구조에서 실현된다.

이상의 두 가지 사항은 모두 전통 언어학자들이 직간접적으로 주장했던 것이다. 이 결론은 언어 형식의 분석에 있어 다음과 같은 설득력을 가진다. 먼저 (4a)에 근거하여 복합어 내부의 통사 관계를 (5)와 같은 수형도로 표현할 수 있다.

(5)

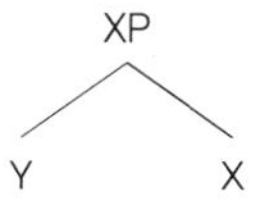


X는 관형어의 수식을 받는 중심어, 동목과 동보 구조의 동사, 주술 구조의 술어 등과 같은 중심어를 나타낸다. Y는 동목 구조의 목적어, 동보 구조의 보어, 그리고 주어, 관형어, 부사어 등 비중심어를 나타낸다. 그러나 (5)는 Y와 X의 순서에 대해서는 규정하지 않는다. (4b)에 따르면 음보는 구에서 실현되므로 (5)의 수형도 형식을 빌어 음보를 (6)과 같이 나타낼 수 있다. ]는 음보의 오른쪽을 나타내고, [는 음보의 왼쪽을 나타낸다.

(6)

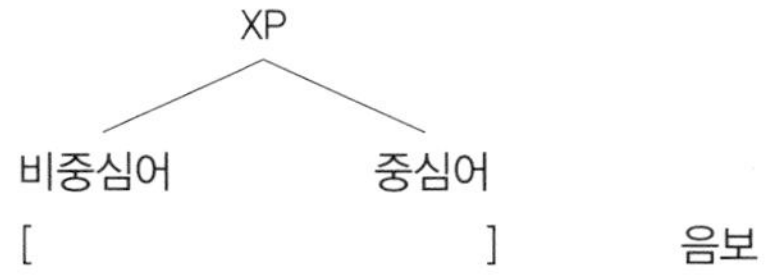


또한 注脚주석와 脚注각주는 병존하지만 두 단어 모두 수식 관계라는 점은 동일하다. 豆腐干말린 두부과 같은 어순이 현대 통사 수식관계와 상반된다고 분석할 필요는 없다. 왜냐하면 豆腐干에서 干은 명사로 볼 수 있기 때문이다. 북경 사람들은 豆腐干儿이라고 하고, 심지어 这块豆腐都快晾成干儿了이 두부는 말라 곧 건두부가 되겠다라고도 말한다. 儿化된 干儿은 이것이 명사화되었다는 증거가 된다. 豆腐干을 干豆腐라고 할 수 없는 것은 豆腐干儿을 干儿豆腐라고 할 수 없는 것과 같다.

음보가 구 구조에서 실현되고 음보를 통해 운율단어가 실현되므로, (6)과 같은 구 수형도의 성분이 음보의 요구를 만족시킨다. 이러한 구는 음보의 조건에 부합하므로 운율단어이다. 이 수형도가 두 개 이상의 적합한 1음절 단어나 형태소로 채워지면 음보를 만족시켜 운율단어가 형성된다. 이 운율단어의 구조는 통사적으로 단어일 수도 있고 구일 수도 있다. 또한 운율이나 형태적으로 의도적 운율단어일 필요는 없다. 我们明年再见우리 내년에 다시 보자의 再见처럼 음보의 요구에 부합하기만 하면 의도적 운율단어가 아니더라도 운율단어로 분석된다. 처음에는 통사적 규칙과 운율적 요구를 만족하는 의도적 운율단어가 제한적으로 음보를 구성하였을 것이다. 그러다 점차적으로 음보가 단어 형성의 운율 모형으로 작용하게 되면서 새롭게 형성된 단어들이 운율단어의 요구에 부합하게 된 것이다. 음보는 [Y X] 형식의 운율 자질을 규정하는 역할을 하므로 (6)에 따라 파생된 결과는 항상 운율단어가 된다. 다시 말해 [Y X] 형식의 구는 통사적 형식과는 무관하게 음보 단위로 나뉘고, 그 중 운율위계와 음보의 실현 방식에 대한 운율형태론적 제약을 만족하는 성분이 운율단어로 규정된다. 그러므로 복합어는 운율단어에 기초하여 생성된 산물이다. 이와 같이 복합어에 대한 운율의 통제는 운율단어가 수형 구조에서 생성되는 방식을 통해 논의될 수 있다.

## 4.2.

운율단어는 다음과 같은 간단한 방식으로 실현된다.

**음보의 실현 방식**

음성 형식으로 실현되는 통사적 수형 구조에서 가장 오른쪽 음절에서부터 왼쪽으로 각 음보의 음절수를 만족하도록 구성한다.

수형 구조의 성분이 음보의 조건에 부합하면 운율단어를 구성할 수 있고, 복합어가 될 가능성이 있다. 이 수형 구조의 각 성분이 음보의 조건을 위배하면 운율단어를 구성할 수 없기 때문에 복합어가 될 수 없다. (5)의 수형 구조를 예로 들면, 이 수형도에는 X와 Y 두 마디가 있는데 어느 것이 중심어인지는 상관없다. 음보가 실현되는 방식은 오른쪽에서 왼쪽으로 진행되며, 중심어가 왼쪽에 있든 오른쪽에 있든 음보의 실현과는 무관하다. 마디마다 하나의 1음절 형태소가 있다고 가정하면 수형 구조는 (7)과 같다. σ는 음절을 표시한다.

(7)

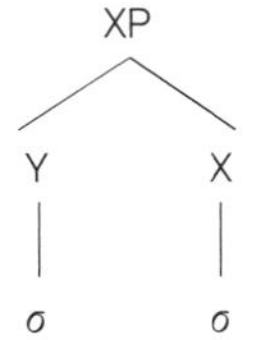


오른쪽에서 왼쪽으로 진행하는 원칙에 따라 음보를 구성하면 (8)과 같다.

(8)

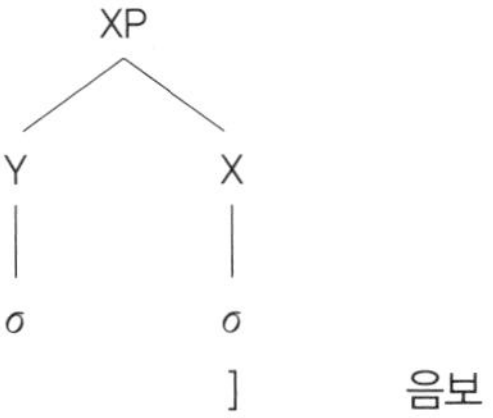


마디 X에는 하나의 음절 밖에 없기 때문에 음보가 최소한 두 개의 음절을 가져야 한다는 조건을 만족시킬 수 없어서 단독으로 하나의 음보를 구성할 수 없다. X는 음보가 될 수 없으므로 운율단어가 될 수 없고 복합어도 아니다. 음보를 실현하기 위해서는 마디 Y 아래에 음보의 왼쪽 경계 [가 있어야 한다. Y의 아래에도 하나의 음절만 있기 때문에 Y와 X가 함께 기본 음보를 구성하게 된다. 음보는 하나의 운율단어이며 X와 Y는 표준 운율단어를 구성하기 때문이다. 또한 복합어는 운율단어를 기반으로 하기 때문에 이 수형도의 [Y X]는 복합어 형성에 가장 좋은 구조를 제공한다. 2음절 복합어가 중국어에서 절대적인 우위를 점하는 이유는 운율단어의 산물이기 때문이며, 2음절 음보로 구성된 운율단어가 가장 표준적이기 때문이다. 이런 예는 쉽게 찾을 수 있다.

(9) 동목 垫肩어깨에 심을 덧대다, 聊天한담을 나누다
동보 改善개선하다, 改良개량하다
주술 地震지진, 耳软귀가 얇다
수식 大学대학교, 铁路철도
연합 改变바뀌다, 衣食의식

이러한 분석에 근거하면 두 개의 1음절 성분으로 만들어진 구가 어휘화되는 현상을 해석할 수 있다. 예를 들면 朱德熙는 白纸백지, 凉水차가운 물, 热酒따뜻한 술의 어휘화의 경향을 지적한 바 있다. 또한 우리에게 익숙한 동목 구조인 吃饭밥을 먹다, 念书공부하다 등도 모두 정도의 차이만 있을 뿐 고착화된 형식이다. 이러한 형식에 대해 혹자는 구라고 하고 혹자는 단어라고 한다. 운율형태론에서는 모두 고착화된 구 구조 운율단어라고 본다. 이 형식들이 고착화와 어휘화의 경향을 보이는 이유는 운율단어가 그 두 성분이 동시에 출현하도록 요구하기 때문이다. 동시에 출현하는 횟수가 잦을수록 익숙한 말이 되고, 또 그것을 오랫동안 사용하여 굳어진 결과 어휘화되는 것이다. 이로 볼 때 운율은 고착화의 환경을 제공한다. 즉 두 성분이 음보 모형 내에서 중간에 휴지 없이 반복적으로 사용되다보니 고착화된 것이다. 이것이 바로 2음절 구의 고착화idiomatization와 어휘화

lexicalization의 발생 과정이다.

## 4.3.

마디 Y가 1음절 하나를 가지고 있고 X는 2음절 성분을 가지고 있어서 [1+2] 형식 구조가 된다면 어떻게 될까?

(10)

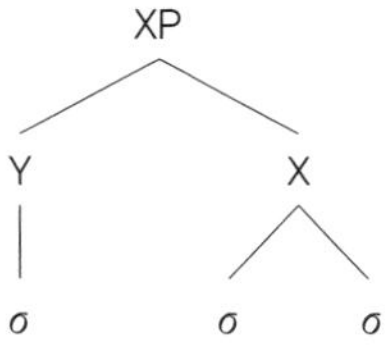


오른쪽에서 왼쪽으로 진행하는 원칙에 따라 음보는 먼저 (11)과 같이 실현된다.

(11)

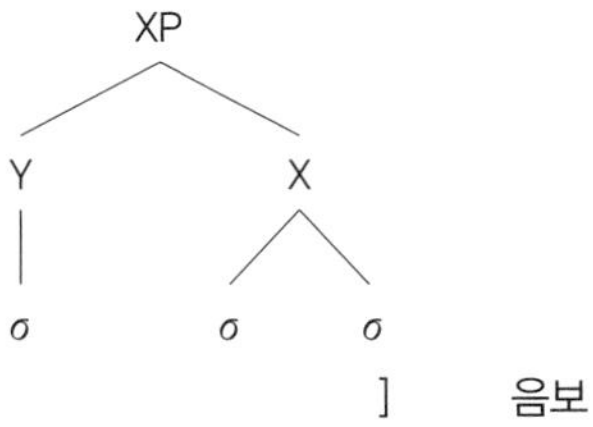


2음절 음보 제약 절대 우선의 원칙에 따라 이 수형 구조에서는 3음절 운율단어가 만들어질 수 없다. 그 이유는 매우 간단하다. 표준음보가 만족되면 다른 가능성은 고려되지 않기 때문이다. 일단 표준음보가 실현되면 이 체계는 최선의 결과인 표준음보를 포기하고 변칙인 초음보를 실현하지 않는다. 그러므로 이 음보의 왼쪽 경계는 X 아래의 왼쪽 음절에 대응되어야만 한다.

(12)

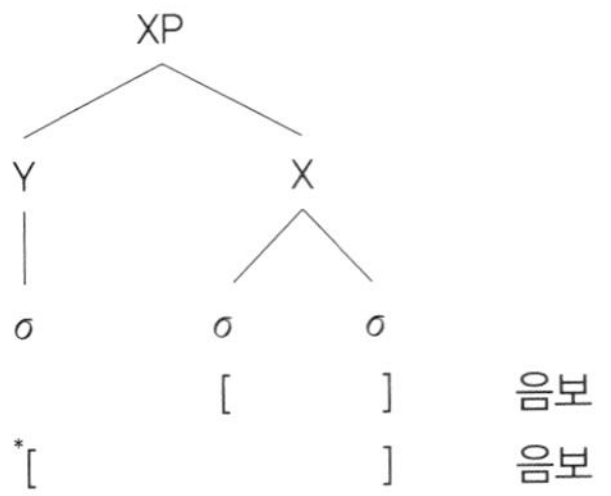


마디 X 아래의 두 음절이 음보를 구성하면 독립적으로 운율단어 즉 복합어를 구성할 수 있다. 이러한 구조에서는 3음절 운율단어가 생성되지 않기 때문에 3음절 복합어도 생성되지 않는다. 이러한 결론에 근거하여 [1+2] 형식의 동목 혹은 동보 구조의 조합이 왜 단어가 되기 어려운지를 해석할 수 있다.

(13) *[设[办法]]　　*[垫[肩膀]]
　　 *[缩[微小]]　　*[放[宽松]]

또한 [1+2] 형식 주술 구조의 조합도 단어가 되기 어려운 이유를 설명할 수 있다.

(14) *[地[震动]]　　*[头[疼痛]]
　　 *[耳[软弱]]　　*[嘴[强硬]]

[1+2] 형식 수식 구조가 없는 것은 아니지만, 비적법한 경우가 훨씬 더 많다.

(15) a. 적법 [副[经理]]부지배인 [书[呆子]]책벌레
b. 비적법 *[书[商店]] *[鞋[工厂]] *[皮[工厂]]

[1+2] 형식 수식 구조는 특수한 경우에 출현할 수 있는데, 이는 다음에 상세히 논의할 것이다. 여기에서는 [1+2] 형식 구조는 일반적으로 중국어 운율단어로 받아들여지지 않는다는 점을 강조하고자 한다. 그 이유는 바로 운율단어로 받아들여지는 초음보가 이 구조에서 실현될 수 없기 때문이다. 3음보가 실현될 수 없으므로 3음절 운율단어와 복합어도 배제된다. 이 구조를 억지로 만든다면 (15b)와 같이 적법하지 않게 느껴지거나 (16)과 같이 단어가 아닌 구일 가능성이 높다.11)

(16) 耍花枪속임수를 써서 현혹시키다 开玩笑농담하다
说笑话웃기는 말을 하다 洗干净깨끗하게 씻다

11) 구는 [1+2] 형식의 초음보로 구성될 수 있지만 운율단어는 그렇지 않다. 운율단어에서 음보는 한 번에 실현되며, 실현이 완성되고 남는 부분은 고려하지 않는다. 구에서는 남는 음절이 없을 때까지 음보가 반복적으로 구성된다.

운율단어 : 일차 A[BC] 표준음보
구 : 일차 A[BC] 표준음보 → 이차 [A[BC]] 초음보

운율형태론에서는 수형 구조에서 운율단어를 확정할 때 오른쪽 음절로부터 음보를 실현하면 이 음보는 상위 층위에서 운율단어로 확정된다. 음보가 상위 층위에서 운율단어로 확정되면 하위 층위에서 다시 더 큰 음보를 실현할 수 없다. 그러므로 이 수형도에서 오른쪽에서 시작해서 첫 번째 음보에 포함되지 않은 성분은 이 음보가 확정한 운율단어에서 배제된다. *[鞋[工厂]]과 *[开[玩笑]]가 모두 적법한 운율단어가 될 수 없는 이유는 오른쪽 첫 번째 음보가 工厂과 玩笑만 포함하면 鞋와 开가 모두 잉여 성분이므로 삭제되어야 하기 때문이다. 그러므로 중국어 운율형태론에서는 [1+2] 형식의 운율단어가 출현할 수 없다. 그러나 구는 그렇지 않다. 구의 음보는 마지막 운율단위까지 순차적으로 실현되기 때문이다. 그러므로 3음절인 [ABC]가 운율형태론에서는 [BC]만 적법하지만, 구에서는 운율형태론의 제약을 받지 않기 때문에 [A[BC]] 초음보를 형성하는 것이다. 이것이 바로 (16)의 구가 성립하는 이유이다. 결론적으로 [1+2] 형식 음보는 형태론 층위에서 만들어진 음보가 아니다. 이러한 음보의 성질, 음보와 운율단어의 관계는 冯胜利(2005)를 참조할 수 있다.

看仔细자세히 보다 ……

간단히 말해 [1+2] 형식 구조는 운율단어와 복합어 구조 모형이 아니다.

## 4.4.

제3절에서 중국어에 주술목 형식의 복합어가 드문 이유를 살펴보았는데, 주술목 구조의 가장 기본적인 수형 구조는 (17)과 같다.

(17)

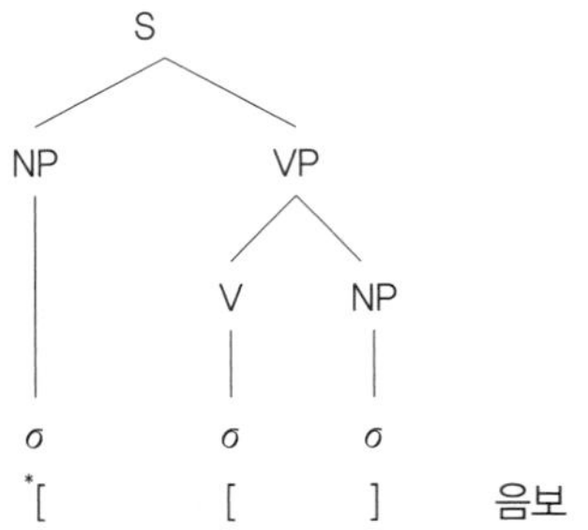


주술목 형식을 복합어로 만들고자 하면 먼저 그 형식이 운율단어이어야 한다. 운율단어가 형성되는 가장 기본적인 환경은 주어, 술어, 목적어가 각각 1음절 성분인 경우이다. 최대 음보가 3음절이므로 주술목 세 성분이 각각 1음절이어야만 초음보보다 크지 않아 운율단어를 구성할 수 있고, 복합어가 될 가능성이 있다. 그러나 음보는 2음절로 형성된다. 2음절이 먼저 만족되면 3음절은 배제된다. 그 이유는 (12)에서 논의한 [1+2] 형식 구조가 비적법한 이유와 동일하므로 여기에서는 더 이상 논의하지 않겠다.

주술목 형식이 중국어 운율단어에 적합한 구조가 될 수는 없지만, 주술식은 매우 생산적인 구조 모형이다. 만일 주어와 술어가 각각 1음절 성분이면 자연스럽게 표준 운율단어를 구성하므로 아무런 어려움 없이 복합어를 만들 수 있다.

(18)

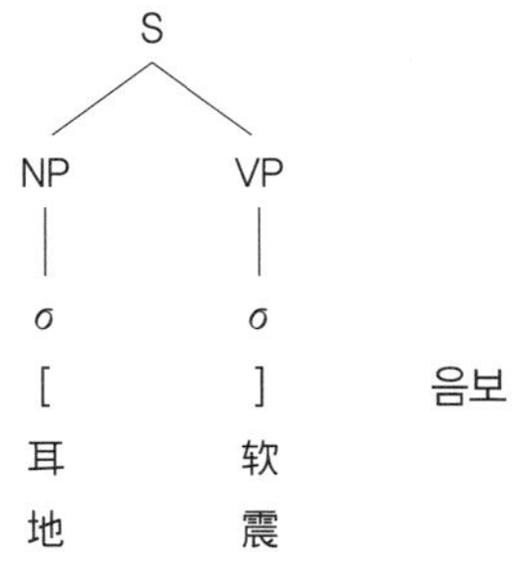


(18)에 근거하면 주술 구조의 운율단어와 복합어는 주어와 자동사, 주어와 형용사의 결합인 경우가 많으며, 주어와 타동사의 결합은 불가능하다는 결과를 예측할 수 있다. 이유는 간단하다. (17)과 같이 목적어를 가지는 타동사는 다시 주어와 결합하여 하나의 운율단어를 만들 수 없기 때문이다. (18)의 예가 이를 증명한다. 지금까지 생산성이 높은 주술 구조의 술어에 형용사와 자동사는 자주 보이지만 타동사는 보이지 않는 이유에 대해 해석한 형태론 연구는 거의 없었다. 그러나 이상의 분석을 통해 이러한 현상이 생기는 이유에 대해 쉽게 파악할 수 있다.

## 4.5.

마지막으로 살펴 볼 운율단어의 실현 방식은 가장 오른쪽의 마디가 1음절 성분 하나만 가지고, 왼쪽의 마디는 2음절 성분을 가지는 [2+1] 형식 구조이다.

(19)

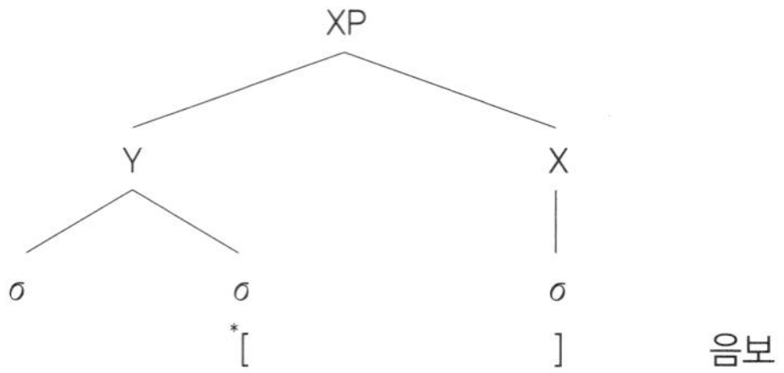


오른쪽에서 왼쪽으로 진행하는 원칙에 근거할 때 오른쪽 마디 X 아래의 성분은 음보를 구성할 수 없기 때문에 음보가 되기 위해서는 마디 Y 아래의 성분을 포함해야 한다. 그러나 음보의 왼쪽 경계를 결정할 때 음보가 중간 음절까지 포함해야 하는지, 가장 왼쪽 음절까지 포함해야 하는지를 선택해야 하는 어려움에 봉착하게 된다. 답은 후자로, 마디 Y 아래의 왼쪽에 있는 음절 아래에서 음보의 왼쪽 경계가 만들어진다. 그 이유는 마디 Y 아래의 2음절 성분은 이미 하나의 운율단어이기 때문이다. 음보의 왼쪽 경계를 Y 아래의 오른쪽 음절에 놓으면 이미 만들어진 운율단어를 해체하는 것과 마찬가지이다. 운율단어를 만들 때는 기존의 구조를 해체하고 새로운 단어를 만드는 것이 허용되지 않는다. 그러므로 전자와 같은 조작은 실행할 수 없다. 만일 음보가 마디 X에서 실현될 수 없고, 음보의 왼쪽 경계를 중간 음절에서 형성할 수 없다면 가장 왼쪽 음절에서 확정할 수밖에 없다.

(20)

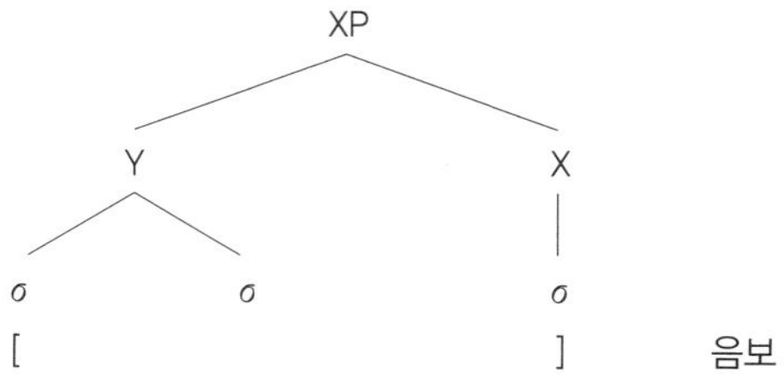

(20)에서 실현되는 음보는 표준음보가 아니라 초음보이다. 그러나 [2+1]과 [1+2] 형식의 초음보는 완전히 다르다. [1+2]는 구 층위에서 두 단계를 거쳐 실현되고, [2+1]는 운율단어 층위에서 한 단계의 조작을 거쳐 실현된다. 그러므로 [2+1] 형식의 초음보만 단어가 될 수 있다.

(21) [[电影]院]극장　　[[游击]队]유격대　　[[电视]机]텔레비전

이런 종류의 초음보 운율단어는 적법하지만 수형 구조의 가장 오른쪽 마디가 1음절 성분일 때에만 출현할 수 있다.

## 제5절 기타 관련 형식과 이론의 도출

### 5.1.

제4절까지 운율단어와 복합어가 수형 구조에서 만들어질 수 있는 전체적인 상황을 살펴보았다. 상술한 분석에 대해 많은 논리상의 문제점과 반례를 제시하는 사람들도 있을 것이다. 이에 여기에서는 위의 공식이 이끌어낸 결과에 대해 논의하고자 한다.

첫째, 만일 [2+1] 형식으로 이루어진 수식 구조의 복합어가 적법하다면 왜 같은 유형인 동목과 동보식 복합어는 맞지 않는가?

(22) 수식 : [[电影]院]
동목 : *[[超越]轨]
동보 : *[[修改]正]

수식 구조와 동목, 동보 구조의 차이는 문장 기본 성분의 운율 구조와 문장 기본 성분에 수식 구조를 더한 후에 생기는 운율 구조상의 차이에 기인한다. 동목과 동보 성분은 모두 문장의 기본 구조에 속하지만 수식 구조에서 관형어는 수식 성분으로 문장의 기본 구조에 포함되지 않고 나중에 더해진 것이다. 이러한 구조상의 차이를 구분하는 것은 매우 중요하다. 왜냐하면 문장의 기본 구조에 있어 2음절 동사는 일반적으로 1음절 성분을 지배할 수 없기 때문이다. 이는 (23)의 동목 관계에서 살펴볼 수 있다. 대명사 他와 같이 가볍게 읽는 1음절 목적어는 이 운율규칙의 통제 범위 안에 있지 않다.

(23) 种树나무를 심다 *种植树 还钱돈을 돌려주다 *归还钱
读报신문을 읽다 *阅读报 选课수강신청하다 *选择课
浇花꽃에 물을 주다 *浇灌花 砍树나무를 베다 *砍伐树……

2음절 동사의 두 번째 음절이 경성이 아닌 제 성조로 구성된 2음절동사는 1음절 성분을 목적어로 취할 수 없다. *归还钱과 喜欢钱돈을 좋아하다를 비교해 보면 둘 다 동사는 2음절이지만 喜欢의 欢은 경성이고, 归还의 还는 제 성조를 가지고 있으므로 归还钱은 어색하다. 제 성조로 실현되는 두 개의 온음절로 구성된 2음절어와 제 성조로 실현이 되는 1개의 온음절로 구성된 1음절어의 조합은 적합하지 않다. 왜냐하면 이것이 SVO형 언어는 강세가 뒤에 온다는 일반적인 원칙을 위반하기 때문이다(冯胜利 1994). 만일 [2+1] 형식 동목과 동보 구조가 처음부터 구의 운율규칙에 부합하지 않다면 이로부터 만들어지는 운율단어는 말할 것도 없다. 다시 말해 중국어에는 이런 종류의 구가 존재하지 않기 때문에 이런 종류의 운율단어는 있을 수가 없다. 이런 운율단어가 없으므로 당연히 이런 복합어도 있을 수 없다.

그럼 [2+1] 형식의 수식 복합어는 어떻게 존재할 수 있는가? 그 이유는 중국어가 [2+1] 형식 수식구를 허용하기 때문이다. (24)를 비교해 보자.

(24) a. 您走。 가세요.
b. 您慢慢儿走。 천천히 가세요.

(24a)는 기본 성분인 주어+술어로 구성된 것이고, 강세는 마지막인 走에 있다. (24b)는 走 앞에 수식 성분인 慢慢儿을 넣었기 때문에 강세는 문장의 끝이 아닌 수식 성분에 있게 된다. 이는 문장의 기본 성분의 운율 구조와 기본 성분에 수식 성분을 더한 이후의 운율 구조가 다름을 설명한다. 따라서 문장의 기본 구조를 대표하는 동목과 동보가 [2+1] 형식 운율 구조를 허용하지 않는다고 해서 수식 성분으로 조합된 [2+1] 형식 구조까지 허용하지 않는 것은 아니다. 운율형태론 체계의 측면에서 보면 [[电影]院]과 [跨越]轨]는 모두 합법적인 조합으로 초음보를 구성할 수 있다. 그런데 *跨越轨만 적법하지 않는 이유는 운율형태론이 허용하지 않는 것이 아니라 문장의 일반강세가 허용하지 않기 때문이다. 동목 구조와 동보 구조는 언어의 기타층위 즉 일반강세 규칙 때문에 받아들여지지 않는 것이다.

## 5.2.

그렇다면 [1+2] 형식의 운율단어는 일반적으로 적법하지 않음에도 (25)와 같은 형식이 자주 출현하는 이유는 무엇인가?

(25) a. 副经理부지배인　　非官方비공식적인
b. 书呆子책벌레　　糖葫芦탕후루(산사나 해당화 열매를 꼬챙이에 꿰어 설탕물을 묻혀 굳힌 과자)

(25)에 제시된 단어의 적법성은 두 가지 측면에서 해석할 수 있다. 吕叔湘, 饶长溶(1981)에 따르면 (25a)의 첫 번째 성분은 접두사이다. 여기에는 男, 女, 小, 副, 正 등이 포함된다. 그런데 이 성분을 접두사로 분석하면 (25a)의 단어는 제4절에서 수형 구조에 의해 도출되는 운율단어 및 복합어와 관련이 없어진다. 접사 첨가와 복합은 서로 다른 조어 방식이며 접사는 통사 층위의 조합에는 간여하지 않기 때문이다. 제5절에서는 음보가 수형 구조에 의해 운율단어와 복합어를 형성하는 방식에 관해 논의하므로 통사적 층위가 아닌 조어 방식은 운율형태론의 제약을 받지 않는다. 다시 말해 经理지배인가 운율단어라면 副经理부지배인의 副는 운율형태 체계 밖에서 经理에 부가된 접두사이다. 접두사는 복합어에 부가될 수도 있고, 预谋杀人모살>非预谋杀人과실치사처럼 구에 부가될 수도 있다. 접사 자체의 특징으로 인해 접사를 첨가하여 형성된 형식은 모두 단어의 범주에 속한다. 그러므로 副经理는 운율통사 체계에서 만들어진 것은 아니지만 여전히 초음보에 해당하는 단어이다. 접두사는 1음절어 앞에 출현할 수도 있지만 다음절 복합어나 구 앞에 출현했을 때 접사적 성질이 훨씬 더 부각된다. 예를 들면 正梁대들보과 正厂长정식 공장장을 비교해보면 전자에서 正의 어휘 의미는 구체적이고 실제적이지만 후자에서는 추상적이다. 어휘 의미가 추상적으로 변화하는 허화는 특정한 위치에서 일어나며 언어의 다른 규칙으로부터 강요되어 발생한다. 일반적으로 운율형태론은 1음절 내용어가 2음절 명사를 수식하는 것을 허용하지 않는다. 어떤 이유에서건 이 1음절어가 반드시 2음절 명사 앞에 출현해야 한다면 원래의 성질을 바꾸어 순수 어휘어lexical word에서 접사affix로 바뀌어야 한다. 이렇게 하면 운율형태 체계의 제약을 벗어나 2음절어를 수식할 수 있다. 이를 접두사의 기원이라고 단정할 수는 없으나 상술한 분석의 자연스러운 결과에 따른 가능성 있는 추측 중 하나이다.

(25b)와 같은 예문도 있으므로 [1+2] 형식에서의 1음절 성분을 모두 접두사로 분석할 수는 없다. 그러나 이 예문들은 모두 중심어의 두 번째 음절이 경성이라는 공통적인 특징이 있다. 앞에서도 밝혔지만 경성자가 포함된 2음절어는 실질적 2음절어가 아니므로 2음절 음보가 아니다. 이 책에서는 이것을 결손음보라고 부른다. 경성이 포함된 2음절어는 때로 1음절어의 길이 정도 밖에 되지 않는다(林焘 1990). 따라서 하나의 결손음보에 1음절어를 더해 음보를 재구성하는 것이 결코 이상하지는 않다. 이렇게 구성된 음보가 어떠한 특징을 나타내는지는 또 다른 문제이므로 이에 대해서는 다시 논의하기로 한다.

## 5.3.

제1장에서 운율단어의 개념과 운율단어가 중국어에서 실현되는 과정에 관해 논의했다. 일반언어학에서 운율단어는 아직 새로운 개념으로 계속해서 연구가 진행 중이다. 운율단어를 통한 중국어의 분석은 아직 시도 단계에 불과하므로 논의되지 않은 부분이 상당히 많고, 논의된 부분이라 하더라도 아직 완벽하지는 않다. 그 중에는 1음절어와 운율단어의 관계와 같이 이 책의 주제를 벗어나는 부분도 있고, 경성의 운율적 특성처럼 새로운 학문을 연구하는 사람들의 공동의 노력이 필요한 부분도 있다. 그러나 상술한 분석은 운율단어가 중국어 복합어의 구조를 결정하며 중국어 복합어의 형태론은 중국어 운율단어의 형태론에 해당한다는 점을 충분히 설명할 수 있다고 본다. 이 이론은 새로운 시각으로 중국어 형태론을 고찰하였으므로 이를 통해 다른 방면에서도 새로운 시각과 발전을 거둘 수 있을 것으로 판단된다. 吕叔湘(1979)은 단어는 너무 길지도 너무 복잡할 수도 없다는 견해를 피력한 바 있다. 그러나 이는 단어의 최대

길이를 어떻게 결정할 수 있는지에 관한 문제가 생긴다. 운율단어의 정의에 따르면 이 문제는 간단하게 해결된다. 운율단어는 최대 세 개의 음절을 지닌다. 복합어가 운율단어의 기반 위에 만들어진 것이라면 가장 긴 복합어도 세 개의 음절을 초과하지 않는다. 성어와 같은 네 글자의 조합은 복합 운율단어의 범주에 속하므로 이 책의 제3장에서 다시 논의할 것이다. 4음절 이상의 조합은 표준 운율단어와 초운율단어 간의 복합이다. 물론 加利福尼亚캘리포니아와 같은 소수의 예외도 있다.

운율단어라는 개념을 도입하면 중국어에서 단어와 구를 구분하는 것처럼 어려운 문제도 해결할 수 있다. 어떤 구는 단어처럼 보이고, 또 어떤 단어는 구처럼 보이기도 한다. 운율단어의 정의에 따르면 단어이든 구이든 2음절을 만족시키기만 하면 운율단어이다. 念书와 같은 구는 운율단어를 구성하므로 단어처럼 보이기도 하고, 担心과 같은 단어는 단어로 실현되었지만 수형 구조에서 통사적으로 구의 특성을 유지하므로 구처럼 보이기도 한다. 운율단어의 개념은 전통적인 단어의 개념보다 훨씬 더 실제적이고, 중국어의 특징과 역사적인 발전 과정에도 부합된다. 운율단어의 각도에서 중국어의 형태론을 관찰하면 단어와 구의 구분은 그렇게 중요하지 않다. 중국어는 단어이든 구이든 운율단어를 기본 단위로 하기 때문이다. 운율단어는 중국어에서 자유롭게 독립적으로 운용되는 최소 단위의 형식적 표지이다. 1음절어는 운율단어보다 작지만 종종 다른 어휘와 함께 음보를 구성한다. 다른 어휘와 음보를 구성하지 않는 1음절어는 종종 사용상의 제약을 받고(吕叔湘 1963), 단독으로 음보를 구성하는 1음절어는 일반적으로 휴지하거나 모음을 길게 하여 운율단어로 바뀐 다음에야 독립적으로 사용될 수 있다. 이것이 郭绍虞(1938 : 16)가 한 글자는 단어가 될 수 없다고 한 이유이다. 그러므로 1음절어가 있다고 해서 운율단어가 중국어에서 자유롭게 독립적으로 운용되는 최소의 단위라는 점은 부정할 수는 없다. 형태론적으로 중국어에서 가장 중요한 요소는 운율단위인 음보이며, 서양 언어의 통사·형태론적 형식 표지가 아니다. 중국어는 형태 변화가 없는 언어이기 때문이다. 중국어에서 형태론의 형식적인 근거는 운율이다. 이러한 이유로 중국어 복합어는 운율에 기반하며, 음절을 구성하는 음보가 형식 표지이다.

## 생각할 문제

1. 운율단어, 임시적 운율단어, 의도적 운율단어, 고착화된 운율단어가 무엇인지 예를 들어 설명하시오.

2. 어휘어와 기능어의 운율적 특징에는 어떤 차이점이 있는가?

3. 표준음보와 결손음보는 무엇인가? 그들의 통사적 특징에는 어떤 차이점이 있는가?

4. 하나의 음보가 하나의 운율단어로 실현된다면, 왜 직접 음보를 사용하지 않고 운율단어를 사용하는가? 왜 운율단어라는 개념이 필요한가?

5. 운율단어가 단어도 아니고 구도 아닌 동시에 단어이기도 하고 구이기도 한 이유는 무엇인지 예를 들어 설명하시오.

6. 왜 음보는 2음절이어야 하는지 이론적으로 설명하시오.

7. 중국어 단어의 형식이 2음절보다 작아서는 안 되고 3음절보다 커서는 안 된다고 하면, 猫, 狗, 人, 手 등 대량으로 존재하는 1음절어는 어떻게 설명할 것인가?

8. 연면어에는 왜 3음절이 없는가?

9. 음보가 어떻게 복합어를 통제하는지 예를 들어 설명하시오.

10. 제1장 음보의 실현 방식과 ≪论汉语的自然音步중국어의 자연 음보≫(冯胜利 1998)에서 논의한 오른쪽에서 왼쪽으로 음보를 구성하면 구이고, 왼쪽에서 오른쪽으로 음보를 구성하면 단어이다左向造语, 右向构词는 주장은 어떤 차이점이 있는지 논의하고, 장점과 단점을 비교하시오.

제 2 장

# 운율단어와 복합어의 역사적 기원

제2장에서는 운율단어와 복합어의 역사적 기원 문제를 논의할 것이다. 역사적 논의는 고대 중국어를 언급하지 않을 수 없다. 고대 중국어는 춘추전국春秋战国 시기에서 양한两汉 시기에 이르는 문헌의 언어를 가리킨다. 고대 중국어의 복합어는 진한秦汉 시기에 발전했기 때문에 제2장의 연구는 주로 선진양한先秦两汉에 집중되어 있다.

먼저 다음과 같은 점을 밝혀 둔다. 첫째, 상고 중국어에도 복합어가 있었지만 양한에 이르러 급격히 증가하기 시작했다. 둘째, 고대 중국어에서 복합어의 급속한 발전은 2음절 음보의 형성에 기인하며, 2음절 음보의 형성은 상고 중국어에서 두 개의 모라로 구성된 음보의 소실에 기인한다. 셋째, 고대 중국어에서 복합어는 통사적 단어일 뿐만 아니라 운율단어이기도 하다. 전자는 내부 구조의 통사적 관계를 표현하고, 후자는 운율형태론의 운율위계와 음보의 2음절화에서 파생된 것이다.

이상의 문제를 설명하기 위해 제2장에서는 먼저 고대 중국어에서 복합어를 판단하는 기준을 확정하고, 그 다음에는 ≪孟子≫(孟子, 기원전 372-289년)와 赵岐(약 107-201년)의 ≪孟子章句≫에 나타나는 복합어를 비교할 것이다. 또한 2음절어의 기원에 대한 기능설의 다양한 견해에 관해서도 논의할 것이다. 이러한 기본적인 논의를 바탕으로 2음절화의 발전은 복합어의 발전과는 무관하다는 관점을 제시할 것이다. 또한 상고 중국어 음운 체계의 변화에 입각하여 상고 중국어에서 중고 중국어로 넘어 오면서 음절의 기본 구조가 CVC에서 CV로 변했음을 논의할 것이다. 이러한 변화는 두 개의 모라로 구성된 음보의 소실을 가져왔고, 최종적으로는 2음절 음보를 형성하였다. 중국어 운율 유형의 변화로 인해 이후에 중국어는 2음절 조합의 수가 급격히 증가하게 되었다. 마지막으로 현대 중국어에 상응하는 고대 중국어 복합어 조어방식의 보편적인 규칙을 제시하고 이 연구의 이론적 의의와 역할에 대해 설명할 것이다.

## 제1절 고대 중국어 복합어의 판단 기준

고대 중국어 복합어의 성질을 논의하기 전에 먼저 고대 중국어에서 복합어란 무엇인가에 대해 답할 필요가 있다. 예를 들어 天子천자는 일반적으로 복합어이지만 君臣군주와 신하은 복합어가 아니다.[12] 양자의 차이점은 무엇인가? 이것을 판단할 기준이 필요하지만, 현재까지는 완벽한 판단 기준이 없다. 예를 들면 赵元任(Chao 1968)은 다음과 같은 기준을 제시했다.[13]

12) 앞으로 논의할 의미 기준 (8)에 의하면, 君臣은 다음과 같은 상황에서 복합어가 아니다. 君以计畜臣, 臣以计事君, 君臣之交, 计也(≪韩非子·饰邪≫) 군주는 이해를 계산하여 신하를 기르고 신하도 이해를 따져 군주를 섬기니, 군주와 신하의 관계는 서로 이해득실을 따지는 것이다.

13) 黄正德(Huang 1984)는 현대 중국어 복합어의 판별 기준을 제안한 적이 있다. 이 기준은 어휘 완정성 가설에 기반을 두는데 어휘 내부의 조합은 구 구조 규칙의 제약을 받지 않는다는 것이다. 그러나 구 구조 제약phrase structure constraint에 따르면 일반적으로 동사 뒤에는 두 개의 통사 성분이 올 수 없다. 어휘 완정성 가설은 고대 중국어 복합어를 판별하

(1) a. 구성 성분이 경성을 가진다.
b. 구성 성분이 교착되어 있다.
c. 구성 성분을 분리할 수 없다.
d. 내부가 외심적exocentric 구조이다.
e. 전체의 의미가 부분의 단순한 조합이 아니다.

형태소 조합이 상술한 조건 중 어느 하나를 만족한다면 이 조합은 현대 중국어에서 복합어이다.

먼저 기준 (1a)를 살펴보자. 경성은 현대 중국어 복합어를 판단하는 데 매우 설득력 있는 기준이다. 예를 들어 烧·饼에서 饼이 경성이면 이 조합은 동목식 복합어이다. 그러나 이 판단 기준은 고대 중국어 복합어에는 적용되지 않는다. 고대 중국어의 2음절 조합이 경성을 가졌었는지의 여부를 알 길이 없기 때문이다. 그러므로 (1a)의 기준을 고대 중국어에 적용하기 어렵다.

(1b)에 따르면 구성 성분이 교착되어 있으면 그 조합은 복합어이다. 그러나 이미 알려진 바와 같이 고대 중국어의 형태소는 거의 모두 자유형태소이다. (2)의 예를 살펴보자.

(2) a. 小人少而君子多……国家久安。(≪韩非子·安危≫)
소인이 적고 군자가 많으면……국가는 오랫동안 평안할 것이다.
b. 晋国二, 则子之家坏。(≪左传·襄公二十四年≫)
진나라가 다른 마음을 품으면 당신의 가문은 망할 것입니다.

비록 (2a)에서 国家는 복합어이지만, (2b)에서처럼 国과 家 두 구성 성분

---

는 데 사용될 수 있을 것처럼 보이지만, 구 구조 제약은 고대 중국어 복합어를 판별하는 데 사용될 수 없다. 고대 중국어에서는 동사 뒤에 두 개의 통사 성분이 출현하도록 허용하기 때문이다.

이 여전히 독립적으로 운용될 수 있다. 때로는 두 개의 성분이 하나의 복합어로 사용될 수도 있지만, 그 구성 성분이 고대 중국어에서 교착형식이었는지 증명할 증거를 찾기 어렵다.14) 그러므로 기준 (1b)는 고대 중국어에 적용하기 어렵다.

기준 (1c)는 구성 성분을 분리할 수 없다는 것인데, 일반적으로 복합어로 인정되는 (3)의 天子를 살펴보자.

(3) 天子者, 则天之子也。(董仲舒 ≪春秋繁露·郊祭≫)
천자는 하느님의 아들이다.

天子는 복합어이지만 그 내부의 두 성분을 분리해서 해석할 수 있다. 왜냐하면 고대 중국어 복합어의 두 성분이 항상 하나의 단위로 반복적으로 출현하더라도 그 단위가 고착화된 구라는 점을 배제하기 어렵기 때문이다. 그러므로 (1c)가 고대 중국어에 대한 절대적인 판단 기준이 아닐 수도 있다.

(1d)와 (1e)는 고대 중국어 복합어를 판단하는 데 쓰일 수 있는 것처럼 보인다.

(4) a. 妻子 妻子好合 아내와 사이가 좋다
b. 动静 察其动静 그 동정을 살피다
c. 车马 大夫不得造车马 대부가 수레를 만들지 못하게 하다
d. 司马 江州司马青衫湿 강주사마의 푸른 옷자락이 젖다

먼저 (1d)의 외심성은 복합어 내부 핵심어의 통사적 속성과 복합어 전체의 통사적 속성이 다르다는 것을 뜻한다. 다시 말해, 구 구조 규칙을

14) 파생복합어derivational compounds는 이와 다르다.

복합어 내부 구조에 적용할 수 없다는 것이다. 외심성 기준에 근거하면 (4d)에서 司马는 명사이지만, 그 핵심어인 司가 동사이기 때문에 司马는 복합어이다. (3)의 天子는 고유명사이므로 복합어이지만, (3)에서 天之子也와 같이 之가 天과 子 사이에 삽입될 수 있으므로 이는 구 구조 규칙이 天子 사이에 적용될 수 있음을 의미한다. 그럼 天子를 복합어라고 할 수 있는가? (1d)와 어휘 완정성 가설lexical integrity hypothesis(Huang 1984)에 근거하면 天子는 복합어가 아니지만, 이는 사실에 부합하지 않는다. 그러므로 (1d)는 복합어를 판단하는 충분조건이 아니다.

그럼 (1e)를 살펴보자. 이는 의미 조합의 기준이라고 할 수 있다. 이 기준은 (5)와 같은 등식으로 표시할 수 있다. (5)에서 ‖……‖는 ……의 의미값이다.

(5) ‖……‖ ≠ a+b

AB가 A와 B의 조합이고 A의 의미를 a, B의 의미를 b라고 가정했을 때 AB의 의미가 단순히 a+b라면, AB는 복합어가 아닌 구이다. (1e)의 기준에 따르면 복합어의 의미는 그 구성 성분의 의미 조합과 완전히 동일할 수 없기 때문이다. 한편 만일 AB 조합의 의미가 a+b가 아니라면 (6)과 같은 가능성이 있다.

(6) a. ‖AB‖ = a (AB 좌측 성분의 의미)
b. ‖AB‖ = b (AB 우측 성분의 의미)
c. ‖AB‖ = c (기타)

어떤 조합이 (6) 중의 어느 하나를 만족하면 이 조합은 복합어로 인정할 수 있다. (6)에 따르면 (4a-c)의 예는 모두 복합어이다. 모든 예의 의미가 그 구성 성분의 의미를 간단히 조합하여 얻어진 것이 아니기 때문이다. 즉 AB≠a+b이다.

이러한 의미 원칙은 고대 중국어 복합어를 판단하는 데 사용될 수 있지만, 이 기준도 완벽하지는 않다. 예를 들면, (4c)의 车马는 기준 (6a)를 만족한다. 车马의 의미는 수레车이고, 말马은 어떠한 의미값도 없기 때문에 车马는 복합어이다. (4c)는 복합어의 전체 의미가 하나의 성분과만 관련이 있는 특수한 종류의 복합어를 대표하는데, 전통적으로 이를 편의복사偏义复词라고 부른다.[15] 전체 조합이 한 성분의 의미만을 대표하고 다른 성분은 전체적인 의미에 영향을 미치지 않기 때문에 표면적으로 이러한 조합은 복합어의 기준에 부합한다. 그런데 문제는 车马가 (4c)와 같은 언어 환경에서만 수레车의 의미를 가진다는 것이다. 만드는造 대상은 수레车만 가능하고 말马일 수 없기 때문이다. 그런데 车马가 다른 문맥에서 사용되면 수레车만 가리키는 것이 아니라 수레车와 말马을 모두 가리킬 수 있다. 수레를 의미하는 车马가 제한된 문맥에서만 사용되면, 이것을 복합어라고 할 수 없다.

또 다른 문제는 车马가 복합어라면 马의 역할은 무엇인가 하는 점이다. 의미 원칙에 근거하여 车马를 복합어로 간주하면 동일한 원칙에 근거하여 이 단어의 내부 구조를 분석해야 한다. 만일 车马가 병렬 규칙에 근거하여 조합된 것이라면 병렬 성분 중 하나가 의미에 영향을 미치지 않는다는 것을 어떻게 해석할 수 있는가? 马는 명사이지 기능 성분이나 접사가 아니다. 车马를 복합어로 보면 马가 이 구조에서 어떠한 역할을 하는지 설명할 수 없다.

15) 전통훈고학에서는 이러한 현상을 连类而及연이어 미치다라고 부른다. A와 B가 같은 종류의 의미이기 때문에 A는 B에 부가되거나 B가 A에 부가될 수 있다는 뜻이다. 이 경우 AB 중 한 성분의 의미가 없기 때문에 이 성분은 전체 단어의 의미에 어떠한 역할도 하지 않는다.

이로 볼 때 앞에서 언급한 다섯 가지 기준은 단독으로 고대 중국어 복합어를 판단하기에는 무리가 있다. 그러나 경성 기준 이외의 다른 네 가지는 어느 정도 유효하다. 예를 들면 중첩으로 만들어진 복합어(Dobson 1959)는 기준 (1)에 따라 쉽게 판단할 수 있다.

(7) 匍匐　赤子匍匐将入井。(≪孟子・滕文公上≫)
갓난아기가 엉금엉금 기어서 우물에 빠지려 하다.

Dobson(1959)이 주장한 것처럼 중첩형 복합어는 중복되거나 지속적인 행위 혹은 상태를 나타낸다. 이러한 파생형 복합어는 기준 (1b)의 자유 성분 기준이나 (1c)의 분리 기준, 심지어 (1e)의 의미 조합 기준으로 판단하기 쉽다. 그러나 (1)로 판단할 수 있는 예는 매우 간단하며 그 수도 많지 않다. 예문 (2a)나 (4) 같이 비교적 복잡한 통사형 복합어syntatic word는 판단이 가장 필요하면서도 어려운 종류이다(Chao 1968). [표 1]을 통해 이 두 유형의 비율을 비교해 볼 수 있을 것이다(程湘清(1981)에서 인용).

[표 1] ≪论语≫와 ≪孟子≫의 파생형 복합어와 통사형 복합어 비율

| 년대 | 말뭉치 | 총계 | 파생형 | % | 통사형 | % |
|---|---|---|---|---|---|---|
| 기원전 약 5세기 | 论语 | 180 | 24 | 13.3 | 138 | 76.7 |
| 기원전 약 4세기 | 孟子 | 333 | 44 | 13.2 | 249 | 74.8 |

파생형은 ≪论语≫에서 13.3%, ≪孟子≫에서는 13.2%를 차지하지만, 통사형은 ≪论语≫에서 76.7%, ≪孟子≫에서 74.8%나 차지한다. 어떤 판단 기준이 말뭉치의 13% 정도밖에 적용되지 않는다면 그것은 유효한 기준이 아니다. [표 2] 程湘清의 말뭉치 통계를 보면 복합어는 양한 시기에 이르러 파생형이 8.22% 정도까지 줄었음을 알 수 있다.

[표 2] ≪论衡≫의 파생형 복합어와 통사형 복합어 비율

| | 총계 | 파생형 | % | 통사형 | % |
|---|---|---|---|---|---|
| 论衡 | 462 | 38 | 8.22 | 424 | 91.78 |

말뭉치에서 91.78%의 복합어가 통사형이라면 이는 고대 중국어 복합어를 판별하는 가장 효과적인 기준이 의미 기준 (1e)라는 점을 의미한다. 이는 (8)과 같이 표현할 수 있다.

(8) 의미 기준

A와 B가 상호 독립적인 두 개의 성분이며 A의 의미가 a이고, B의 의미가 b일 때, X 환경에서 다음과 같다면,

a. ‖AB‖ = a (AB의 좌측 성분), 혹은

b. ‖AB‖ = b (AB의 우측 성분),

c. ‖AB‖ = c (기타)[16]

AB 조합은 복합어이다.

제2절에서 이 의미 기준을 고대 복합어를 연구하기 위한 임시적인 원칙으로 삼을 것이며, 제5절에서는 이보다 더 포괄적인 형식 기준인 조어법 규칙Word Formation Rule과 운율 원칙에 근거한 고착화된 운율단어idiomatized prosodic word 개념을 제안함으로써 고대 중국어 복합어의 기원과 발전을 해석할 것이다.

16) 의미 변화나 의미의 특수화meaning specialization를 가리킨다. 예를 들면, 天下는 하늘의 아래→하늘 아래의 물건→사람의 세계→사회→황제로 의미가 변화하였다.

## 제2절 赵岐 ≪孟子章句≫의 복합어

중국어 복합어의 기원을 구체적으로 이해하기 위하여 ≪孟子≫와 ≪孟子章句≫(200년)의 복합어를 비교할 필요가 있다. 赵岐의 ≪孟子章句≫를 비교한 이유는 첫째, 赵岐(약 107-201년)가 살았던 시대는 상고 중국어(≪诗经≫시대)에서 중고 중국어(≪切韵≫시대)로 넘어가던 중요한 시기이기 때문이다. 이 기간 동안 중국어의 음운, 형태, 통사에 큰 변화가 있었다(Chou 1962, 王力 1980, 梅祖麟 1980, Norman 1988, Baxter 1992 등). 그러므로 赵岐의 작품은 고대 복합어가 그 시대에 어떻게 변화했는지를 잘 반영한다. 둘째, 赵岐가 사용한 언어는 당시 입말과 매우 비슷했기 때문이다. 이는 赵岐의 ≪孟子章句题辞≫에서 살펴볼 수 있다.

> 일찍이 해대지간孙嵩이 살던 安丘를 말함에서 짐을 풀어 놓고 어깨를 쉬고 있을 때에 문득 온고지신하는 아름다운 덕을 가진 군자가 있었는데, 내가 매우 애쓰는 모습을 불쌍히 여겨 나의 백발을 돌아보며 학문을 토론하고, 큰 도로써 위로했다. ……이에 내가 들은 바를 기술하고 경전으로 증명함으로써 장구(주석)를 짓는다.
>
> 尝息肩弛担於海岱之间, 或有温故知新, 雅德君子, 矜我劬瘁, 睠我皓首, 访论稽古, 慰以大道……于是乃述已所闻, 证以经传, 为之章句。

이상의 내용을 살펴볼 때, ≪孟子章句≫는 赵岐와 孙嵩이 학문에 대해 토론하거나 강론하던 기록인 것으로 보인다. 그러므로 ≪孟子章句≫는 동시대의 다른 작품보다 당시의 입말에 더 가까웠다. 그런데 ≪孟子章句≫에서 赵岐가 ≪孟子≫의 한 글자를 해석할 때에 두 글자 조합을 자주 사용했다는 점에 주목할 필요가 있다. 이를 1대 2 주석법이라고 할 것이다. 이 주석 방법은 전국 시기에서 한 대에 이르기까지 한 글자가 두 글자로 대체되던 역사적 발전 과정을 반영한다.[17] 먼저 ≪孟子章句≫에서 赵岐가 ≪孟子≫의 한 글자를 해석하는 데 사용한 두 글자 조합을 예로 들면 (9)와 같다.

(9) ≪孟子≫：圣人且有过。
赵岐：圣人且有谬误。
성인도 실수를 할 수 있다.

≪孟子≫에서 过는 실수를 나타내는데, 赵岐는 谬와 误의 조합으로 过를 해석했다. 1대 2 주석법 외에도 赵岐가 구문의 의미를 해석하는 데 두 글자의 조합을 사용한 예가 있다.

(10) ≪孟子≫：棺椁无度。 관곽을 만드는 데 일정한 법도가 없다.
赵岐：棺椁厚薄无尺寸之度。 관곽의 두께와 크기에 대한 일정한 법도가 없다.

赵岐는 세 개의 복합어인 棺椁관곽, 厚薄두께, 尺寸크기으로 원문을 해석했다. 棺椁는 ≪孟子≫와 동일하지만, 厚薄와 尺寸은 ≪孟子≫에 대응되는 단어가 없다. 후자와 같은 해석 방법을 0대 2 주석법이라고 하겠다. 비록 ≪孟子≫에는 이러한 해석어에 대응되는 글자가 없지만 그것들이 해석하고 있는 의미는 원문에 함축되어 있다. 그러므로 이러한 형식은 한 대 사람들이 어떻게 두 글자 조합으로 의미를 나타냈는지를 보여준다. (10)은 또한 赵岐와 ≪孟子≫가 동일한 두 글자 조합인 棺椁를 사용했다

17) ≪孟子章句≫를 연구하는 가장 좋은 방법은 赵岐에 의해 2음절어로 해석된 ≪孟子≫의 1음절어를 모두 열거하는 것이다. 다시 말해 모든 1대 2 어휘 대응표를 작성하는 것이다. 그러나 편폭의 제약으로 여기에서는 ≪孟子章句≫ 중 ≪梁惠王章句 · 上≫, ≪公孙丑章句 · 下≫ 두 장을 선택하여 분석하였다. 이 두 장은 전체 책의 15%를 차지하지만 선진 시기와 한 대의 복합어 비율, 그리고 두 시대의 기본적인 언어 특징을 논증하는 데 사용되기에 충분하다고 판단된다.

는 점도 보여 준다. 이것은 2대 2 주석법이라고 할 것이다.

이상에서는 첫째, 한 글자를 해석하는 두 글자 조합(1대 2), 둘째, 문장이 함축하고 있는 의미를 표현하는 데 사용하는 두 글자 조합(0대 2), 셋째, 원문과 겹치는 두 글자 조합(2대 2)이라는 세 가지의 두 글자 조합에 관해 설명했다. 이 세 가지 조합과 상술한 복합어 의미 기준에 근거하여 다음과 같은 문제에 답하고자 한다.

1) 赵岐가 사용한 두 글자 조합 중 몇 개가 복합어로 판단될 수 있는가?
2) 赵岐는 ≪孟子≫ 중 몇 개의 한 글자를 두 글자 조합으로 대체했는가?
3) 赵岐는 문장이 함축하고 있는 의미를 해석하는 데 몇 개의 복합어를 사용했는가?
4) 赵岐가 사용한 복합어 중 몇 개가 지금까지 사용되고 있는가?

[표 3]에 따르면 전체 말뭉치에는 총 169개의 두 글자 조합이 있는데, ≪梁惠王章句 · 上≫에 113개가 있고, ≪公孙丑章句 · 下≫에 56개가 있다. 169개 두 글자 조합 중 73개의 조합은 1대 2 조합에 속하고, 60개가 0대 2, 36개가 2대 2 형식에 속한다.

[표 3] ≪孟子章句≫와 ≪孟子≫의 두 글자 조합

| | 합계 | % | 한 대 복합어 | % | 현대 복합어 | % |
|---|---|---|---|---|---|---|
| 1대 2 | 73 | 43 | 24 | 33 | 31 | 42 |
| 0대 2 | 60 | 36 | 39 | 65 | 25 | 42 |
| 2대 2 | 36 | 21 | 29 | 81 | 18 | 50 |
| 합계 | 169 | 100 | 92[18] | 54[19] | 74 | 44 |

18) 원문에서는 102였으나 24, 39, 29의 합은 92이므로 92로 수정했다. (역자주)
19) 원문에서는 60이었으나 한 대 복합어 92개는 169의 54%에 해당하므로 54로 수정했다. (역자주)

[표 3]을 살펴보면, 赵岐는 ≪孟子≫ 중 73개의 한 글자를 두 글자 조합으로 대체했고, 이 73개의 두 글자 조합 중 33%가 복합어이다.[20] 1대 2 주석 방식 외에도 0대 2 방식이 60개이고, 그 중 복합어는 65%이다. 이러한 수치로 미루어 이 시기에 복합어가 대량으로 출현했음을 알 수 있다. 169개 두 글자 조합 중 21%만이 전국 시기에 출현하였고, 79%는 한 대에 출현하였다. 비록 복합어의 사용이 상商 대(기원전 11-기원전 6세기)에 시작되었고(程湘清 1981) 전국 시기에도 형성되었지만, 2음절어는 한 대에 대량으로 출현했음을 알 수 있다. 1대 2 방식에 해당하는 73개의 예는 이 방식이 당시 2음절 형식의 어휘 중 43%를 차지했고, 전국 시기에는 비슷한 언어 환경에서 한 글자 위주로 사용되고 있었음을 설명한다.

[표 3]은 또한 복합어의 발전이 2음절 조합 형식의 출현을 전제로 한다는 사실을 보여준다. 赵岐가 사용한 169개의 2음절 조합 중 54%만이 복합어로[21] 2음절 형식의 수가 복합어 수에 비해 거의 배나 더 많다. 이는 2음절 조합 형식이 고대 중국어 복합어 발전의 필요조건임을 나타낸다.

일반적으로 고대 중국어 복합어는 통사 규칙에 따라 조합된 것으로 본다. ≪孟子章句≫에 대한 연구가 이를 증명한다. (12)는 ≪孟子章句≫에 나타나는 복합어 구성 성분 간의 통사 관계를 나타낸 것이다.

(12) 병렬복합어

a. NN 尺寸길이 衣食의식

b. VV 忖度다른 사람의 마음을 미루어 헤아리다 赠馈선사하다

c. AA 险阻험준하고 다니기 어렵다 纯粹순수하다

수식복합어

d. AN 寡人과인

---

20) 원문에서는 47%였으나 33%로 수정했다. (역자주)

21) 원문에서는 43%였으나 54%로 수정했다. (역자주)

e. NN 国人국민

≪孟子章句≫ 말뭉치에서는 주술, 동보, 동목식 복합어는 발견되지 않았다. 이는 병렬과 수식형 복합어가 가장 일반적인 형식이었음을 의미한다. ≪孟子≫와 ≪孟子章句≫의 공통점과 차이점은 다음과 같은 이론적 문제에 대해 해석할 필요가 있음을 보여준다.

1) 복합어가 두 글자 조합이나 구에서 파생된 것이라면 병렬과 수식 구조는 많이 보이는데 동목이나 주술 구조 등이 보이지 않는 이유는 무엇인가?

2) 草木, 林木와 같은 병렬 구조가 의미의 조합을 통해 복합어가 되었다면 草木树와 같은 세 글자 병렬 구조가 복합어로 어휘화된 예가 발견되지 않는 이유는 무엇인가?

3) 통사가 복합어의 내부 관계를 결정한다면 车马, 动静과 같은 복합어는 각각 车, 马, 动, 静으로 해석되어야 하지만 그들의 실제 의미는 车와 动이다. 이로 인해 병렬 복합어를 구성하는 성분 중 하나는 의미가 없다. 그러나 통사 구조는 여전히 [动+__], [车+__]이다. 통사 구조는 어떻게 병렬 구조 중 두 번째 성분의 의미가 없는 것을 허용하는가? 만일 두 번째 성분의 의미가 없다면 병렬은 무엇과 무엇의 병렬인가?

4) 한 대에 복합어가 급격히 증가한 이유는 무엇인가? 어떤 이유로 인해 중국어에 이처럼 강력한 복합어 경향이 생겼는가?

5) 병렬과 수식 구조가 복합의 주요 형식이라면 발전 초기 즉 춘추 시기에 수식 구조가 병렬 구조보다 많았던 이유는 무엇인가? 또한 전국 후기에 갑자기 병렬형 복합어가 많아지고 수식형 복합어가 적어진 이유는 무엇인가?

상술한 문제는 모두 중국어 어휘사 연구에서 해결해야 하는 문제들이다. 이 문제의 핵심은 운율이라고 판단된다. 복합어가 급격히 증가하게 된 것은 2음절 음보가 형성된 결과이고, 2음절 음보의 형성은 음절 구조가 상고에서 중고로 넘어 오면서 간략화되었기 때문이다. 제3절에서는 먼저 학자들의 복합어 발전에 대한 논의를 살펴보고, 2음절화가 어떻게 복합의 과정과 무관하게 발전했는지 논의할 것이다. 또한 음절 구조의 간략화로 2음절 음보 유형이 형성된 과정을 설명할 것이다.

## 제3절 복합어 기원에 대한 전통적 해석

중국어 복합어 발전에 대해서는 지금까지 많은 해석이 제기되었으나 대부분은 기능적인 각도에서 이루어졌다.

### 3.1. 음절 대립 특징의 소실

기능적인 관점을 가진 학자로는 Norman(1988 : 86)을 들 수 있다. 그는 음운의 소실 때문에 복합어가 발전하게 되었다고 주장했다. 음운의 소실이 음절의 대립 수를 감소시켰는데, 그 결과 언어에서 동음자가 대량으로 늘어났고, 과도한 동음자를 피하기 위해 진한 시기 이후 복합어가 급격하게 증가하게 되었다는 것이다. 얼핏 보면 이 가설은 매우 합리적인 것 같지만 자세히 분석하면 설득력이 떨어진다. 중국어 음운은 상고에서 중고로 넘어 오면서 두 가지 특징이 생겼는데, 첫째는 이중자음이 소실된 것이고, 둘째는 형태적 접사가 소실된 것이다.

우선 접사의 소실 문제를 살펴보자. Haudricourt(1954)는 중고의 거성去声이 상고의 접사 *-s에서 비롯되었다고 주장했다(Mei 1994, Baxter 1992 등).

그에 따르면 어근이 CVC[22]인 어말 자음군은 *CVC-s라는 것을 추론할 수 있다. 그 밖에 Benedict(1972), Bodman(1980), Mei(1994) 등은 상고 중국어에는 (13)처럼 고대 티베트어와 마찬가지로 사역과 진술의 기능을 하는 접두사 *s-가 있었다고 주장했다.

(13) 林 lin < ljem < *rjem N : 숲
森 sen < sjem < *srjem SV : 숲이 울창하다(Mei 1994 인용)

林과 森의 차이점은 *s-의 유무이다. 즉 *s-가 없으면 명사 林이고, 있으면 상태동사 森이다. 이 접두사 *s-는 명사를 비명사 성분으로 변화시키는 탈명사화의 기능을 한다. 이에 따르면 *s는 CVC형 어근에서 *s-CVC형 이중자음을 만들 수 있다. 또한 해성자谐声字 체계에서도 이중자음의 흔적을 찾을 수 있다(Baxter 1992 : 175).

(14)

| 현대 중국어 | | | 중고 중국어 | | 고대 중국어 | |
|---|---|---|---|---|---|---|
| 丧 | sang | < | sang | < | *sm-ang | 애도하다, 매장하다 |
| 亡 | wang | < | mjang | < | *m-jang | 잃다, 없어지다, 죽다 |

마지막으로 李方桂(1980 : 33)가 재구한 상고 중국어 체계에서도 이중자음이 존재했었다는 근거를 찾을 수 있다(李方桂 1980 : 8).

(15) **상고 중국어의 어말 자음**

| 성조 | 비음 | | | | 파열음 | | | |
|---|---|---|---|---|---|---|---|---|
| 음평 | -m | -n | -ng | -ngw | (-b) | -d | -g | -gw |
| 양평 | -mx | -nx | -ngx | -ngwx | (-bx) | -dx | -gx | -gwx |
| 거성 | -mh | -nh | -ngh | -ngwh | -bh | -dh | -gh | -hwh |

22) 고대 중국어의 최소 음절 구조는 CVC이다(Li 1980, Ting 1979).

(16) **중고 중국어 어말 자음**

| 비음 | 파열음 |
|---|---|
| -m -n -ng | -p -t -k |

상고 중국어에서 중고 중국어로의 변화 과정에서 접사가 소실되었을 뿐만 아니라 이중자음이 퇴화되었고, 이에 따라 음절 구조도 간단해졌다(丁邦新 1979, 李方桂 1980, Baxter 1992).[23] 형태소 기능을 하는 접사가 소실되고 이중자음이 대폭 간단해졌다면, 상고 중국어의 음절 구조는 원래의 *CCVCC에서 CV(C)로 변화했을 것이다. 실제로 중고 시기 이후에는 중국어 음절에서 어말에 허용되는 자음은 -m/-n/-ng와 -p/-t/-k 밖에 없고, 주요모음 앞뒤에는 이중자음이 오는 것이 허용되지 않았다.

이중자음의 소실은 음절 대립의 급격한 감소를 가져온다.[24] 어떤 언어에 형태소 기능을 하는 접사가 소실되고 음운적 대립이 감소하면 이 언어는 동음자가 대량 출현하고 의미 표현 기능에 대한 음절의 부담이 증가한다. 그러므로 복합어와 같은 다른 방식으로 음절의 의미 표현 부담을 줄일 수밖에 없다. 이것이 바로 복합어 발전 기능설의 기본적인 원리이다.

그런데 기능설은 근본적인 문제가 많다. 기능설의 기본적인 원리는 간략화된 음절이 담고 있는 정보량이 원래 음절이 담을 수 있는 부하량을 초과한다는 것이지만, 사실은 그렇지 않다. 어말 자음과 같은 간략화된 음운은 완전히 소실된 것이 아니라 다른 유형의 음운 형식인 성조로 변한 것이다. 기능적인 면에서 이러한 새로운 형식은 예전 형식을 소실한

23) 이것이 Baxter(1992 : 7)가 중고 중국어가 아닌 상고 중국어를 연구할 때 성모 앞pre-initial의 개념을 도입하여 어두 이중자음initial cluster의 첫 분절음을 표기하고, 운미 뒤post-coda 개념을 활용하여 어말 이중자음syllable-final cluster의 마지막 음을 표기한 이유이다.

24) 예를 들면 愚와 虞는 상고 중국어에서 달랐지만 중고 중국어에서는 발음이 같아졌다. 京과 警도 그러하다(王力 1980).

후의 일종의 보상으로 볼 수 있다. 구체적으로 *-s는 거성으로 변했고 (Baxter 1992 : 135 참조), *-ʔ는 상성으로 변했다(Baxter 1992 : 320, Pulleyblank 1962 : 225-227, Mei 1970). 성조의 출현으로 적어도 부분적으로는 원래 음절이 담고 있던 부담을 감소시킬 수 있었다.[25] 이러한 측면에서 볼 때 복합어 발전에 대한 기능설은 설득력이 부족하며, 음운이 담고 있는 정보 부하량의 증가는 언어 발전의 촉진 요소로 삼을 수 없다(상세한 논의는 Labov 1987 참조).

## 3.2. 1음절의 중의성 해소

복합어의 발전 과정에서 기능적인 해석을 뒷받침하는 증거를 발견할 수 있다.

(17) ≪孟子≫ : (王良)天下之贱工也。
赵岐 : (王良)天下鄙贱之工师也。
(왕량은) 천하에 서투른 수레꾼입니다.

赵岐는 鄙와 贱이라는 두 글자로 贱을 해석했다. 鄙와 贱은 모두 기술이 좋지 않다는 뜻이 있으며, 贱은 싸다, 비천하다, 경시하다 등과 같은 뜻도 있다. 焦循(1763-1820)이 ≪孟子正义≫에서 밝혔듯이, 王良은 비천한 사람이 아니었기 때문에 (17)에서 贱의 뜻은 기술이 좋지 않다는 뜻이며, 赵岐가 鄙로 贱을 해석한 의도는 복합의 방식으로 1음절어의 다의성을

25) 다음의 예는 새로운 성조체계tone system의 형태적 기능을 보여준다. 즉 성조의 차이로 변별되는 동원사etymological words가 한 대에 급격하게 증가했다(Chou 1962 : 54 인용).

| 명사(평성) | 동사(거성) |
|---|---|
| 冠모자 | 冠모자를 쓰다 |
| 衣옷 | 衣옷을 입다 |

없애는 것이었다. 이렇게 의미 변별의 요구는 복합어 발전의 중요한 원인 중의 하나였음이 분명하다. 그러나 복합어가 의미 변별이나 중의성 해소의 기능을 가졌다고 해서 이것이 복합어를 발전시킨 결정적인 요소라고 결론을 내릴 수는 없다. 사실상 문헌의 내용과 이러한 결론은 상호 모순된다. 의미의 변별과 중의성 해소가 복합어 기원의 주요 원인이라면 鄙贱과 같은 병렬형은 복합어 발전, 특히 발전 초기의 주요 형식이었을 것으로 예측할 수 있다. 이유는 간단하다. 병렬 구조에 따라 형성된 복합어가 위에서 말한 의미 변별과 중의성 해소의 기능을 가장 잘 실현할 수 있고, 贱工과 같은 수식형 복합 형식은 효과적으로 1음절어의 중의를 해소할 수 없기 때문이다. 그러므로 기능적인 원칙에 근거하면 병렬형이 최초의 복합 형식이어야 하지만 사실은 그렇지 않다. 程湘清(1981)의 통계에 따르면, ≪论语≫에서 병렬형 복합어는 [표 4]와 같이 소수에 불과하다. CC는 병렬형 복합어를 나타내고, MH는 수식형 복합어를 나타낸다.

[표 4] ≪论语≫의 병렬형과 수식형 복합어 비율

| 복합어 | 개수 | % | 개수 | % |
|---|---|---|---|---|
| | CC | | MH | |
| 180 | 48 | 26.7 | 67 | 37.2 |

≪论语≫에서 수식형 복합어는 37.2%를 차지하지만, 병렬형 복합어는 26.7% 밖에 되지 않는다. 병렬형이 수식형보다 적다는 사실은 기능설을 부정하는 근거가 된다.

기능설의 또 다른 문제는 이 시기에 있었던 비기능형counter-functional 복합어의 발전이다. 비기능형 복합어란 전체적인 의미를 그 구성 성분의 의미에서 추론하여 얻을 수 없는 복합어를 가리킨다.

(18) a. 动静

察其动静。(≪汉书・金日磾传≫)

그들의 동정을 살피다.

b. 车马

大夫不得造车马。(≪礼记・玉藻≫)

대부는 수레를 만들지 못하게 한다.

c. 市朝

肆诸市朝。[26] (≪论语・宪问≫)

죄인의 목을 베어 사람들이 많이 모이는 곳에 오랫동안 버려두다.

기능적 원칙에 근거하면 한 단어의 두 성분은 반드시 의미적 기능을 갖추어야만 전체 복합어의 의미 구성에 참여할 수 있다. 그렇지 않으면 그 성분이 담당하는 기능이 없기 때문이다. 대다수의 상황에서는 두 성분이 모두 의미적 기능을 담당한다. 예를 들면 战斗는 싸움战과 다툼斗이고, 是非는 맞다对와 틀리다错, 衣裳은 윗옷衣과 아래옷裳이다. 복합된 의미가 두 성분의 의미의 합이든 추상적으로 조합된 것이든 의미적 요구를 만족시키기 위해 조합된 복합어는 그 조합 성분이 모두 독립적인 의미값을 갖추어야만 한다. 두 성분 중 하나가 의미가 없다면 그것은 출현할 이유가 없다. 기능설의 논리에 의하면 기능이 없는 형식은 존재할 수 없다.

그러나 (18)의 예는 고대 중국어에서 흔히 볼 수 있다. 이러한 예는 기능설에 문제가 있음을 나타낸다. 앞의 예 (4)와 마찬가지로 이러한 편의 복사는 의미가 두 개의 의미항 중 하나만 나타내며 다른 하나는 의미가 없다. 예를 들면 成败가 나타내는 의미는 败실패하다이다.[27] (18)의 市朝도

---

26) ≪孟子≫의 挞之于市朝시장에서 그들을 매질하다에서 市朝의 의미는 市시장일 뿐이고, 市와 朝조정를 합한 의미가 아니다.

27) 이러한 예는 더 많다(顾炎武(1613-1682)의 ≪日知录≫권27 참조).

(i) 擅兵而别, 多他利害。(≪史记・吴王濞列传≫) 마음대로 군사를 별도로 하면 다른 해로움이 많다.

(ii) 生女不生男, 缓急无可使者。(≪史记・扁鹊仓公列传≫) 딸만 낳고 아들을 낳지 않으면 급할 때

市의 의미만 나타낸다. 역사적으로 肆诸市朝의 市朝사람이 많이 다니는 곳는 市시장이지 市와 朝조정가 아니다. 고대 법률에 의하면 범죄자에 대한 형은 조정이 아닌 시장에서 집행했다.

市朝가 표면적으로는 화자가 실제적으로 가리키지 않는 내용인 朝를 포함하고 있기 때문에 청자는 市朝 중 화자가 가리키는 대상이 아닌 부분을 파악해야 한다. 이러한 편의복사의 출현과 발전은 기능적으로는 해석할 수 없다. 편의복사가 증가하면 의사소통의 문제를 일으킬 수 있어 비기능적이기 때문이다. 기능설의 가설대로 복합어의 발전이 음운의 소실로 인한 부담을 줄이거나 중의성을 해소하기 위한 것이라면 편의복사는 존재할 이유가 없다. 그러나 편의복사가 증가한 것은 기능적 부담에 관계없이 언어에서 복합어를 추구하는 경향 때문이다. 다시 말해 대화를 위한 기능적 필요보다 2음절 형식에 대한 선호가 더 크게 작용한 것이다.

이는 기능적인 관점을 부정할 뿐만 아니라, 상고 중국어의 음운 체계가 변화하는 과정에서 의사소통에 문제를 초래할 수 있는 조어 현상이 나타난 원인을 설명한다. 그 원인은 2음절 음보를 형성한 운율에 있다.

### 3.3. 어휘의 확장

程湘清(1981)은 사회가 복잡하게 발전하면서 이로 인한 수요를 만족시키기 위해 더 많은 어휘가 필요하게 되었다고 지적했다. 이를 사회 요구 기능설이라고 한다. 한 대에 이르러 중국이 정치적으로 통일되고 강성해

---

쓸 데가 없구나.

(iii) 先帝尝与太后有不快，几至成败。(≪後汉书·窦何传≫) 선제께서 일찍이 태후와 사이가 안 좋아, 거의 태후를 폐위하려고 했다.

현대 중국어에서도 이러한 복합어가 있다.

(iv) 他要是有个好歹，孩子怎么办? 만일 그에게 사고라도 생기면 애는 어떡하지?

지면서 장기간의 평화로 무역이 발전하고 외국과의 교류도 활발해졌다. 특히 인도와의 교류가 빈번해지면서 불교가 일상 생활에까지 영향을 미치게 되었다. 사회가 복잡해지면서 새로운 수요를 만족시키기 위해 창의적인 표현 수단이 필요하게 되었다. 그러나 이러한 관점대로 사회가 더 많은 어휘와 표현 수단을 필요로 한다면 왜 *-s와 *s-와 같은 파생형 접사가 소실되었는지에 관한 문제에 답해야 한다. 파생형 접사의 소실은 어휘의 양을 크게 감소시켜 사회 발전에 따른 수요를 만족시킬 수 없게 되었다. 복합어의 탄생이 사회 발전으로 인한 것이라면 2음절 형식이 대다수를 차지하고 3음절 이상의 형식이 드문 이유는 무엇인가? 1음절어를 새로 만들거나 접사로 구성된 새로운 어휘를 만드는 등의 조어법을 통해 음절에 대한 부담을 감소시키고, 어휘량을 증가시킬 수 있다. 그런데 새로운 어휘의 창조가 중국어 복합어 탄생의 동기라면 당시의 언어가 접사나 다른 방식이 아닌 복합어의 방법을 선택한 이유는 무엇인가? 사회 발전이라는 시각으로는 이러한 언어 변화의 내재적 기제를 해석할 수 없다. 사회 기능적 측면으로만 해석한다면 고대 중국어 복합어 문제는 해결하기 어렵다.

### 3.4. 미학적 요소

程湘清(1981)은 고대 중국어 음운 체계의 간략화가 2음절 복합어의 발전 때문이며, 복합어의 발전은 언어 외적인 요소로 인한 것이라고 주장했다. 중국 문화는 전통적으로 짝을 이루는 균형미를 선호하는 경향이 있기 때문에 2음절 복합어가 발전되었다는 것이다. 그러나 이러한 해석은 이론적으로 성립하기 어려우며, 실제 언어에 나타나는 현상조차 설명하기 어렵다. 즉 결코 균형적이지 않은 3음절어가 동한 이후 대량 출현하였다. 또한 완벽한 균형미를 가진 4언시가 유지되지 못하고, 한 대 말에서는 5언시가, 당唐 초기에는 7언시가 발달했다.

## 제4절 2음절화의 역사적 기원

### 4.1. 역사적 시기

2음절 조합 형식은 ≪尚书≫와 ≪诗经≫에서 최초로 발견된다. 그런데 ≪论语≫와 ≪孟子≫를 ≪论衡≫과 비교하면, 2음절 조합 형식이 급격하게 변했음을 발견할 수 있다.

[표 5] ≪论语≫, ≪孟子≫, ≪论衡≫의 복합어

| 연대 | 서명 | 단어의 수량 | 복합어 | % |
|---|---|---|---|---|
| 기원전 약 5세기 | 论语 | 15,883 | 183 | 1.15 |
| 약 2세기 | 论衡(〈雷虚〉 등 5편) | 15,553 | 462 | 2.97 |
| 기원전 약 4세기 | 〈孟子〉 | 35,402 | 336 | 0.95 |
| 약 2세기 | 论衡(〈命义〉 등 14편) | 35,221 | 794 | 2.25 |

≪论语≫와 ≪孟子≫에는 약 1%의 복합어가 있는데, ≪论衡≫에서는 약 3%로 증가했다. 이는 한 대에 복합어가 2배 이상 증가했다는 뜻이다. 제2절에서 ≪孟子≫와 ≪孟子章句≫의 비교를 통하여 赵岐가 사용한 169개의 2음절 조합 중 43%가 ≪孟子≫의 1음절어와 대응되며, 36%는 ≪孟子≫에 대응되는 어휘가 없음을 밝힌 바 있다. 다시 말해 한 대 赵岐의 ≪孟子章句≫ 중 79%의 2음절 조합이 ≪孟子≫에는 출현하지 않는다. 이로부터 동한东汉 시기는 중국어의 2음절 조합이 가장 왕성하게 출현했던 시기였음을 알 수 있다.

## 4.2. 문헌 증거

2음절 조합이 한 대에 갑자기 늘어난 이유는 무엇인가? 당 대 훈고학자인 孔颖达는 ≪五经正义≫에서 부분적으로 이 문제를 논의했다.

(22) a. ≪诗经・何草不黄≫序：视民如禽兽。 백성을 보기를 짐승처럼 여기다.
孔颖达：经言虎兕及狐，只有兽耳，言禽以足句。 '호랑이', '코뿔소', '여우'는 길짐승인데 '날짐승'을 써서 문장을 만족시켰다.
b. ≪左传・成公十三年≫：芟夷我农功，虔刘我边陲。 우리의 농산물을 베어 가고, 우리 국경의 백성들을 죽였다.
孔颖达：重言杀者，以圆文也。 '죽이다'는 의미의 말을 중복함으로써 글을 완전하게 했다.
c. ≪诗经・羔羊≫：羔羊之皮。 양의 가죽
孔颖达：兼言羊者，以羔亦是羊，故连言以协句。 모두 양을 이르는 말로 羔 역시 羊이므로 같은 말을 연달아 써서 문장을 어울리게 했다.

孔颖达는 경전이 문장을 만족시키고足句, 글을 완전하게 하며圆文, 문장을 어울리게 하기协句 위해서 2음절 형식을 사용한 것이라고 여겼다. 그런데 문장을 만족시키고, 글을 완전하게 하며, 문장을 어울리게 한다는 것이 통사적인 면을 가리키는 것은 아니다. 예를 들면 (22a)에 禽이 없어도 여전히 문장은 성립하기 때문이다. 이것은 또한 문장의 의미를 가리키는 것도 아니다. 왜냐하면 (22a)의 호랑이, 코뿔소, 여우는 모두 길짐승이지 날짐승이 아니므로 의미적 요구를 충족하기 위해 禽을 넣은 것이 아니기 때문이다. 孔颖达의 훈고학적 용어가 통사나 의미를 가리키지 않는다면 무엇을 가리키는가? 사실상 (22c)에서 문장을 어울리게 한다는 것은 운율을 가리킨다. 孔颖达의 분석에 따르면 3음절구인 羊之皮는 운율적인 균형을 잃었다. 그래서 羊 앞에 羔라는 음절을 더하여 네 글자 구를 구성한 후에 균형을 이루게 된 것이다. 다음에서는 4음절 단위는 음보 구조가 자연스럽게 실현되지만 3음절은 유표적 형식이라는 점을 살펴볼 것이다. 균형적인 4음절과 불균형적인 3음절을 대조하면, 문장을 어울리게 한다는協句 말은 글을 완전하게 하거나圓文 문장을 만족시키는 것足句과 마찬가지로 운율을 가리킨다.

전통 훈고학자들은 운율의 문법적인 기능을 직관적으로 알고 있었다. 중국어 2음절 조합 형식의 급속한 증가는 새로운 운율 구조의 결과이고, 새로운 운율 구조의 형성은 상고 중국어 음절 구조의 간략화에 기인한다.

### 4.3. 2음절 발전의 독립성

중국어사 전반에 걸쳐 1음절어가 2음절어로 변화한 현상은 거스를 수 없는 대세였다(王力 1980). 비록 이 관점이 보편적으로 받아들여지고 있지만 문제가 없는 것은 아니다. 그 이유는 간단하다. 이 관점은 2음절 조합이 새로운 2음절어에 대한 필요를 만족시키기 위해 만들어졌다고 본다. 그러나 사실상 2음절 조합은 2음절 운율단위의 필요를 만족시키기 위해 만들어졌다. 2음절의 추구는 당시 언어의 가장 기본적인 요구였고, 그것의 발전이 본질적으로 복합어와는 직접적인 관계가 없다고 말할 수 있다. 즉 그것이 복합어이든 아니든 상관없이 언어가 2음절 단위를 요구한 것이다. 그러므로 2음절화는 복합어화와는 독립적이다. 이러한 논점은 다음의 사실로부터 증명할 수 있다.

첫째, 초기 문헌에서 복합어의 조합은 대부분 단어가 아니라 구이다. 예를 들어 国家는 지금은 복합어이지만 초기에는 구였다.

(23) 人有恒言，皆曰天下国家。(≪孟子・离娄上≫)
사람들이 항상 하는 말이 모두들 천하국가라 한다.

国之本在家，家之本在身。(≪孟子・离娄上≫)

나라의 근본은 가정에 있고, 가정의 근본은 자기 자신에 있다.

주周 대에 国는 천자가 제후에게 하사하는 영토였고, 家는 제후가 대부에게 하사하는 땅이었다. 양자의 조합형식인 国家가 나타내는 것은 제후와 대부의 영토였다. 그러다 전국 시기에 이르러 사회와 정치 체계에 변화가 생기면서 国家는 복합어가 되었다. (23)은 2음절 형식이 복합어와는 독립적이라는 점을 보여준다. 왜냐하면 가장 초기에 이 2음절 조합은 단어가 아닌 구였기 때문이다.

둘째, (8)의 의미 기준에 근거하면, 복합어가 되기 위해서는 2음절 구가 반드시 의미의 간략화와 어휘화의 과정을 거쳐야 한다. 예를 들면, ≪孟子≫에 나오는 天下와 沼上의 원래 의미는 하늘 아래와 연못 위이다. 그런데 ≪孟子≫에서 沼上은 연못 위라는 의미를 그대로 나타냈지만, 天下는 특수한 함의로 사용되었다.

하늘 아래天空的下面 → 하늘 아래 사람天下人 → 사회社会 → 국가의 영지国家的领地

따라서 天下는 어휘화된 복합어이고, 沼上은 구이다. 이로 볼 때 어휘화 과정을 거치지 않은 2음절 조합은 구의 성질을 유지하므로 (8)의 기준에 따라 복합어가 아니다.

셋째, 2음절 운율의 요구에 따라 어떤 조합 형식은 형성 초기부터 복합어 같이 보이기도 한다.

(24) a. 衣裳의상
b. 家室가정
c. 图书도서

그런데 이들 단어는 앞뒤 두 성분의 순서를 바꿀 수 있다.

(25) a. 裳衣 (≪诗经·我徂东山≫) － 衣裳 (≪诗经·山有枢≫)
b. 室家 (≪诗经·桃夭≫) － 家室 (≪诗经·桃夭≫)[28)]
c. 书图 (≪韩非子·用人≫) － 图书 (≪韩非子·大体≫)

단어의 어순 AB와 BA를 호환할 수 있다는 사실은 이것이 아직 단어로 고착화되지 않았다는 것을 설명한다. 왜냐하면 위치 호환은 병렬구의 중요한 특징이기 때문이다. 변화 가능한 어순은 그들이 출현한 목적이 2음절을 구성하기 위한 것이지 어휘로 만들기 위함이 아니라는 점을 설명한다. 그러므로 2음절을 구성하기만 하면 그 결과가 AB이든 BA이든 상관없다. (24)와 (25)를 통하여 2음절 단위는 언어의 기본적인 운율적 요구에 따라 형성되었고 그로부터 복합어가 출현하였다는 것을 알 수 있다.

## 제5절 고대 복합어 발전의 운율적 기제

### 5.1. 상고 중국어 음절 구조의 간략화

제3절에서 이중자음과 접사의 소실이 음절 구조의 간략화를 야기했음을 논의한 바 있다. 丁邦新(1979 : 717-736)과 余迺永(1985 : 290) 등의 연구에 따르면 상고 중국어와 중고 중국어의 최대, 최소 음절 구조는 (26)과 같다(C=자음, M=운두/개음, V=모음, S=반모음).

28) 원문에서는 (25b)에 室家(≪论语·子张≫)－家室(≪诗经·桃夭≫)를 제시하였으나 ≪诗经·桃夭≫에 家室과 室家가 동시에 사용되므로 室家(≪诗经·桃夭≫)－家室(≪诗经·桃夭≫)로 대체하였다. (역자주)

(26)

| 연대 | 최대음절 | 최소음절 |
| --- | --- | --- |
| 상고 중국어(기원전 약 10세기) | CCCMVCCC | CVC |
| 중고 중국어(약 8세기) | {C, S} V {C, S} | CV |

상고 이후 중국어의 어말 자음에는 비자음인 -m, -n, -ng와 파열음인 -p, -t, -k만 올 수 있다. 중고에서 근대까지 중국어의 음절 구조는 계속 간략화가 진행되었다(董同龢(1954)의 ≪中原音韵≫(약 1324년) 재구음 참조).

(27) 중고 중국어의 음절 운미 : CV(-m, -n, -ng, -p, -t, -k)
　　초기 보통화 음절 운미 : CV(-m, -n, -ng)

(28)에서 나타낸 바와 같이 현대 보통화의 자음 운미의 소실은 여전히 진행 중이다. Chen(1975)은 이러한 변화의 궤적을 (29)와 같이 귀납했다.

(28) 초기 보통화 음절 운미 : CV(-m, -n, -ng)
　　현대 보통화 음절 운미 : CV(-n, -ng)

(29) $Vn > \tilde{V}n > \tilde{V} > V$

Barale(1982)는 북경어에 대한 사회언어학적 연구에서 Chen(1975)이 말한 비음 운미 탈락은 비음 운미에 선행하는 모음의 비음화라고 지적했다. 또한 Wang(1993)은 중국어 보통화의 음절은 모두 모음으로 끝나는 개음절로 분석할 수 있으므로 중국어 보통화의 최대 음절 구조는 CV라고 주장했다.[29)]

각 시기 별 운미를 대조하면 중국어 음절 구조의 간략화 과정을 뚜렷

29) Chen(1975)이 비음 소실nasal attrition을 제안한 것을 토대로 Wang(1993)은 비음 운미 [n], [ŋ]의 약화는 자음이 반모음으로 변하여 모음의 일부가 되는 현상이라고 주장한다. 이 견해에 따르면 현대 중국어 보통화의 음절은 CV 구조로 볼 수 있으며, V는 단모음이거나 이중모음이다.

이 볼 수 있다.

(30) 상고 : CCVC(C)(C)

$$\text{중고 : CV(}\left\{\begin{matrix}-m\\-n\\-ng\\-p\\-t\\-k\end{matrix}\right\}\text{)}$$

$$\text{근대 : CV(}\left\{\begin{matrix}-m\\-n\\-ng\end{matrix}\right\}\text{)}$$

$$\text{현대 : CV(}\left\{\begin{matrix}-n\\-ng\end{matrix}\right\}\text{)}$$

먼저 운미-뒤post-coda 성분이 탈락한 후 운미가 탈락하였다(Baxter 1992). 중국어 음절 구조의 간략화 추세 중 하나는 바로 자음 운미의 탈락이다.

### 5.2. 운율 이론과 고대 중국어의 음절 구조

운율 이론에 근거하면 CVCC 음절은 CVC 음절에 비해 무겁고, CVC 음절은 CV 음절에 비해 무겁다(Goldsmith 1990). (30)에서 제시한 음절 구조의 간략화 과정은 중국어 역사에서 음절의 무게가 점점 가벼워졌음을 보여준다. 음절이 가벼워지는 현상에 근거하여 상고 중국어에서 중고 중국어에 이르기까지 음운의 변화 발전 특징을 묘사할 수 있다. 새로운 운율 체계에서 음절의 무게가 가벼워졌기 때문에 1음절은 더 이상 충분한 무게를 갖출 수 없어서 최소 운율단위인 음보를 독립적으로 구성할 수 없게 된 것이다. 다시 말해 새로운 운율 체계에서 최소 운율단위인 음보는 1음절이 아니라 2음절이다.

이러한 분석은 운미 위치의 이중자음이 소실되기 전에는 1음절 음보가 합법적이었음을 의미한다. 이 추론은 (31)과 같은 분석으로부터 증명될 수 있다. 제1장에서 논의한 바와 같이 언어의 음보는 2분지 제약을 준수해야 한다. F는 음보를 나타내고, σ와 μ는 각각 음절과 모라를 나타낸다.

(31)

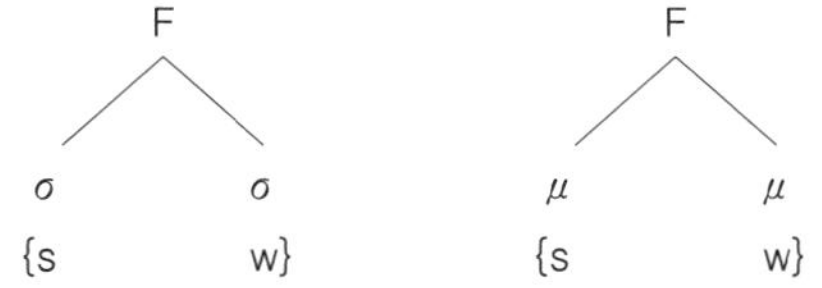


어떤 언어는 음절 음보를 채택하고, 어떤 언어는 모라 음보를 채택한다. 제1장에서 현대 중국어는 음절 음보를 채택하고 있다는 것을 살펴보았다. 그럼 고대 중국어는 어떠했는가? 2음절 음보가 발전한 결과로 2음절을 추구하게 되었다면, 발전 이전에는 어떠했는가? 이 책에서는 2음절의 발전 이전에 1음절이 독립적으로 음보를 구성할 수 있었다고 본다. 그 이유는 다음과 같다.

첫째, 상고 중국어의 최대 음절 구조가 CCCMVCCC였기 때문에(丁邦新 1979, 余迺永 1985) 운율적으로 말하면 이 음절 구조는 강세 음절일 뿐만 아니라 초강세 음절super-heavy syllable이었다.

복잡한 구조를 갖춘 강세 음절은 독립적으로 음보를 구성할 수 있다. 운율음운론에 따르면 음절의 무게는 음절의 운모 성분이 분지할 수 있는가의 여부에 달려 있다. 운율론에서 가벼운 마디는 분지하지 않는다는 원칙weak-nodes-don't-branch principle은 CVC 음절이 다음과 같은 구조를 가지도록 허용한다.[30]

(32)

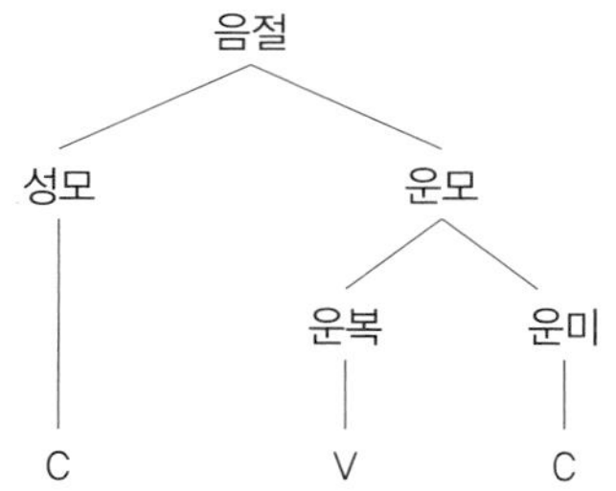


상고 중국어의 최소 음절 구조가 CVC이고 최대 음절 구조가 CCCMVCCC라면 강세 음절과 초강세 음절을 구성할 수 있다. 실제로 아랍어는 운미에 자음군을 허용하며 초강세 음절을 구성하는데, 재미있는 점은 초강세 음절이 모두 자음 운미에 의해 만들어진다는 것이다. 이는 상고 중국어의 운율을 재구하는 데 중요한 증거를 제공한다.

이밖에 현대 모라 이론moraic theory도 이론적 증거를 제공한다. 하나의 음절은 하나 혹은 두 개의 모라로 구성될 수 있고, 모라는 음절을 구성하는 운모의 최소 성분이며(McCarthy & Prince 1993 : 21), 그 구조는 (35)와 같다.

(35)

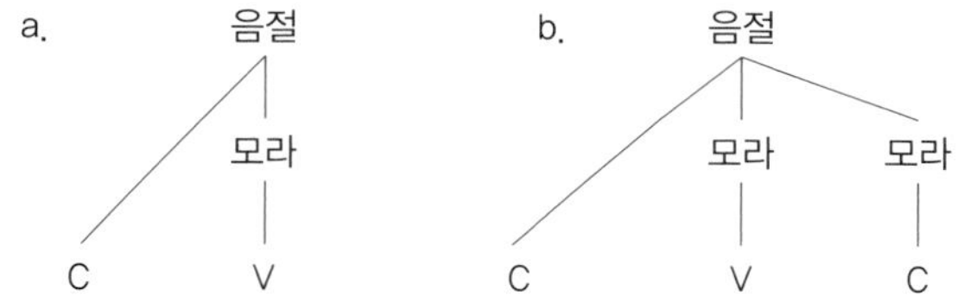

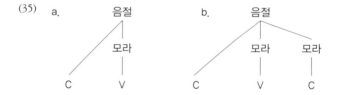

30) Hsueh(1986), Duanmu(1990), Bao(1990), Wang(1993)의 연구에 따르면, 고대 중국어의 개음medial segment은 두음onset의 일부이다. 이 연구는 현대 중국어에서 전-핵음prenucleus 즉, y, w, $y^u$ 개음을 운모의 일부가 아니라고 본다. 그러나 두음은 음절의 무게와 무관하기 때문에 개음이 두음의 일부인가의 문제는 전체 음절의 무게에 영향을 주지 않는다.

제1장에서 밝혔듯이 음보가 두 개의 모라 혹은 음절로 구성되어야 한다면 (35a)의 구조는 하나의 모라만 가지고 있어 음보 이분법을 위반하므로 음보를 구성할 수 없다. 그러나 (35b)는 두 개의 모라를 포함하고 있어 음보의 이분 원칙을 만족시키므로 완벽한 음보를 구성할 수 있다. 이 이론에 근거하면 상고 중국어의 CVC식 기본 음절 구조가 (36)과 같이 독립적으로 하나의 음보를 구성할 수 있음[31]을 합리적으로 제안할 수 있다.

(36)

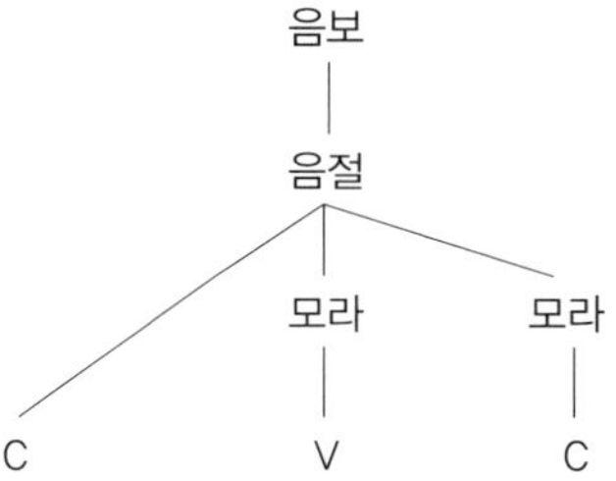


이 이론에 따라 이중자음 운미의 소실은 이 언어의 모라 음보의 변화를 야기할 것이라는 결론도 도출할 수 있다(Goldsmith 1990 : 198).

31) 고대 중국어에서는 CVC 음절 구조도 독립적으로 음보를 형성할 수 있다고 판단된다. 그러나 이런 음보 유형에서 2음절 음보 유형으로의 변화는 오랜 과정을 거쳐 이루어졌다. 다시 말해, 1음절 음보 유형이 비적법 형식으로 변하고 2음절 음보 유형이 주요 음보 형식이 되는 데는 상당한 시간이 소요되었다. 1음절 음보가 존재할 수 있는 음운 환경이 점차 소실되면서 1음절 음보도 사라졌을 가능성이 많다. 음운 환경의 변화로 인해 2음절 음보가 갈수록 보편화되어 중국어의 주요 음보 유형이 된 것이다. 이러한 변화는 상고 중국어 음절 구조의 간략화와 이로 인한 성조의 출현에 기원한다. 이 과정은 후한 시기에 이르러서야 완성되었다(徐通锵 1996 : 269). 그러나 1음절 음보가 비적법한 현상은 고대 중국어뿐만 아니라 현대 중국어에도 존재한다.

A : 今天几号? 오늘은 며칠입니까?

B : a. *五。

b. 五号。5일입니다.

c. 初五。초닷새입니다.

d. 十五。15일입니다.

(37)

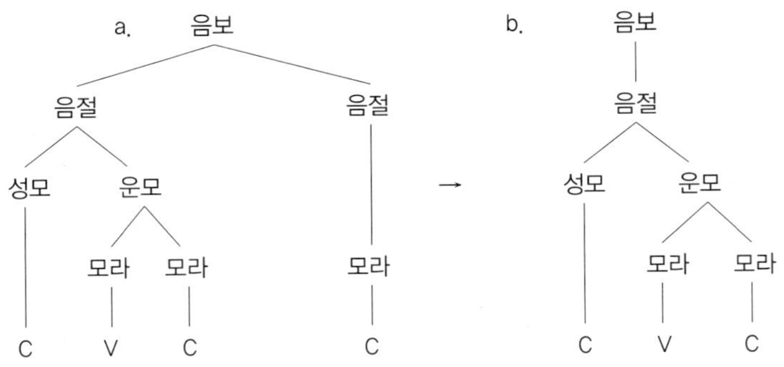


CVCC 음보에서 운미 무게는 상당히 가벼워졌다. 운미 위치의 자음 소실로 중고 중국어의 최소 음절 구조는 CV로 변화하였다. 이는 두 개의 모라로 구성된 음보가 음운적 지위를 상실했음을 의미한다.

(38)

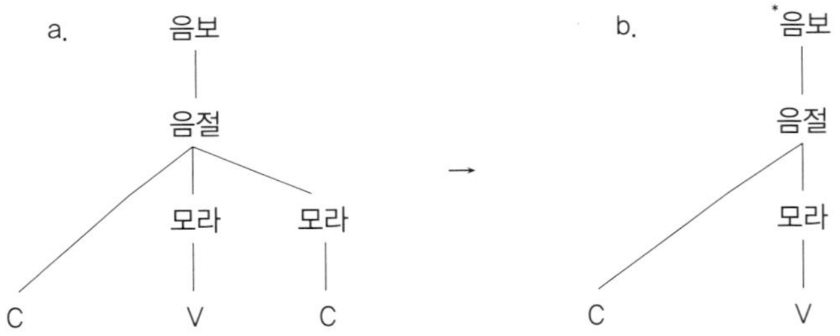

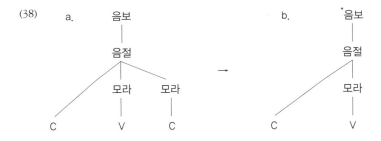

운미-뒤 성분의 탈락은 초강세 음절 구조의 소실을 가져왔고, 운미의 탈락은 또한 모라 분지 구조의 소실을 가져왔다. 상고 중국어의 이 두 가지 변화로 인해 중고 중국어에서 음절이 독립적으로 음보를 구성할 수 없게 되었다. 또한 (37)과 (38)에 보이는 바와 같이 어떤 언어의 음절 구조가 (a)에서 (b)로 변하면 1음절어(상고 중국어는 기본적으로 1음절 언어이다)는 독립적으로 음보를 구성할 수 없게 된다.[32] 따라서 2음절의 조합이 점점 중요한 역할을 하게 된 것이다. 다시 말해 상고 중국어에서 두 개의 모라로 구성된 음보의 소실은 자음 운미와 자음군 운미의 탈락에 기인한다. 이러한 탈락은 각각 강세 음절과 초강세 음절의 소실을 가져왔다. 운율음운론에 근거하면(Selkirk 1980b, McCarthy & Prince 1991, 1993, Kager 1992), 운율 체계에서 음보가 필수 불가결하기 때문에 2음절 음보가 두 개의 모라로 구성된 음보를 대체하며 음보의 소실을 보완한 것이다. 요약하면, 상고 중국어에서 중고 중국어에 이르기까지 음절 구조의 변화는 두 개의 모라로 구성된 음보에서 2음절 음보로 변화한 것이고, 이것이 바로 2음절화의 기원이다.[33]

---

32) 고대 중국어와 현대 중국어를 포함한 중국어의 이중모음diphthong은 두 개의 모라를 가지고 있으며, 두음이 없이도 이중모음으로 이루어진 음절이 모라 두 개로 구성된 음보를 구성할 수 있다고 보는 견해가 있다. 그러나 중국어의 이중모음은 영어와 같은 언어의 이중모음과 달리 전형적인 음보를 구성할 수 없다. 그 이유는 다음과 같다. 첫째, 중국어에서 단모음과 이중모음은 음운적으로 대립되는 변별적 특성을 가지고 있지 않기 때문에 중국어 이중모음이 단모음보다 길다고 주장할 수 있는 근거가 없다. 둘째, 현대 중국어에서 음절의 운모가 몇 개의 모라를 가지고 있는지에 상관없이 음절의 길이는 대체로 동일하다(Duanmu 1990, Wang 1993). 그러므로 이중모음이 두 개의 모라를 가진 장모음이므로 하나의 음보를 구성할 수 있다고 보면, 단모음도 마찬가지로 하나의 음보를 구성할 수 있어야 한다. 왜냐하면 중국어 단모음과 이중모음은 운율상 길이가 같아서 구별되지 않기 때문이다. 이와 달리 1음절과 2음절은 운율상 길이가 확연히 다르다. 연독변조가 일어나는 범위에서 1음절어는 일반적으로 2음절 음보에 부가되어 변조가 실현된다(Shih 1986). 6.4의 통사 구조에 관한 논의에서도 이 점을 확인할 수 있다.
한편 단모음과 이중모음이 운율적으로 다르다고 보는 견해도 있다. 이 견해에서는 최소 음보가 두 개의 음절로 구성된다고 보면 1음절과 관련된 많은 운율통사 현상을 해석할 수 있다. 그러나 최소 음보가 1음절로 구성된다고 간주하면 단모음과 이중모음이 포함된 음절의 길이가 같은 이유를 설명할 수 없다.
이중모음에 대한 위의 두 가지 견해 중 무엇을 채택하더라도 이중모음은 단모음과 마찬가지로 단독으로 음보를 구성할 수 없다는 것을 알 수 있다(Feng 1995 : 246-252).

33) 고대 중국어의 음운 변화 과정에서 2음절화 현상을 이끈 원인에 대해 또 다른 해석을 제기한 사람도 있다. Duanmu San은 필자에게 현대 중국어에서 1음절이 음보를 구성할 수 없는 이유는 중국어 성조 체계로 인한 것일 수도 있다고 말한 바 있다. 그렇다면 이 책에서 논의한 바와 마찬가지로 2음절 음보는 상고 중국어에서 발전한 것이다. 자음 운미의 소실이 성조 체계의 출현을 가져왔고, 2음절화는 고대 중국어 성조체계의 형성으로 인한 것이기 때문이다. 한 대에 성조 체계가 기본적으로 성립되었기 때문에 2음절 형식이 급

## 5.3. 2음절 음보의 통사적 근거

이상의 분석에 사실적인 근거가 있는가? 冯胜利(1994)에 따르면 전국 시기에 이르러 1음절 단어는 이미 홀로 사용될 수 없어 2음절 음보가 형성되었다. 예를 들면 (39)와 같다.

(39) a. 予何言? (≪尚书·益稷≫)

제가 무슨 말씀을 아뢰오리까?

b. 是独遵何哉? (≪论衡·祸虚≫)

어찌 혼자 따른 것입니까?

선진 시기의 고대 중국어는 SVO 언어에 속하지만 여전히 SOV의 어순 (39a)를 발견할 수 있다. 한 대 이후 [wh-V]와 같은 SOV 어순은 (39b)로 변하게 된다. 그러나 의문사 목적어가 何罪처럼 두 개의 성분으로 구성되는 경우 [wh-V]가 [V-wh]로 변하기 전에도 의문사 목적어는 동사 앞에 올 수 없다. 다시 말해 *[what-N V]는 문법에 맞지 않는다. 예를 들면 고대 중국어에는 (40)과 같은 문장은 없었다.

(40) *宋何罪有?

그러나 [what-N pro-V]와 [V what-N] 두 종류의 구조는 자주 보인다.

(41) a. 宋何罪之有? (≪墨子·公输≫)

송은 무슨 죄가 있습니까?

b. 有何旧怨? (≪晋语四·魏赵书≫)

무슨 오랜 원한이 있습니까?

---

격히 발전하였다. 이로 볼 때 성조도 음보의 2음절화를 촉진한 중요한 요소일 것이다.

이로부터 대명사 之를 의문 성분과 동사 사이에 삽입하거나 의문 성분을 동사 뒤에 놓아야 함을 알 수 있다. 문제는 *何罪有는 비문인데 何有는 정문이 되는 이유이다. 冯胜利(1994)는 원시 중국어는 SOV 언어였는데, 기원전 10세기경에는 SVO 언어로 변했다고 주장한다. 그러므로 [wh-V]와 같은 OV 어순은 SOV의 잔재이다. 그럼 SOV 현상이 아직도 존재함을 어떻게 설명할 수 있는가? 冯胜利는 상고 중국어가 이미 SVO 언어에 속하게 되어 주요 문장 강세the primary sentential stress가 문장의 오른쪽에 오기 때문에[34] 문장 강세의 규칙을 따른다고 지적했다(상세한 내용은 제4장 참조).

(42) **문장 강세 규칙**
[X Y]p에서 X와 Y가 구 P의 성분이고 P가 문장의 마지막 구이면 강세는 Y에 놓인다.

문장 강세 규칙에 근거하면 문말에 오는 구가 강세를 받으면 문장은 적법하다. 有는 문말 성분이고, 有를 포함한 문말에 오는 구는 何罪有이므로 강세 규칙 (42)에서 何罪는 X이고, 有는 Y이다. 그러나 1음절어 有는 독립적으로 음보를 구성하기에 부족하므로 주요 강세를 실현할 수 없다. 따라서 고대 중국어에는 (43)의 구조인 (40)과 같은 문장은 존재하지 않는다.

34) Duanmu(1990)의 비핵 강세 규칙non-heal stress rule이나 Cinque(1993)의 심층 구조 가설을 참고할 수 있다. 두 가설 모두 구 강세phrasal stress는 일반적으로 [XP Y] 혹은 [Y XP] 구조에서 강세는 XP에 있거나 통사적 보족어에 온다. 동사구에서 만일 이 언어가 SVO형이라면 문장의 일반강세는 동사 오른쪽, 즉 동사구의 보족어에 온다.

(43)

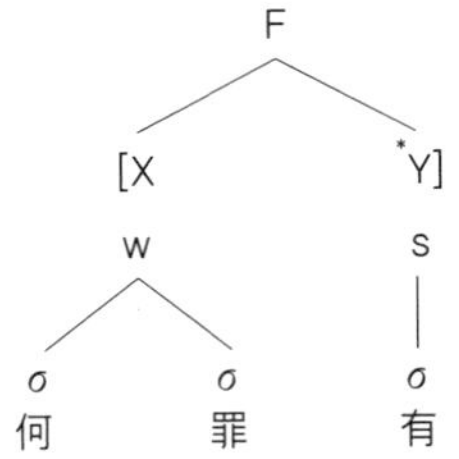


이러한 분석은 Y의 마디가 2분지가 되거나 X 마디가 2분지에서 단일 분지로 변하여 1음절 의문사가 오면 문말 강세가 실현되어 비문이 해결된다고 가정한다. (44)를 살펴보면 何有는 적법한 문장이다. 문말의 구인 何有가 최소 운율단위인 음보이기 때문이다. 그러므로 주요 강세는 오른쪽 성분인 有에 올 수 있다.

(44)

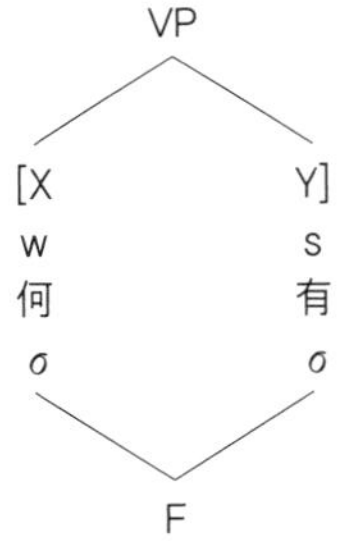


有何罪도 마찬가지로 적법한 문장이다. 문말의 구인 何罪가 하나의 독립적인 음보를 이루어 강세를 실현하므로 문장 강세의 조건을 만족하기 때문이다.

(45)

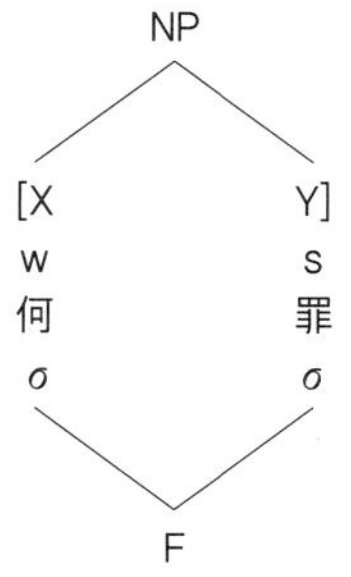


何罪之有 구조 역시 받아들일 수 있다. 何罪之有가 문장의 끝에 오는 구이고, 何罪는 동사의 목적어인데, 之가 동사 有에 부착되면[35] 有와 함께 하나의 음보를 형성하기 때문에 之有는 문장의 강세를 실현하는 Y로 볼 수 있고, 何罪는 X이기 때문이다. 이 구조는 (46)과 같다.

(46)

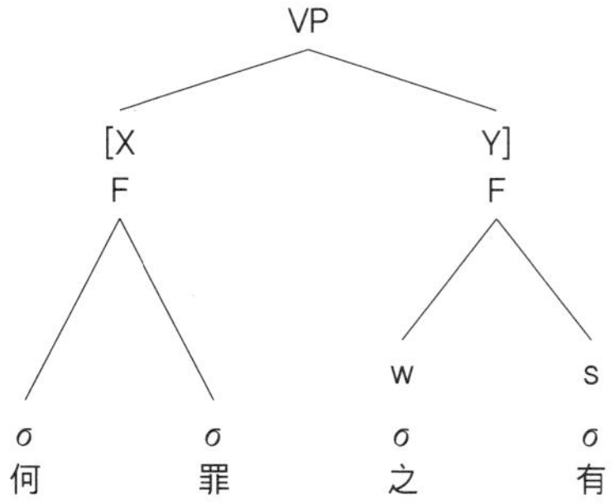


그런데 何有가 적법하다면 통사나 의미상으로 何罪有도 적법하지 않을 이유가 없다는 점에 유의해야 한다. 이 두 구조의 유일한 차이점은 운율이 다르다는 것이므로, 何罪有가 존재하지 않는 이유에 대한 가장 합리적인 해석은 1음절어인 有가 표준음보를 구성하기에 부족하다고 보는 것이

35) 何罪之有와 같은 SOV 구조 중 之와 有는 분리할 수 없다. 之가 동사에 부착되어 있다면 이것이 음절을 충족시키기 위해 출현한 단어라는 것을 의미한다.

다.[36]

(47)은 잉여 음절의 운율 기능을 통하여 2음절 음보가 표준음보를 구성한다는 논점에 유력한 증거를 제공한다.

(47) 伙颐, 涉之为王沈沈者! (≪史记・陈涉世家≫)
굉장하구나, 진섭이 왕이 되니 궁전이 으리으리하구나!

이는 司马迁이 살던 당시(기원전 약 145-?)에 사용된 입말에 가장 가까운 문장으로 服虔(약 184-?)은 다음과 같이 해석했다.

(48) 楚人谓多为伙, 又言颐者, 助声之词也。(服虔≪史记索引≫)
초나라 사람들은 '伙'로써 많음을 말하고, 소리를 돕는 말로 '颐'를 사용했다.

---

36) *何罪有의 형식이 존재하지 않는 것은 1음절이 하나의 음보로 독립할 수 있는가의 여부와는 무관하며, 2음절 何罪와 1음절 有의 차이와 관련이 있다고 주장하는 사람이 있을 수도 있다. 다시 말해 음절의 수가 적은 음보는 음절의 수가 많은 음보와 경쟁할 수 없다고 보는 것이다. 그러나 2음절 음보는 3음절 음보와 경쟁할 수 있다.

( i ) a. 吾何迩封之有? 우리가 봉한 영토가 어찌 이 부근만 있겠는가?
b. 吾子相之, 老夫抱之, 何幼君之有? 내가 권력을 넘겨주었지만, 늘 안고 청정하니 임금이 나이가 어린들 무슨 상관이 있겠는가?

(ia)에서는 何迩封之有가 문말 동사구이고, (ib)에서는 何幼君之有가 문말 동사구이다. 이 두 문장은 모두 왼쪽 마디 X에 3음절인 何迩封와 何幼君을 지니며, 오른쪽 마디 Y는 2음절 之有만 있다. 그러나 *何罪有와 달리 (ia)와 (ib)는 적법하다. 다음의 수형도에서 왼쪽은 *何罪有이고, 오른쪽은 (ia)와 (ib)이다.

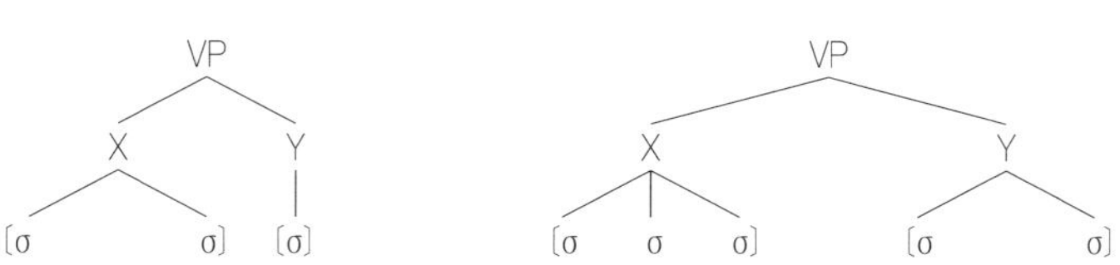


이로 볼 때 2음절 단위와 1음절 단위의 표현은 완전히 다르다. 만일 1음절과 2음절의 운율 성질이 다르다면 1음절 음보의 견해는 성립하지 않는다. 표준음보는 비교적 독립적이나 1음절은 독립적이지 않다. 이는 현대 중국어에서도 마찬가지이다.

服虔에 따르면 감탄사 伙颐의 의미는 1음절 伙와 동일하므로 颐는 의미상 군더더기이다. 여기에서는 伙를 운율적으로 지원하기 위해 颐를 첨가한 것이다. 1음절 성분은 운율에 맞추기 위해 또 다른 음절이 필요하지만, 2음절 성분은 필요가 없다. 이는 1음절이 운율상 하나의 독립된 음보를 구성하기에 부족하므로 다른 음절을 더함으로써 감탄 강세나 초점강세를 실현함을 보여준다. 그러므로 운율을 맞추기 위한 또 다른 음절의 사용은 상술한 2음절 단위가 표준음보를 구성한다는 논점에 근거를 제공하고 있다고 볼 수 있다.

## 5.4. 2음절 음보, 운율단어와 구 구조

5.3의 운율 분석과 역사적 증거에 근거하여 고대 중국어의 음보 구성 규칙을 (49)와 같이 개괄하고자 한다.

(49) **고대 중국어의 음보 구성 규칙** foot formation rule in classical Chinese

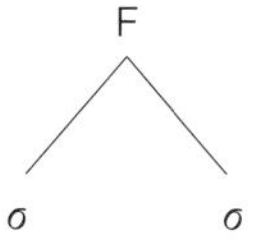


표준음보는 최소한 두 개의 음절로 구성되어야 한다.

(49)의 규칙이 제1장에서 논의한 음보 규칙의 역사적 기원이다. 음절의 간략화가 2음절 음보를 탄생시켰으므로 2음절화 규칙은 상고 이중자음 운미가 탈락한 후에 발생하였다. 한 대에 2음절어가 급격히 증가하고 이중자음 운미가 소실되었는데(梅祖麟 1980, Baxter 1992), 이와 같은 이중자음 운미의 소실과 2음절 음보의 평행적 발전은 중국어의 음보 형성 이론에 증거를 제공한다.

이제 2음절화의 기원을 살펴보자. 5.3에서 2음절화의 발전은 이론적으로 보았을 때 복합어와는 직접적인 관계가 없다고 지적했다. 2음절화는 음운 체계의 필요에 따른 것이고, 복합어는 형태론적 체계의 산물이다. (49)의 음보 모형은 이 주장을 뒷받침하는 운율 체계의 내부적 증거로 볼 수 있다. 그러나 2음절화가 복합어와 직접적인 관계가 없다면 고대 중국어에서 어휘가 복합어의 경향을 보인 이유는 무엇인가? 음운론적 2음절화와 형태론적 복합어의 발전은 어떠한 관계가 있는가? 여기에는 두 가지 핵심적인 요소가 있다. 첫째는 고대 중국어가 기본적으로 1음절 언어에 속하고, 둘째는 운율이 형태를 제약한다는 것이다. 일단 2음절 음보의 모형이 확립되면 운율형태 체계에서 1음절 언어는 자연스럽게 운율 복합어를 구성하게 된다. 5.5에서는 최소어minimal word의 개념에 대해 논의할 것이다.

## 5.5. 최소 운율단어

운율형태론(McCarthy & Prince 1993)에 따라 2음절과 복합어의 관계를 추론할 수 있다. 제1장에서 살펴본 바와 같이, 운율형태론은 위계적 체계에 기반을 두고 있다(Selkirk 1980a, 1980b, McCarthy & Prince 1993).

(50) **운율위계** prosodic hierarchy

운율단어prosodic word
|
음보foot
|
음절syllable
|
모라mora

(50)에서 모든 운율단어는 최소한 하나의 음보를 포함해야 하는데, 음보의 2분지 제약에 따라 모든 음보는 모라 또는 음절이 두 개이어야 한다. 그러므로 운율단어는 최소한 두 개의 모라나 음절을 포함해야 한다. 이러한 최소 구성 요소에 대한 요구는 필연적으로 율격 음보metrical foot에 해당하는 최소 운율단어의 출현을 낳게 된다. McCarthy & Prince(1993)가 지적한 바와 같이 운율위계와 음보의 2음절화가 상호작용하여 최소어minimal word의 개념이 형성되었다. 최소어의 개념을 통해 2음절화가 한 대 이후에 대량으로 출현한 이유는 2음절이 중국어의 최소어이기 때문이라는 것을 알 수 있다.

왜 중국어 최소어는 복합을 통해 이루어진 것인가? 이는 중국어가 가지는 1음절 언어의 특징으로 귀결할 수 있다. 5.6에서는 중국어 복합어가 구 구조에서 대부분 고착화와 어휘화를 거쳐 단어가 된 과정에 대해 살펴볼 것이다.

## 5.6. 운율과 구의 대응

고대 중국어는 1음절 언어이다. 만일 음보가 두 개의 음절로 구성되어야 하고 하나의 음절이 하나의 단어에 대응된다면 이러한 1음절 언어에서 2음절 음보를 구성하기 위한 유일한 방법은 두 개의 단어, 즉 개별적 의미를 가지는 두 개의 음절을 하나로 조합하는 것이다. (51)에서 w는 단어를 나타낸다.

(51)

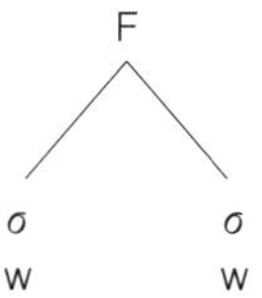

즉 2음절 음보는 두 개의 단어가 운율적으로 조합된 것이다.

(52) 음보=음절+음절=단어+단어

그러나 이러한 조합은 중국어의 구 구조 규칙의 제약을 받는다. 그러므로 음보를 구성하는 음절의 조합은 항상 구 범위 내에서 일어난다.

(53) 음보=음절+음절=단어+단어=구

음절=단어라는 특징은 음보=구라는 결과를 가져온다. 음보가 구를 형성하는 과정은 운율적 음보가 통사적 구에 대응하는 과정으로, 하나의 단어에 상응하는 1음절 두 개가 합쳐져 하나의 구를 형성하는 것이다. 그 결과는 (54)와 같다.

(54) 음보와 구의 대응

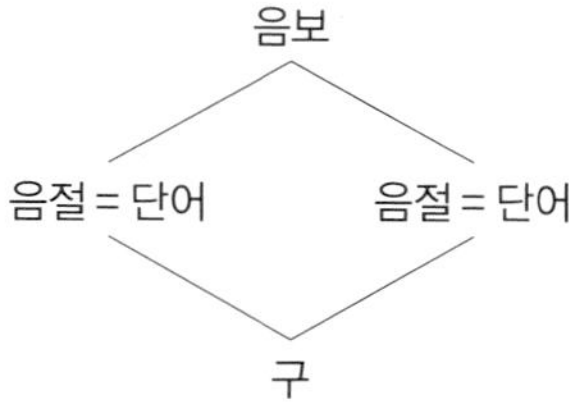


(54)는 운율적 음보와 통사적 구가 대응되며 최종적으로는 두 구조가 하나로 통합된다는 것을 설명한다. 운율형태론의 운율위계에서 하나의 음보는 하나의 운율단어이다. 운율 범주인 음보, 즉 단어를 이루기 위한 최소 운율 조건과 통사 범주인 구의 대응은 운율단어의 형성에 필요한 조건을 제공한다. 그러므로 운율 형태 체계에서 이러한 대응 구조는 운율

단어를 구성하기에 적합한 환경을 조성하는 것이다. 음보의 운율적 완정성은 종종 구를 이루는 성분 두 개를 긴밀히 결합시켜 한 성분이 다른 성분에서 분리될 수 없도록 한다. 두 성분이 분리되면 운율단어를 구성하기 위한 최소 운율 조건을 위반한다. 그러나 운율단어가 반복적으로 사용되면 구의 두 성분이 굳어져 고착화된 운율단어idiomatized prosodic word가 만들어진다. 더 나아가 고착화된 운율단어는 어휘화를 통해 복합어가 될 수 있다. 다시 말해 복합어는 어휘화된 구이다.

이 분석에 근거하여 고대 중국어 조어법을 (50)의 운율위계와 (54)의 음보와 구의 대응 관계를 통해 (55)와 같이 개괄할 수 있다.

(55) 고대 중국어 조어법

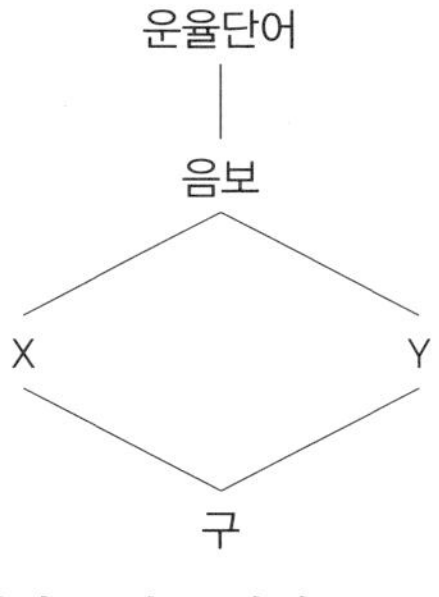


X와 Y의 조합이 구의 통사적 요구와 음보의 운율적 요구를 만족시키면 X와 Y가 하나의 표준 운율단어를 구성한다.

주의할 점은 역사적으로 봤을 때 상고 중국어 복합어는 대부분 2음절 구에서 기원하며, 오랫동안 사용하여 고착되었기 때문에 어휘화된 운율단어라는 것이다. 이로 볼 때 복합어의 기원은 운율단어이며, 이것이 바로 현대 중국어에서도 복합어가 운율단어이어야 하는 이유이다. 그러나 이는 모든 구가 복합어로 변할 수 있다는 것을 의미하지는 않는다. 운율 조건에 부합하는 구이어야만 복합어가 될 수 있기 때문이다. 또한 모든 음보가 복합어가 되는 것은 아니다. 구와 같이 독립된 통사 단위에 해당하는 음보이어야만 복합어가 될 수 있다. 모든 운율단어가 복합어가 되는 것은 아니며, 어휘화된 운율단어만이 복합어가 될 수 있다. 또한 운율적으로 음보를 구성하는 구만이 복합어가 될 수 있고, 통사적으로 독립적인 구를 형성하는 음보만이 복합어가 될 자격을 가진다.

이에 근거하여 복합어의 기원을 다음과 같이 귀납할 수 있다. 상고 중국어 음운 체계의 변화로 인해 2음절 음보가 형성되었으며, 2음절 음보는 2음절 운율단어의 형성을 촉진했다. 2음절 운율단어는 1음절 언어에서 두 개 음절의 구로 구성된 것이며, 2음절 구가 장기간 사용되면서 점차 고착화된 운율단어를 형성하였다. 고착화된 운율단어가 어휘화될 때 그것들은 복합어와 같은 어휘항으로 변한다. 그 변화 과정은 (56)과 같다.

(56)

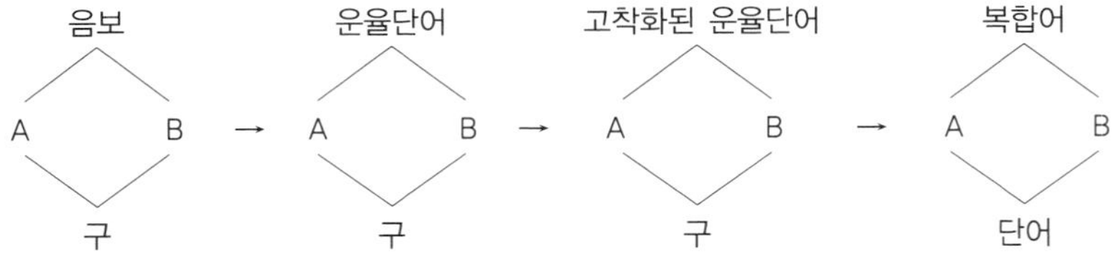


(56)은 2음절 구가 복합어로 되는 과정을 운율형태적으로 설명한다.

## 제6절 이론적 추론과 실제

두 개의 모라로 구성된 음보의 소실은 2음절 음보의 탄생을 촉진시켰다. 이에 근거하여 후대 발전 과정에서 2음절 조합이 갈수록 보편적일 수밖에 없다는 점을 예측할 수 있다. 고대 중국어는 1음절 언어이고 음보의 구성 규칙은 하나의 표준음보가 최소한 두 개의 음절로 구성되도록 요구하기 때문에, 고대 중국어에서 2음절 음보를 구성하는 유일한 방법은 두 개의 단어를 함께 조합하는 것이다. 언어 발전의 초기 단계에서 통사적으로 자연스럽게 형성된 두 단어로 이루어진 구가 2음절 음보를 구성하기 위한 운율적 요구를 가장 쉽게 만족시킨다고 추측할 수 있다. 즉, 초기 단계에서 자연스럽게 형성된 구 음보는 2음절 음보를 실현하는 가장 좋은 방법인 것이다. 그러므로 복합어의 발전 과정은 (57)과 같다. (57)에서 A>B는 A의 구조에서 B가 형성되었음을 의미한다.

(57)
음운 변화 > 2음절 음보 > 2음절 구 > 고착화된 운율단어 > 복합어

자연스럽게 형성된 구와 운율적인 요구를 만족하기 위해 의도적으로 만들어진 구를 구분하는 방법은 무엇인가? 복합어에는 생산력이 뛰어난 두 개의 구조가 있는데, 하나는 병렬이고 다른 하나는 수식이다(제3절 참조). 이 두 구조에 포함된 두 성분 사이의 통사적 관계에는 다양한 유형이 있을 수 있다. 예를 들면 병렬 구조는 명사와 명사로 복합될 수도 있고, 다른 단어로 복합될 수도 있다. 수식 구조는 명사가 명사를 수식하거나 형용사가 명사를 수식할 수도 있다. 程湘清(1981)에 따르면 고대 중국어에는 [표 6]과 같은 6가지 유형의 병렬 구조와 9가지 유형의 수식 구조가 있다(N=명사, A=형용사, V=동사, P=대명사, Num=수사).

[표 6] 병렬과 수식 구조의 유형

Ⅰ 병렬 구조

| 유형 | 예 |
|---|---|
| 1. NN > N | 甲兵 무기장비 |
| 2. VV > V | 攻击 공격하다 |
| 3. AA > A | 恐惧 두려워하다 |
| 4. AA > N | 鲜亮 선명하다 |
| 5. VV > N | 学问 학문 |
| 6. Num+Num > A | 三五 서너너덧 |

Ⅱ 수식 구조

| 유형 | 예 |
|---|---|
| 1. NN > N | 天子 천자 |
| 2. AN > N | 小人 소인 |
| 3. VN > N | 乞人 걸인 |
| 4. VV > N | 复兴 부흥 |
| 5. NV > V | 草创 창건하다 |
| 6. AV > V | 研究 연구하다 |
| 7. AV > N | 先生 선생 |
| 8. PN > P | 吾子 자네 |
| 9. Num+N > N | 百姓 백성 |

자연적으로 형성된 2음절 구가 의도적으로 만들어진 2음절 구보다 이른 시기에 형성된 것은 다음과 같은 사실로부터 확인할 수 있다. 만일 수식 구조의 유형이 많다면 수식 구조의 복합어도 많을 것이고, 병렬 구조의 유형이 적다면 병렬 구조로 이루어진 복합어도 적을 것이다. 이는 다른 조건이 동일한 상황에서 구조 유형이 많으면 그로부터 만들어지는 복합어의 수도 많을 것이기 때문이다. 이러한 예측은 [표 4]로부터 확인할 수 있는데, 편의상 [표 7]에 다시 제시한다.

[표 7] ≪论语≫의 병렬형과 수식형 복합어 비율

| 복합어 | 병렬형 복합어 | % | 수식형 복합어 | % |
|---|---|---|---|---|
| 180 | 48 | 26.7 | 67 | 37.2 |

[표 6]으로부터 수식이 병렬에 비하여 더 많은 구조 유형을 가진다는 사실을 알 수 있고, [표 7]로부터 수식이 병렬보다 훨씬 더 많은 실례가 있다는 것을 알 수 있다. 구조 유형의 수와 복합어의 수의 관계는 [표 8]에서 살펴볼 수 있다.

[표 8] 복합어의 구조 유형과 실례의 수량 비교

| | 구조 유형 | 실례 |
|---|---|---|
| 병렬형 | 6(40%) | 48(42%) |
| 수식형 | 9(60%) | 67(58%) |

[표 8]로부터 구조 유형의 비율은 40%와 60%로, 각각 복합어 실례의 비율인 42%와 58%에 대응된다는 것을 알 수 있다. 이러한 상관성은 수식 구조의 유형이 많기 때문에 그 수식 구조로 이루어진 2음절 구 즉, 복합어도 많다는 분석을 뒷받침한다. 또한 2음절 음보가 먼저 자연적인 구를 많이 만들었고, 이러한 자연적인 구의 어휘화에 의해 복합어가 생겨났다는 점을 알 수 있다.

그럼 운율적 요구에 부응하기 위해 형성된 구는 무엇인가? 이 개념을 명확히 해야만 초기 2음절 복합어가 자연적으로 형성된 2음절 구에 기원하며, 운율적 요구에 부응하기 위해 형성된 구는 이후에 출현한 것이라는 점을 설명할 수 있다. 운율적인 요구를 만족하기 위해 채택된 구조 방식은 병렬 구조이다. 병렬 구조는 수식 구조를 포함한 다른 구조에는 없는 특수한 통사·의미적 특징을 가지고 있기 때문이다. 예를 들면 병렬 구조를 [A+B]라고 할 때 B가 없어도 병렬 구조의 의미는 변하지 않는다.

(58) a. 수식 구조 :
天子천자≠子아들
乞人걸인≠人사람

b. 병렬 구조 :
恐惧두려워하다=恐=惧
攻击공격하다=攻=击
战斗전투하다=战=斗
杀戮살육하다=杀=戮

수식 구조는 병렬 구조에 비해 의미에 영향을 미치지 않는 2음절 조합을 만들기가 쉽지 않다. 다시 말해 수식 구조를 사용하면 원래 1음절이 가졌던 의미를 바꾸지 않으면서 2음절 형식을 만들기가 어렵지만 병렬 구조는 그렇지 않다. 앞에서 살펴본 赵岐의 ≪孟子章句≫에서 사용한 방법처럼 병렬 구조는 동의어를 하나 더 첨가하는 방식으로 쉽게 2음절을 만들 수 있다. 이렇게 첨가를 통해 이루어진 2음절 조합은 문장에서의 위치와 상관없이 형성될 수 있으며, 그 기본 구조와 의미는 변하지 않는다. 이에 근거하여 2음절 운율을 만족시키기 위해 형성된 구는 병렬 구조가 수식 구조보다 많을 것이라는 점을 추론할 수 있다. 이와 반대로 초기에 자연스럽게 형성된 구는 수식 구조가 병렬 구조보다 많을 것이다. 왜냐하면 초기에는 이미 자연적으로 형성된 수식 구조의 2음절 형식이 무의식적으로 사용되었으며, 이러한 2음절 형식은 이후 의도적으로 만들어진 2음절 형식보다 자연스럽게 받아들여졌을 것이기 때문이다. 이는 [표 7]에서 ≪论语≫에 수식 구조는 67개가 있고, 병렬 구조는 단 48개만 있다는 점을 통해서도 확인할 수 있다.

2음절 음보의 경향이 강해지면서 의도적으로 만들어진 2음절 형식이 출현하였다. 2음절화의 요구를 만족하기 위해서 병렬 구조를 사용할 수 있다면, 후대에는 병렬 구조로 형성된 의도적 운율단어가 수식 구조로 형성된 2음절 조합보다 많아져서 초기와는 상반된 결과가 나타날 것이라고 예측할 수 있다. 왜냐하면 운율에 대한 요구가 강해질수록 자연적인 구는 운율에 대한 요구를 만족시키기에 부족하고, 2음절 음보를 만들 수 있는 병렬 구조가 점차 우위를 점할 수 있을 것이기 때문이다. [표 9]는 이 점을 증명한다(程湘清 1981 : 112, 1985 : 337).

[표 9] ≪论语≫, ≪孟子≫, ≪论衡≫의 병렬형과 수식형 복합어 비율

| 년대 | 출처 | 복합어 수 | 병렬형 수 | % | 수식형 수 | % |
|---|---|---|---|---|---|---|
| 기원전 5세기 | 论语 | 180 | 48 | 26.7 | 67 | 37.2 |
| 기원전 4세기 | 孟子 | 333 | 115 | 34.5 | 100 | 30 |
| 2세기 | 论衡 | 2088 | 1401 | 67.24 | 517 | 24.76 |

[표 9]는 자연적으로 형성된 구로부터 어휘화된 복합어 가운데 병렬형이 눈에 띄게 증가하였음을 나타내는데, 이는 운율적 요구로 인한 것이다.

이상의 논의는 두 가지 현상을 설명한다. 첫째, 복합어에는 두 가지 유형이 있다. 첫 번째 유형은 자연적으로 형성된 구가 어휘화한 복합어이고, 두 번째 유형은 구로부터 형성된 것이 아니라 운율적 요구를 만족시키기 위하여 생겨난 복합어이다. 둘째, 초기에는 수식형 복합어가 많았지만 후기로 갈수록 병렬형이 우위를 점하게 되었다는 것이다.

## 제7절 결론

제2장에서는 운율단어의 역사적 기원과 복합어의 탄생 및 발전에 대해 논의하고, 한 대에 2음절 음보가 생성되면서 복합어도 대량으로 출현

하게 되었음을 설명하였다. 즉, 이중자음과 어말 자음이 소실되어 음절이 간략하게 된 결과 두 개의 모라로 구성된 음보 구조가 소실되었고, 결과적으로 2음절 음보가 발전하게 되었다. 고대 중국어는 1음절 언어이면서 2음절 음보였으며, 이를 토대로 고대 중국어 운율단어의 형태 구조가 점차 형성되었다. 다시 말해 구 구조에서 고착화된 운율단어가 만들어졌고, 고착화된 운율단어가 운율 복합어를 형성하였다. 2음절로 구성된 통사적 구 구조가 운율 구조를 만족하면서 복합어는 하나의 운율단어이어야 한다는 형태 구조가 형성되었다(제1장 참조).

이 책은 운율형태론에 근거하여 진한 시기 복합어의 발생과 발전이 기능에 기인한다는 가설에 반대한다. 기능설은 (18)과 같은 비기능형 복합어를 해석할 수 없고, 초기에는 수식형 복합어가 많았지만 후대로 갈수록 병렬형 복합어가 점차 증가한 이유를 설명할 수 없다. 또한 형태론적 발전의 내재적 기제를 해석할 수 없다.

이 책의 분석은 전통적인 관점과 매우 다르다. 전통적인 관점에서는 음운의 변화와 복합어 간의 관계에 착안하여 음운의 변화가 대량의 동음어를 만들었기 때문에 복합어가 발전하게 되었다고 분석한다. 그러나 이 책에서는 운율의 각도에서 음운 체계와 복합어 간의 관계를 재고찰하고, 복합어의 발전 과정에 대해 새로운 운율형태론적 분석을 제공하였다.

학계는 음보의 중요성에 대한 인식을 공유하고 있었지만(郭紹虞 1938, Chen 1979, Shih 1986), 지금까지 음보의 조합 규칙(Chen 1979, Shin 1986)과 2음절의 역사적 발전을 연계시킨 학자는 없었다. 郭紹虞(1938)와 같은 일부 언어학자들은 2음절 음보가 예전부터 있었지만 수식을 위한 수단에 불과하다고 주장했다. 그러나 이 책에서는 2음절 음보가 1음절 음보의 와해로 인해 생긴 산물이며, 이것은 음절의 간략화, 성조의 형성과 밀접한 관계를 가진다고 본다. 또한 이를 통해 양한 시기를 전후로 하여 2음절 음보가 형성되고 운율 형태 체계가 완성되었다고 본다.

셋째, 전통적으로 중국어의 복합어는 통사적 단어라는 인식이 있다(赵元任 1968). 그러나 이 책은 복합어가 통사적 제약을 받기는 하지만 더 중요한 것은 운율의 작용임을 증명하였다. 그러므로 고대 중국어의 운율단어는 단어와 구 두 종류로 나눌 수 있으며, 이 두 종류는 모두 사전에 포함된다. 전자는 司马와 같이 통사적 구가 어휘화한 복합어이며, 후자는 衣裳이나 甲兵처럼 자주 사용되어 고착화된 운율단어이다. 일부 2음절 형식은 사전에서 두 가지 범주로 나타난다. 예를 들어 天子는 황제의 의미일 때 단어이지만 하느님의 아들이라는 의미일 때에는 고착화된 구이다. 엄격하게 말해서 고착화된 구는 구나 단어의 범주에 속하지 않는다. 고착화된 구는 운율 체계에 따라 만들어졌으며 사용될 때 고유한 특성을 갖춘 운율단위이기 때문이다. 이것은 사전의 표제어로 수록되어 복합어처럼 보이지만 여전히 구의 특징을 유지한다. 그러므로 고착화된 운율단어는 고대 중국어 조어 체계에서 자연적으로 형성된 구와 단어 사이의 중간 범주에 속한다. 이는 형태론적 어휘화의 대상이 되는 운율단어로, 복합어의 역사적 기원이다.

* 제2장의 내용은 "Prosodic Structure and Compound Words in Classical Chinese"(In Jerry Packard(ed.) *New Approaches to Chinese Word Formation : Morphology and the Lexicon in Modern and Ancient Chinese*. Berlin : Mouton de Gruyter. 1997 : 197-260)에 발표된 바 있는데, 黄梅, 王丽娟, 崔四行, 王永娜가 초역한 후 저자가 교정했음을 밝힌다.

## 생각할 문제

1. 다음의 용어를 설명하시오.

   파생형 복합어派生性复合词, 통사형 복합어句法复合词, 구 구조 운율단어短语韵律词, 의도적 운율단어意造韵律词, 고착화된 운율단어固化韵律词, 최소어最小词, 비기능형 복합어反功能型复合词

2. 두 개의 모라로 구성된 음보에 관한 가설의 역사적 증거를 제시하시오.
3. 복합어 발전에 대한 여러 가지 분석을 설명하시오.
4. 이론과 실례를 들어 2음절화가 복합어화와 별개인 이유를 설명하시오.
5. 성조의 출현과 2음절화는 어떤 밀접한 관계가 있는가?
6. 병렬형 복합어와 수식형 복합어 사이의 교차적 발전이 의미하는 바는 무엇인가?
7. 역사적인 각도에서 현대 중국어 복합어는 우선 운율단어이어야 한다는 점을 어떻게 증명할 수 있는가?

제 3 장

# 4자격과 복합 운율단어

이 장에서는 제2장에서 제기한 운율단어 이론에 따라 중국어의 4자격四字格 구성과 강세 형식에 대해 논의할 것이다. 운율단어뿐만 아니라 복합 운율단어 또한 중국어 운율 형태 체계를 이루는 중요한 단위이다. 여기에서는 복합 운율단어의 존재를 밝힘과 동시에 중국어의 소위 4자격 구조는 사실상 복합 운율단어이며, 복합 운율단어의 표준적인 결합 방식에는 [[AB][CD]]와 [[_A][_B]] 두 가지가 있음을 논의할 것이다. 또한 4자격의 두 가지 강세 모형은 [X1X2]와 [1XX2]로, [[AB] [CD]]에 의해 [X1X2]가, [[_A][_B]]에 의해 [1XX2]가 도출되었음을 증명할 것이다. 운율형태론은 4자격의 기원과 결합 방식을 이론적으로 이해하는 데 도움이 될 뿐만 아니라 4자격의 기본적인 강세 모형 두 가지를 도출하는 데에도 도움을 준다.

## 제1절 4자격의 독립성

4자격四字格이란 네 개의 글자로 구성된 언어 형식을 가리킨다. 중국어에서는 종종 네 개의 글자가 독립적인 형식을 구성한다. 이렇게 네 글자로 이루어진 형식은 고유한 방식으로 사용되며 하나의 독립된 언어 단위를 구성한다. (1)을 보자.

(1) 一衣带水　　　　*一衣带的水
허리띠만큼 좁은 강물
大养其猪　　　　*大养其母猪
돼지를 많이 기르다
因人成事　　　　*因人来成事
다른 사람의 힘을 빌려 일을 처리하다
春暖花开　　　　*春暖就花开
봄이 되니 따뜻해지고 꽃이 핀다

(1)의 여러 형식들은 임의로 확장할 수 없으며 모두 독립적인 단위로 사용되어야 한다. 이러한 형식을 독립적인 언어 단위로 간주하는 이유는 단어와 문장의 구성에서뿐만 아니라 음성적으로도 독립적인 형식을 갖기 때문이다. 이 형식은 음절수가 고정적일 뿐만 아니라 강세의 분포 역시 고정적이다. 4자격은 일반적으로 (2)의 두 가지 강세 형식으로 실현된다(俞敏 1989, Hoa 1983, Scott 1990 : 154).37)

37) 4자격의 두 가지 기본 강세 모형에 관해서는 Hoa(1983)와 Scott(1990) 참조. 중국어의 일부 네 글자 형식은 여기서 언급하는 강세 형식과 다른 경우도 있다. 예를 들어 站不起来일어나지 못하다의 강세 형식은 [1XXX]이다. 그러나 이러한 예들은 제3장의 토론 범위에 포함시키지 않을 것이다. 여기에서는 전통적으로 4자격이라 불리는 언어 단위만을 다룰 것이며 기능어가 포함된 네 글자로 이루어진 구는 포함하지 않는다. 또한 여기에서 4자격에 대한 논의는 복합 운율단어와 그 결합 형식에 초점을 둘 것이다. 예를 들어 1음절 동사에 3음절 목적어가 더해진 4글자 구 역시 운율단어의 형식이 아니므로 논의 범위에서

(2) a. [약 중 약 강]
b. [중 약 약 강]

숫자로 표시하면 강은 2에, 중은 1에 대응시킬 수 있는데, 이에 따라 (2)의 두 가지 형식은 (3)과 같이 나타낼 수 있다. 상대적으로 약한 두 성분은 임시로 X로 표시한다. 이에 상세한 설명은 이후에 제시할 것이다.

(3) a. [X 1 X 2]
b. [1 X X 2]

一衣带水, 取长补短장점을 취하고 단점을 보완하다 등 일반적인 성어成语는 모두 (3a)의 강세 형식을 취한다. 반면 乱七八糟엉망진창이다나 糊里糊涂어리벙벙하다처럼 전형적인 입말 표현은 (3b)의 강세 형식을 취한다. 이와 같이 고유한 음성 형식은 이들이 중국어에서 독립적인 단위임을 보여주기에 충분하다.

4자격이 중국어에서 독립적 표현 형식이라는 점에는 논쟁의 여지가 없는 것 같다. 그러나 4자격의 결합 방식과 기본적인 성질에 대해서는 아직도 일치된 결론이 없다. 이는 성어, 속담谚语, 속어俗语나 중첩重叠에서 일반적인 구에 이르기까지 네 글자로 이루어진 형식이 매우 다양하기 때문이다. 이러한 형식의 형태적 또는 통사적 구조는 더욱 복잡하다. 干干净净깨끗하다처럼 중첩 형태나, 铜墙铁壁철옹성처럼 복합 형태가 있는가 하면, 중첩 형태에서도 三三两两둘 셋씩처럼 AABB형식의 병렬 중첩도 있고, 糊里糊涂처럼 부분 중첩도 있다. 稀里糊涂어리둥절하다는 하나의 단어로 분석될 수도 있지만, 大养其猪의 경우는 구에 더 가까운 것 같다. 一衣带水처럼 단어와 구의 중간에 있는 형태도 있고, 你呀我的너나 나나처럼 완전히 구처럼 보이는 형태도 있다. 眉开眼笑활짝 웃다처럼 네 글자 모두 내용어로 이루어

---

제외할 것이다.

진 것이 있는가 하면, 神乎其神대단히 신기하다처럼 내용어와 기능어가 섞인 형태도 있다. 七情六欲일곱 가지 정과 여섯 가지 욕망나 东施效颦동시가 서시의 찌푸린 얼굴을 흉내 내듯 무턱대고 따라하다처럼 구조에 포함된 네 글자의 내용어가 모두 실제 의미를 가지는 경우도 있지만, 七拼八凑이것저것 억지로 끼워 맞추다나 东拼西凑여기저기서 끌어 모으다처럼 내용어임에도 실제 의미를 나타내지 않는 경우도 있다. 之乎者也문언말투를 써서 지식인인 척하다처럼 글자 하나하나가 병렬되어 있지만 실제 의미를 전혀 나타내지 않는 형식이 있는가하면, 久而久之오랜 시간이 지나다처럼 특별한 의미 없이 운율을 맞추기 위해 내용어와 기능어가 번갈아 사용되는 형식도 있다. 운율을 맞추기 위해 기능어가 사용되는 형식으로는 기능어가 七嘴八舌제각기 떠들다처럼 첫째, 셋째 자리에 나타나는 경우, 横七竖八처럼 둘째, 넷째 자리에 나타나는 경우, 乱七八糟처럼 둘째, 셋째 자리에 나타나는 경우 등 여러 가지 형식으로 나타난다. 이처럼 네 글자가 연속으로 쓰이는 형식은 매우 다양하다. 그러므로 형태적, 통사적 측면에서 단일한 표준으로 4자격을 정의하기는 매우 어렵다. 그러나 4자격 형식에는 몇 가지 공통된 특징들이 있다. 첫째, 모든 형식이 네 개의 음절로 이루어진다. 둘째, 모든 네 글자 형식은 (3)의 강세 규칙, 즉 [X 1 X 2]나 [1 X X 2]를 따른다. 셋째, 이 형식들은 일정한 독립성을 가지고 사용된다. 이 세 가지 공통적인 특성에 따라 네 글자 형식은 중국어에서 상대적으로 독립적인 언어 단위라고 판단할 수 있다.

그러나 4자격이 중국어의 특수한 표현 형식이고 독립적인 언어 단위라는 점을 인정한다고 모든 문제가 해결되는 것은 아니다. 다양한 4자격이 탄생된 원인과 이러한 형식이 중국어에 보편적으로 나타나고 널리 사용되는 이유,[38] 즉 4자격이 고정적인 표현 형식으로 독립적으로 사용되

38) 네 글자 이상의 성어가 없는 것은 아니지만(朱剑芒 1955), 네 글자로 된 성어가 표준 형식이다(吕叔湘, 朱德熙 1951).

는 이유 및 4자격의 강세 형식이 두 가지인 원인, 그리고 이 두 가지 강세 형식이 실제 언어에서 쓰이는 방식의 차이 등 여러 가지 문제가 여전히 남아 있다. 이러한 문제는 지금까지 명확히 해결되지 않았다. 특히 4자격의 두 가지 강세 형식은 원인 규명의 필요성조차 인식되지 않았다. [1 2 X X], [X X 1 2], [X 1 2 X]……등 여러 강세 형식이 가능함에도 불구하고, [X 1 X 2]와 [1 X X 2] 두 형식만 4자격에서 실현되는 이유는 무엇인지 설명되어야 한다. 현대의 언어학 이론은 적법한 현상의 원인뿐만 아니라 비적법 현상의 원인 역시 설명해야 한다. 현재의 연구 상황으로는 [X 1 X 2]과 [1 X X 2]는 물론 기타 비적법한 형식의 원인도 알지 못한다. 4자격의 두 가지 강세 형식이 실제 언어에서 쓰이는 방식의 차이 역시 매우 중요하다. 네 글자로 된 나라이름, 예컨대 马来西亚말레이시아는 일반적으로 ma Lai xi YA(즉 [X 1 X 2]형식, 대문자는 강세를 나타낸다)으로 읽어야 한다.[39] 이것을 Ma le xi YA, 즉 [1 X X 2]로 읽으면 아이들 놀이처럼 들려 진지한 느낌을 잃게 된다. 이러한 사실로 볼 때 이 두 가지 형식은 실제 언어에서 전혀 다르게 기능한다는 것을 알 수 있다. 그러므로 4자격은 그 형식의 형성 과정과 화용적 기능을 고려하여 연구해야 한다.

중국어 운율형태론을 통해 4자격에 대한 여러 가지 문제를 설명할 수 있다. 운율적 측면에서 보면 중국어의 4자격은 중국어 운율 형태 체계의 산물로, 운율형태론의 기본 단위인 표준 운율단어 두 개로 이루어진 복합체이다. 이것은 복합 운율단어 혹은 이중 운율단어라 할 수 있다. 운율형태론에 따르면 중첩이나 복합, 이미 고착화된 고대의 성어 또는 새롭게 만들어진 네 글자 형식을 포함하여 네 개의 글자로 이루어진 표현 형식이

39) 음절 전체를 대문자로 표기한 것은 강(2)에 해당하며, 음절의 첫 글자만 대문자로 표기한 것은 중(1)에 해당한다. (역자주)

(2)의 강세 형식 중 하나로 실현되면 이는 복합 운율단어의 성질을 갖는다.

다음으로, 4자격 모형을 구성하는 기본 결합 방식은 [[AB][CD]]구조인 [2+2]의 병합식并合式과 [[__A][__B]] 구조인 [1+1]의 분리식拆补式 두 가지 종류만 가능하다. 一衣带水의 [1+2+1] 구조 등은 4자격 모형의 기본 결합 방식이 아니다. 이와 같은 일부 4자격의 결합 방식은 복합 운율단어 모형의 요구를 만족시키기 위해 의도적으로 만들어진 구조이다. 이러한 형식은 독립적인 4자격 모형을 형성하지 못하며, 이미 정해진 복합 운율단어 모형에 따라 운율과 강세를 조정한다(상세한 토론은 제2절과 제3절 참조). 즉 4자격은 표준 형식과 비표준 형식으로 구분할 수 있으며, 4자격의 모형에 대한 연구는 표준 형식만을 고려할 것이다.

한편, 4자격이 복합 운율단어에서 파생되었음과 동시에 병합식과 분리식이 4자격을 구성하는 두 가지 기본 모형임을 인정한다면, (3)의 두 가지 강세 형식의 근원을 쉽게 찾을 수 있다. 즉 (3a)의 [X 1 X 2]는 병합식에 기원하며, (3b)의 [1 X X 2]형 강세는 분리식에서 비롯된다.

마지막으로, [X 1 X 2]형의 강세 형식은 예부터 이미 고정된 복합 운율단어의 강세 형식의 일종일 가능성이 매우 높다. 이러한 복합 운율단어는 역사가 오래되고 예스러우면서 고아한 분위기가 있어 비교적 장중한 글말과 공식적인 상황의 입말에 주로 이용된다. 반면 [1 X X 2]형 강세 형식은 입말에서 사용되는 복합 운율단어의 강세 형식으로, 해학적인 말투나 비공식적인 상황에서 주로 사용된다.

제2절에서는 복합 운율단어로서의 4자격의 성질을 분석하고, 4자격을 구성하는 두 가지 기본 결합 방식에 대해 논의한 다음, 이 두 가지 기본 결합 방식에 따라 [X 1 X 2]와 [1 X X 2]의 강세 형식을 도출됨을 증명할 것이다. 마지막으로 이 두 가지 강세 형식의 문체적 차이에 대해 논의할 것이다.

## 제2절 복합 운율단어

운율형태론에서 운율단어는 음보로 결정된다. 중국어의 표준음보는 2음절이므로 표준 운율단어도 2음절로 구성된다. 이 책의 이론에 따르면 중국어의 복합어는 중국어 운율단어의 산물이므로 음보 모형은 중국어 조어 체계에서 복합어를 판별하는 형식적 표지이다. 이는 운율단어가 복합어의 크기를 직접적으로 결정할 수 있다는 뜻이다. 운율단어는 최소 두 개의 음절을 갖추어야 하며, 최대 세 개 음절을 넘을 수 없다. 그러므로 일반적인 복합어도 마찬가지이다. 운율단어로부터 도출되는 복합어가 실제 언어에 부합하며 원어민의 어감에도 일치하는 것은 이 책의 이론을 뒷받침한다. 운율단어의 최대 크기가 세 음절을 초과할 수 없다면 네 글자 형식은 운율단어가 아니다. 그러나 사실상 네 글자 형식은 중국어에서 독립적인 사용 단위로 기능할 뿐만 아니라 음보의 산물이기도 하다. 즉 네 글자 형식은 운율단어에 기반한다.

일반적인 어휘 체계에서 단어와 단어는 조어법에 따라 복합의 방식을 통해 새로운 형식을 구성한다. 再다시와 见만나다이 결합하여 再见다시 만나자을 구성하는 것처럼 어휘 단위에 또 다른 어휘 단위가 결합하여 새로운 단위, 즉 복합어를 구성할 수 있는 것이다. 운율 조어 체계 역시 예외가 아니다. 하나의 운율단위에 또 다른 운율단위가 합쳐져 새로운 단위인 복합 운율단어를 구성할 수 있다. 운율 조어 체계의 기본 단위는 운율단어이며, 운율단어간의 조합은 운율단어보다 더 큰 범주를 구성하는 유효한 조어 수단이다. 표준적인 운율단어가 두 음절보다 작지 않고 초운율단어는 세 음절을 초과하지 않으며, 복합 운율단어는 운율단어의 결합으로 이루어진다. 이때 운율단어의 결합은 표준 운율단어 간에 이루어지는 결합일 뿐만 아니라 초운율단어 간에 이루어지는 결합일 수도 있다. 표준 운율단어와 초운율단어의 결합도 가능하다. 이런 방식으로 복합 운율단어는 [2+2]의 결합뿐만 아니라 [3+3] 혹은 [2+3], [3+2] 등의 형식으로 나타날 수 있다. 그렇다면 [2+2] 결합, 즉 4자격의 독립성과 보편성은 어떻게 해석할 수 있는가? 이는 매우 간단하게 설명될 수 있는데, 여러 가지 결합 가능성 중에서 표준 운율단어 간의 결합이 가장 간단하고 쉽기 때문이다. 표준 운율단어 형식은 가장 표준적인 조어 단위이며 구성 성분의 결합에 제약이 없는 운율 모듈module이다(3음절의 결합은 조건이 엄격하게 제한된다. 이에 관해서는 冯胜利 1995 참조). 그러므로 조어 체계가 구성 요소간의 결합을 허용한다면 표준적 요소간의 결합이 최선의 선택일 것이다. 어느 체계에서나 최적의 형태가 선택되므로 운율단어의 복합은 (4)의 형태로 실현된다.[40]

40) 你一句我一句너 한마디, 나 한마디씩 말하다 등 네 글자를 초과하는 결합(朱德熙 1984 : 36)은 논의에 포함시키지 않는다. 복합 운율단어는 운율형태론의 산물이므로 다른 언어에서도 종종 관찰된다. 예컨대 일본어에서 동사에서 파생된 명사deverbal noun는 적어도 두 개의 음보, 즉 네 개의 모라로 이루어져야 한다는 운율적 조건에서만 실현된다(Tsujimura Natsuko 1992). 이 규칙은 물론 영어나 중국어 등에서 유래한 차용어에는 적용되지 않는다. 그러나 알려진 대로 일본어의 고유 어휘는 비고유 어휘와는 구별되는 고유한 운율 구조를 나타낸다. 예를 들어 일본어에는 외래어를 제외하면 r로 시작하는 단어가 없다. 라틴어에서 유래한 영어 단어와 게르만어에서 유래한 단어들도 규칙적으로 구분된다. 일본어의 음보가 두 개의 모라로 이루어지는 것은 널리 알려진 사실이다. 예를 들어 사람의 애칭은 일반적으로 하나의 음보여야만 -tyan을 붙일 수 있다.

ayako > aya-tyan
akira > aki-tyan
taroo > taro-tyan
atuko > at-tyan
tieme > tie-, tii-tyan

일본어의 음보가 두 개의 모라로 구성된다면 동사에서 파생된 명사는 왜 네 개의 모라가 필요한가? 일반 음악가가 사용하는 은어는 왜 반드시 적어도 네 개의 모라 단위가 사용되는가? 네 개의 모라가 두 개의 음보를 구성하는데, Tsujimura Natsuko의 주장대로 연속되는 두 개의 음보는 하나의 단독 성분을 구성한다(p.516). 따라서 일본어에는 두 음보가 하나의 단독 성분으로 사용되고 있음을 알 수 있다. 이 밖에도 파사마쿼디Passamaquoddy 북아메리카 북동부에서 사용되는 인디안 언어, 세네카Seneca 북 아메리카 북동부와 캐나다 일부 지역에서 사용되는 인디안 언어 등의 언어에서도 2음보에 의한 조어 현상이 대량으로 관찰되는데(Stowell 1979

(4)

표준 운율단어는 모두 2음절 모듈이므로 표준 운율단어의 결합은 네 글자 구조를 형성한다. 이것이 바로 4자격의 근원에 대한 이론적 근거이다. 이에 따르면 4자격은 중국어 운율 조어 체계의 복합 운율단어에 해당한다. 4자격 형식이 모두 복합 운율단어이므로 이 형식들은 두 개의 2음절 모듈, 즉 [2+2]로부터 도출된 것이다. 이는 성어의 대다수가 네 글자로 이루어진 이유뿐만 아니라 성어를 이루는 가장 일반적인 격식이 상하 두 부분으로 대구를 이루는 방식을 통해 연결되는 이유를 설명한다(呂叔湘, 朱德熙 1951). 이는 동시에 성어가 네 글자에 제한되지 않고 세 글자나 다섯 글자 혹은 여섯일곱 글자나 여덟아홉 글자짜리도 있지만 가장 일반적인 격식은 [2+2](朱劍芒 1955)인 이유도 설명한다. 운율 이론에 따르면 중국어의 네 글자가 고정적인 형식을 이루는 원인은 단독 사용에서 결합 사용으로, 불규칙적 형식에서 규칙적 형식으로 변화하는 법칙에 의해 결정되는 것(朱劍芒 1955)이 아니다. 2음절에서 1음절로 바뀌거나(王洪君 1994), 4언시에서 5언시로 변화하는 등 규칙적인 형식에서 불규칙적인 형식으로 변화하는 예가 매우 많기 때문이다. 네 글자가 말하기에 좋고 듣기에 분명하며, 모방하여 학습하기 편한 작용이 있기 때문(朱劍芒 1955)도 아니다. ≪삼자경三字经≫[41] 역시 말하기에 좋고 듣기에 분명하며 누구나 알고 있기 때문에 세 글자로 이루어진 말도 학습에 효과적이라고

---

참조), 전통적으로 콜론 성분colon constituent으로 불리는 이 단위는 이 책의 복합 운율단어에 해당한다.

41) 송 대 이래 사용된 어린이용 한자 교본으로 세 글자씩 한 구를 이룬다. (역자주)

할 수 있기 때문이다. 네 글자가 고정적인 형식을 이루게 된 원인은 그것이 최대 음절의 최다 구성 요소에 상응하기 때문(石毓智 1995)도 아니다. 4자격의 네 개 음절과 음절을 구성하는 네 개의 음소 즉, 자음+개음+모음+자음/모음의 구성이 필연적으로 연관된다고 할 수 없다. 네 글자가 고정적 형식을 이루게 되는 근본적인 원인은 중국어의 운율 체계에 있으며, 4자격은 이에 따라 형성된 복합 운율단어의 산물이다. 그러므로 모든 복합 운율단어는 두 개의 운율 모듈로 이루어진 복합체로 항상 앞 뒤 두 부분으로 나뉘는 성질을 나타내는 것이다. 물론 이 두 음보는 더 이상 독립된 개체가 아니며 두 단위가 하나의 단위로 합쳐져 새로운 통일체인 복합 운율단어를 이루는 것이다. 그러므로 이 두 음보는 새로운 형식의 전체가 요구하는 바에 따라야 한다. 제1절에서 논의한 바와 같이 4자격은 두 가지 강세 형식으로 실현된다. 이 두 가지 강세 형식은 두 단위가 하나의 단위로 합쳐져 결합하는 과정에서 실현된 것으로, 두 단위가 하나로 되었음을 나타내는 표지인 것이다. 복합 운율단어는 두 부분이 하나의 단위로 묶인 느낌을 주는데, 이 두 부분은 복합 운율단어를 형성하는 두 구성 요소에서 기원하며, 하나가 된 느낌은 복합 운율단어가 하나의 단위로 합쳐져 운용된 것에 기인한다. 다른 시각에서 보면, 두 음보의 결합은 필연적으로 두 부분으로 구성된 결과물을 도출하는데, 둘로 나뉘었지만 실제로는 하나이므로 (3)의 두 가지 강세 형식이 4자격을 이루는 두 부분의 결합을 공고히 한다고 설명할 수 있다. 이것이 바로 4자격이 둘로 나뉘었지만 하나라고 느끼는 어감의 원인이며, 文炼(1994)이 언급한 바와 같이 네 음절 단위가 안정적인 느낌을 주는 이유이다.

가장 일반적인 표준 운율단어는 [1+1], 즉 1음절 형태소에 1음절 형태소가 더해진 형식이다. 그러나 운율단어가 모두 형태소의 결합을 통해 실현되는 것은 아니다. 중첩(天하늘>天天날마다)이나 연장(趼티눈>鸡眼티눈), 축

악(师范大学사범대학>师大사대) 등 여러 가지 방식을 통해 운율단어가 생산된다. 운율단어는 음보에 기반하므로 음보는 일종의 모듈로 작동한다. 이 모듈에는 두 개의 자리가 있어서 1음절어, 즉 형태소 한 개만 모듈에 들어오면 나머지 한 자리가 비게 된다. 이렇게 빈자리가 있으면 운율 조건에 맞지 않으며, 조건에 맞지 않으면 음보를 구성할 수 없고, 음보를 구성하지 못하는 것은 운율단어라 할 수 없다. 그러므로 이 빈자리를 보충하는 것이 모듈의 요구를 만족시키는 유효한 수단이 된다. 복합 운율단어도 운율단어와 마찬가지이다. 표준 운율단어 모듈의 자리는 두 개이므로 보충해야 할 성분은 하나이다. 그러나 복합 운율단어에는 두 개의 모듈이 포함되므로 보충 성분은 반드시 두 모듈의 요구를 모두 만족해야 한다. 요컨대 보충은 복합 운율단어를 구성하는 방법의 하나인 것이다. 제3절에서 복합 운율단어, 즉 4자격 형식이 운율단어와 마찬가지로 복합 및 보충 두 가지 기본적 형식을 통해 실현되고 있음을 살펴 볼 것이다.

## 제3절 4자격의 표준적 결합 방식

4자격이 운율 복합어의 표현 형식이며 운율 복합어가 두 부분이 하나로 합쳐진 결합체라면, 4자격의 기본 구성 방식은 예외 없이 [2+2] 형식을 취해야만 한다. 그렇다면 실제는 어떠한가? 절대다수의 4자격 형식은 내부적 통사 구조는 다르더라도 모두 [2+2]의 형식으로 결합한다.

(5) 수식 胡思+乱想　　주술 眉开+颜笑
병렬 风俗+习惯　　동목 寻死+觅活
동보 翻来+覆去　　……

[2+2] 형식이 통사적 연합 형식의 병렬 구조를 의미하는 것은 아니지만, 반드시 운율 모듈을 만족하는 병렬 구조이어야만 한다. (6)의 예는 통사적으로 병렬 관계를 이루지는 않으나(陆志韦 1965 : 110), 모두 앞의 [2]와 뒤의 [2]로 분리될 수 있다.

(6) 从头至尾머리부터 발끝까지
视死如归죽음을 집에 가는 것처럼 여겨 두려워하지 않다
举目无亲눈을 들어 살펴봐도 아는 이 하나 없다
指腹为婚뱃속 아이의 혼인을 미리 정하다
因人成事남의 힘을 빌려 일을 처리하다
以德报怨은덕으로 원한을 갚다
水落石出물이 낮아지면서 돌이 들어나듯 마침내 진실이 드러나다
春暖花开봄이 되어 날이 따뜻해지니 꽃이 피다

(6)의 예에서 앞 뒤 두 부분은 모두 독립적인 하나의 통사 단위를 구성한다. 그러나 *如归나 *因人처럼 나뉜 부분이 반드시 자유롭게 사용되는 것은 아니다. 이러한 제약은 둘로 나뉜 각 부분이 상호의존적 관계에 있으며 [2+2]의 결합이 하나의 전체적 단위를 이룬다는 것을 증명한다. 즉 앞 뒤 두 부분이 명확하게 경계가 나뉘기는 하지만 어느 한 쪽이 없어서도 안 되는 것이다. 이러한 네 글자 형식을 표준 4자격이라 한다. 이러한 형식은 통사 구조가 운율의 요구를 만족하는 복합 운율단어이기 때문이다. 이런 의미에서 모든 복합 운율단어는 운율적으로 모두 [2+2], 즉 두 음보의 결합일 수밖에 없다. 이렇게 분석되지 않는 네 글자 연쇄는 운율단어가 아니므로 표준 4자격이 아니다. 예를 들어 小计算机작은 컴퓨터는 네 글자로 이루어져 있지만 小计#算机로 읽을 수는 없다. 小计算机를 4자격으로 간주하는 사람은 없다. 小计算机가 4자격이 될 수 없는 이유는 운율 이론으로 충분히 설명된다.

그렇다면 운율적으로 [2+2]의 기준을 만족하면 복합 운율단어라고 할 수 있는가? 반드시 그렇지는 않다. 복합 운율단어는 운율형태론 체계의 독립적 단위로 그것이 독립적으로 사용되기 위해서는 (2)에서 제시된 강세 형식을 만족해야 한다. 그러므로 [2+2]의 운율 구조를 만족하더라도 (2)의 강세 형식으로 실현되지 않으면 복합 운율단어라고 할 수 없다. 吃饭、喝水밥을 먹고 물을 마시다, 你呀、我的당신이나 나나… 등의 예는 [2+2] 구조이지만 이를 4자격 형식으로 여기는 사람은 없을 것이다. 이러한 [2+2] 구조들이 복합 운율단어의 강세 모형에 속하지 않기 때문이다. 고착화되지 않은 네 글자 구는 일반적으로 (2)의 강세 형식으로 실현되지 않는다. 고착화된 네 글자 구 중에서 (2)의 강세 모형을 따르지 않는 형식도 있는데, 이러한 형식들은 모두 복합 운율단어가 아니다. 4자격을 복합 운율단어의 범위에 한정시키면 吃饭、喝水, 你呀、我的… 등 네 글자 구가 4자격 형식이 아닌 이유를 쉽게 설명할 수 있다. 네 글자의 결합이 모두 복합 운율단어인 것은 아니므로 모든 네 글자 연쇄가 4자격인 것은 아니다.

한편, 통사적으로 [2+2]로 분석되지 않는 네 글자 연쇄도 복합 운율단어가 될 수 있다. (7)의 예는 일반적으로 4자격 형식인 성어로 인정된다.

(7) a. [[1+2]+1] 一衣带水
b. [1+[1+2]] 狐假虎威여우가 호랑이의 위세를 빌리다
c. [[2+1]+1] 井底之蛙우물 안 개구리

이 부류의 4자격은 통사적으로 [2+2] 구조가 아니므로 비표준 4자격으로 통칭하고자 한다. 4자격 형식은 복합 운율단어여야 하고 복합 운율단어는 반드시 [2+2] 구조여야 한다면, (7)의 예는 [2+2]가 아니므로 복합 운율단어라고 할 수 없을 것 같다. 그러나 (7)은 통사적으로 [2+2] 구조로 분석되지 않지만 여전히 복합 운율단어로 간주하여야 하는데, 그

이유는 다음과 같다. 첫째, 이러한 네 글자 형식이 통사적으로 [2+2] 형식으로는 분석될 수 없지만 운율 구조는 모두 [2+2] 형식이다.

(8) 一衣//带水 *一衣带＃水
狐假//虎威 *狐＃假虎威

즉 이러한 네 글자 구는 예외 없이 [2+2] 형식의 운율을 나타낸다.

둘째, 이러한 형식들은 모두 (2a)의 강세 형식, 즉 [약 중 약 강]을 따른다. 이러한 두 가지 이유는 네 글자 형식이 [2+2]의 운율 모형에 부합하며 이미 어휘화되었음을 보여준다. 이 네 글자 형식들이 원래의 통사 구조에 대응하는 운율 구조[42]를 버리고 네 글자가 하나의 전체를 이루는 운율 모형을 따르고 있기 때문이다. 즉 통사 구조의 리듬과 강세를 버리고 복합 운율단어의 리듬과 강세 모형을 채택하여 운율이 통사를 통제하는 결과를 낳은 것이다. 이 현상은 운율이 통사를 지배하는 예로, 통사 구조가 아니라 운율 구조에 의하여 복합 운율단어가 구성되는 과정을 보여준다. 그러나 이와 같이 운율이 통사를 지배하는 형식은 4자격의 표준 형식이 아니며 일반적인 4자격이 형성되는 모듈이 아니다. 따라서 4자격 연구에서 이 형식은 배제된다. 이 형식은 비표준 4자격 형식, 즉 비표준 운율 복합어로 간주하는 것이 적절하다.[43] 이상의 논의를 정리하면, 4자

42) 일반적인 상황에서 문장과 구의 운율 구조는 통사 성분에 의해 결정된다. 그러므로 통사 구조와 운율 구조는 일반적으로 평행적이며, 평행을 이루지 않는 경우 어휘화 등 변화가 발생한다. 그러므로 형태가 고착화된 구의 통사 구조와 운율 구조가 대응되지 않을 경우, 이 고착화된 구는 기본적으로 이미 어휘화된 것으로 간주한다. 즉 고착화된 구가 본래의 통사 구조와 다른 운율단어의 형식을 받아들이는 것은 그 구가 이미 어휘화되었음을 보여주는 표지인 것이다.

43) 一衣带水를 *一衣的带水라고 할 수 없고, 狐假虎威를 狐假着虎威여우가 호랑이의 위세를 빌리고 있다라고 바꿀 수 없는데, 이런 사실은 이 형식들이 더 이상 확장 가능한 구가 아니라 고착화된 단어임을 보여준다.

격 모형을 형성하는 기본 형식은 [2+2] 형식이며, [2+2] 형식 중에서도 (5-6)의 예문에 보이는 형식, 즉 통사와 운율이 평행과 대칭을 이루는 [2+2] 구조가 가장 보편적이다.

(9)

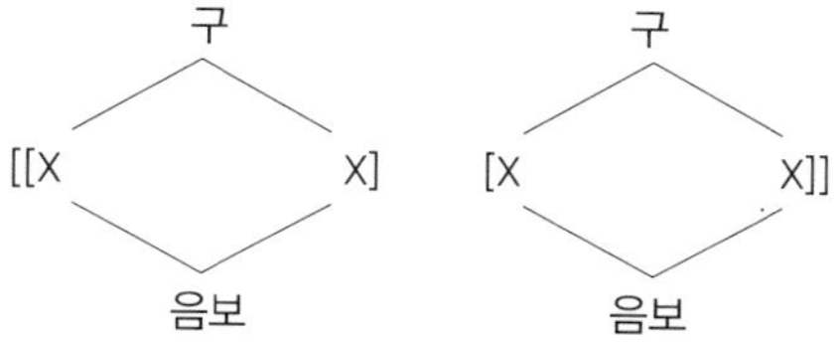


이와 같은 [2+2] 병합식合并式은 4자격의 표준적인 모듈이며, 가장 생산적인 4자격의 기본 규칙이다.

이렇게 볼 때 (2)의 강세 규칙에 부합하면서 [2+2] 운율 구조로 실현되는 4자격 형식은 모두 복합 운율단어라고 할 수 있다. 그렇다면 [2+2] 형식의 복합 운율단어는 모두 동일한 병합식으로 이루어진 것일까? (10)과 (11)의 예를 살펴보자.

(10) a. XAXB 七上八下 = 七上 + 八下 가슴이 두근거리며 불안하다
b. AXBX 横七竖八 = 横七 + 竖八 어수선하게 흐트러져 있다

(11) a. XXAB 稀里糊涂 = 稀里 + 糊涂 어리둥절하다
b. AXAB 糊里糊涂 = 糊里 + 糊涂 흐리멍덩하다
c. AABB 干干净净 = 干干 + 净净 깨끗하다

이 유형의 4자격 형식은 모두 [2+2] 구조이므로, 어느 한 부분만으로는 독립적인 의미를 구성하지 못한다. 즉 七上, 横七, 稀里, 干干 등은 독립적인 의미를 나타내지 못한다. 이러한 4자격 형식을 접사형 4자격이라

한다. 이 형식은 각 부분의 어느 한 성분이 원래의 어휘적 의미를 잃고 일종의 접사 혹은 보충적 성질을 나타내기 때문이다. 七上八下의 七와 八는 일곱 번 위로 여덟 번 아래로 움직이다七次上八次下라는 의미가 아니라 위로 올라갔다 아래로 내려가다又上又下나 오르락내리락하다上上下下라는 의미로, 위 아래로 움직이는上下 횟수가 불규칙하고 빈번하다는 의미를 나타낸다. 그러나 이러한 의미를 나타내기 위해 三十六上九下서른여섯 번은 위로, 아홉 번은 아래로라고 할 수는 없다. 즉, [__上__下]의 빈자리에는 1음절의 숫자만이 올 수 있다. 이러한 선택은 습관에 따라 이루어지기는 하지만, 이는 七와 八가 음보에 맞춰 채워진 것, 혹은 음보의 제약을 받아 선택된 것임을 나타낸다.[44] (11)도 접사적 성질을 가진다. 접사형 4자격은 4자격이 어휘적 성격을 가지고 있음을 증명한다. 그러므로 접사의 사용을 통해 형성된 네 글자 형식은 일반적으로 복합 운율단어이자 완전한 어휘적 기능을 갖춘 단어이다.

그렇다면 접사를 통해 보충하는 4자격 형성의 방식에는 어떤 규칙이 있는가? (12)의 세 가지 형식이 가장 보편적인 규칙이다. (12)에서 A, B는 내용어를, __는 운율을 맞추기 위해 삽입하는 글자인 접사의 위치를 나타낸다.[45]

(12) a. [[__A][__B]] 七上八下
b. [[A__][B__]] 横七竖八
c. [A[AB]B] 干干净净

(12)의 세 형식은 형태론적으로 동등한 지위를 가지는가? 우선 (12a)

44) 음보의 제약을 받은 중첩의 예로 天 > 天天은 가능하나 星期 > *星期星期는 불가능하다.
45) 干干净净 같은 중첩식은 [[AA][BB]] 또는 [A[AB]B]로 분석 가능하다. 전자는 병합식 강세인 [X1X2]이며, 후자는 분리식인 [1XX2]의 강세 형식이다.

형식을 살펴보자.

(13) 墙壁벽 : 铜墙铁壁철옹성
柴火장작 : 干柴烈火마른 장작에 거센 불길이 닿다
模样모양 : 人模狗样하찮은 사람이 그럴듯하게 차려 입다
鳞爪비늘과 발톱 : 东鳞西爪단편적인 사물의 편린
天日하늘과 해 : 光天化日밝게 해가 비추는 대낮
奸滑간사하다 : 老奸巨滑간사하고 교활하다
大小크고 작다 : 七大八小크기가 고르지 않다
光滑반들반들하다 : 油光水滑번지르르하게 윤기 나다
作为행동 : 胡作非为멋대로 못된 짓을 저지르다
折扣에누리 : 七折八扣이리저리 가격을 낮추다
说道말하다 : 能说善道언변이 좋다

(13)의 첫 번째 예를 보면, 墙壁라는 단어를 둘로 나누고 각각 铜구리과 铁철로 수식을 하여 네 글자를 만들어서 铜墙铁壁라는 복합 운율단어를 구성한다.

(12a)의 형식에서 두 번째, 네 번째 글자의 결합인 AB가 단어를 이루지 않지만 첫 번째, 세 번째 글자가 두 번째, 네 번째 글자에 더해져 구성된 유형도 있다.

(14) *番次 : 三番两次두세번
*嘴舌 : 七嘴八舌제각기 떠들다
*倒歪 : 东倒西歪이리저리 비틀거리고 넘어지다

(14)의 경우 두 번째, 네 번째 두 글자의 조합은 단어를 이루지 못하지만, 첫 번째, 세 번째의 글자는 두 번째, 네 번째 두 글자로 구성된 구조를 채우는 작용을 한다. 그러므로 (14)의 유형 또한 [[__A][__B]]의 방식

으로 볼 수 있다.

[[__A][__B]] 형식이 절대적인 우세에 있기 때문에 일부 [[__A][__B]] 형식은 반복적으로 사용되어 고정적인 형식이 되었다. 예를 들어 头脑두뇌를 [__头__脑] 격식에 맞추면 (15)의 예를 구성한다.

(15) [__头__脑]

昏头昏脑얼떨떨하다　　狗头狗脑개머리처럼 흐리멍덩하다

虎头虎脑씩씩하고 늠름하다　　愣头愣脑조심성 없이 덜렁거리다

呆头呆脑어리석다　　土头土脑촌스럽다

猴头猴脑까불고 산만하다

*昏头脑같은 결합은 형태론적으로 부적합하기 때문에(제1장 4.3절 참조) 头脑를 두 부분으로 나누어 昏으로 각각 头와 脑를 수식함으로써 昏头昏脑를 형성한다. 이런 현상은 이 부류의 4자격이 [[__A]+[__B]] 형식을 통해 구성되었으며, 적절한 단어로 빈자리가 채워진다는 것을 보여준다.

[[__A][__B]]의 AB만 격식화되는 것이 아니라, [[__A][__B]] 형식의 빈자리를 채우기 위해 사용되는 두 보충 단어 역시 지속적이고 반복적인 사용을 통해 격식화된다. 여기저기 뛰어다니다四处奔跑라는 의미를 나타내기 위해 东西奔跑라고 할 수도 있는데, 奔跑를 해체하고 东과 西로 빈자리를 채우면 东奔西跑가 형성된다. 东西는 수식어임과 동시에 빈 자리를 채우는 보충 단어이다. 东奔西跑가 오랫동안 사용되고 익숙해지면서 东西의 수식과 보충 작용이 고착화되어 [东V西V]의 격식을 형성하게 된 것이다. 이로 인해 东拼西凑여기저기서 끌어 모으다, 东倒西歪이리저리 비틀거리다, 东拉西扯이것저것 두서없이 말하다, 东跑西颠이리저리 뛰어다니다, 东挪西借이리저리 빌려 쓰다 등 일련의 [东__西__] 형식이 생성되었다. 이 형식에서 东과 西는 빈자리를 채운다. 예를 들면 东奔西跑는 胡奔乱跑여기저기 바삐 뛰어다니다를 뜻하고, 东拼西凑는 胡拼

乱凑이것저것 되는대로 끌어 모으다를 뜻한다. 东西와 같은 보충 단어로 구성된 형식은 다양하다.

(16) a. [千__万__]　　b. [东__西__]
c. [前__后__]　　d. [七__八__]
e. [有__无/没__]　　f. [连__带__]

[[__A][__B]] 형식으로부터 (16)과 같은 4자격 유형이 발전되었으며, 이러한 유형은 중국어에서 매우 보편적이다.

그렇다면 [[A__][B__]] 형식은 어떠한가? 첫째, 셋째 글자를 기본으로 형성되는 네 글자 형식이 없는 것은 아니지만 [[__A][__B]] 형식에 비하면 그 수가 훨씬 적다.

(17) 指东骂西동쪽을 가리키며 서쪽을 욕하다　　横七竖八어수선하게 널려있다
隔三差五일정한 간격을 두고 자주　　说三道四이러쿵저러쿵 지껄이다

指东骂西는 指桑骂槐뽕나무를 가리키며 홰나무를 욕하다와 마찬가지로 빗대어 모욕하다라는 의미를 나타내므로 이 형식의 东西는 운율을 맞추기 위해 사용된 글자이다. 그러나 [[__A][__B]]와 [[A__][B__]] 두 4자격 형식은 생산성에 있어 큰 차이를 보인다. [[__A][__B]]는 생산성이 높지만 [[A__][B__]]는 생산성이 낮다. 물론 수량이 적다는 것이 이 형식이 적법하지 않음을 의미하지는 않는다. [[A__][B__]]의 낮은 생산성은 보충 단어의 사용에서도 알 수 있다. [[A__][B__]]에서 [__七__八]나 [__三__五] 같은 보충 단어는 매우 제한적으로 사용된다. 즉 [__七__八]는 横, 竖 등 한정된 몇 개의 동사와 출현하며, [__三__五]는 隔, 差에만 출현한다. [__七__八]와 [__三__五]는 다른 동사나 명사와 함께 다양한 4자격을 생산하지 못한다.

이는 [__七__八] 형식이 동사 横, 竖와 임의적으로 결합한 것이며 일반화될 수 있는 규칙성을 갖고 있지 않으므로 독립적인 4자격 유형이 아님을 뜻한다. 그런데 [[__A][__B]] 형식의 [七__八__]와 [三__五__]는 다르다. (18)을 살펴보자.

| | |
|---|---|
| (18) 七颠八倒조리 없이 뒤범벅되다 | *颠七倒八 |
| 七零八落이리저리 흩어지다 | *零七落八 |
| 七扭八歪여기저기 비뚤거리고 찌그러지다 | *扭七歪八 |
| 七上八下가슴이 두근거리며 불안하다 | *上七下八 |
| 七手八脚여럿이 한꺼번에 달라붙다 | *手七脚八 |
| 七折八扣이리저리 가격을 낮추다 | *折七扣八 |
| 七嘴八舌제각기 떠들다 | *嘴七舌八 |
| 七拼八凑이것저것 억지로 끼워 맞추다 | *拼七凑八 |
| 三言五语짧은 몇 마디 말 | *言三语五 |
| 三番五次서너 번 | *番三次五 |
| 三令五申여러 차례 명령하고 훈계하다 | *令三申五 |

원칙적으로 [七__八__], [三__五__]와 [__七__八], [__三__五]는 모두 4자격을 생산할 수 있는 격식이지만, [__七__八]와 [__三__五]는 비생산적이다. [七__八__] 유형은 출현 빈도가 높은 반면 [__七__八] 형식은 매우 제한적으로 사용되는 이유는 무엇인가? 동일한 보충 단어를 기본으로 형성된 두 가지 4자격 유형이 매우 다른 빈도로 사용되는 이유가 무엇인가? 이러한 의문에 대한 답은 七와 八에서 찾을 수 없다. 그 원인은 [[__A][__B]]와 [[A__][B__]] 두 형식의 차이 때문이다. [[__A][__B]]는 생산성이 높으므로 보충 단어 七와 八가 자주 사용되지만, [[A__][B__]]는 생산성이 낮으므로 七와 八가 사용되는 기회가 적은 것이다. 이로써 [[__A][__B]] 형식에서는 보충 단어가 독립된 4자격 유형으로 발전되었

지만 [[A__][B__]] 형식에서는 그렇지 않은 이유를 알 수 있다. 이는 또한 [[__A][__B]] 형식이 형태론적으로 조어 활동에 우위를 차지하는 반면 [[A__][B__]] 형식이 제한적인 이유도 설명한다. 그러므로 [[A__][B__]]는 일반적인 형식이 아니며 [__七__八]와 같이 보충 단어로 구성된 4자격 유형이 도출되지 않는다.

또한 淌眼抹泪눈물을 흘리며 울다의 구조로부터(陆志伟 1965) [[__A][__B]] 형식의 절대적 우위를 발견할 수 있다. 淌眼抹泪의 초기 형태는 抹眼淌泪눈을 문지르며 눈물을 흘리다로, 핵심적 의미는 눈물이 사방으로 흐르다眼泪四流라는 의미였을 것이다. 그렇다면 이 형식은 [淌眼__泪]로 분석될 수 있고, 나중에 抹를 첨가하여 淌眼抹泪라는 형태가 형성된 것으로 분석할 수도 있다. 그러나 의미적으로 눈眼은 흐를淌 수 없기 때문에 이러한 분석은 성립되지 않는다. 그러므로 淌眼抹泪는 추상적인 [V眼V泪] 단계를 거쳤다고 추측할 수 있다. 이러한 가설은 다음과 같은 도출 과정을 가정한다.

a. [败乱法纪] > [败法乱纪] > [__法][__纪] > 乱法败纪법과 기강을 어지럽히다
b. [遵守纪法] > [遵纪守法] > [__纪][__法] > 守纪遵法법과 기강을 준수하다

齐德立(1986)는 遵纪守法법과 기강을 준수하다같은 형태의 성어는 동목 구조인 遵守纪法규율과 법을 준수하다에서 파생된 것이라고 지적한 바 있다. 여기서 더 나아가 遵守纪法를 守纪遵法라고 할 수 있는 것은 抹眼淌泪를 淌眼抹泪라고 할 수 있는 것과 마찬가지로 병렬식 동목 구조인 [[VO][VO]]에서 목적어 중심의 4자격 형식인 [[__O][__O]]가 파생된 것이라고 추론할 수 있다. 이 파생된 구조에서 동사는 비교적 자유롭지만 목적어는 고정적이다. 예컨대 [[V是][V非]]의 경우 谈是论非옳고 그름을 가리다나 说是论非옳고 그름을 논하다, 说是说非옳고 그름을 말하다 등이 가능하다. 즉 이 형식에서 동사는 자리

를 보충하는 작용만을 할 뿐이므로 의미가 적절하기만 하다면 어떤 동사든지 자리를 채울 수 있는 것이다. 이 분석에 따르면 抹眼淌泪와 같은 구조는 眼과 泪에 초점을 부각시켜 [V眼V泪]로 유형화된다. 그러므로 抹眼淌泪는 [[__眼][__泪]], 즉 [[__A][__B]] 형식으로 귀납된다. 이 형식에서 두 빈 자리를 채우는 동사는 초점의 실현을 도와주는 작용을 한다. 동목 구조에서 초점은 일반적으로 목적어에 있다. 명사에 초점이 실현되게 하려면 명사를 동목 구조의 목적어 위치에 두는 것이 가장 보편적이다. 동사는 동목 구조를 구성하기 위하여 출현한 것일 뿐이다. 따라서 동사 抹와 淌의 자리를 바꾸어도 빈자리를 채우는 기능에는 변함이 없다. 사실 *淌眼은 통사적으로는 비적법 형태이지만 이 구조에서 淌은 眼에서 초점이 실현되도록 하는 기능을 담당한다. 이는 운율이 통사를 지배하는 또 다른 예이다.

抹眼淌泪

淌眼抹泪

이런 분석은 *淌眼 같은 동목 구조를 설명할 수 있다. 즉 동사에 빈자리를 채우는 성질을 부여함으로써 *淌眼 같은 비적법 형태가 허용되고 이 구조가 4자격에서만 출현하는 현상의 원인을 설명할 수 있다. 淌眼抹泪의 존재는 첫째, 동목 구조의 초점이 목적어에 있으며, 둘째, 일부 동목 구조에서 동사는 의미나 통사적 적법성과 무관하게 자리를 채우는 기능만 할 뿐이라는 사실을 알려준다. 이를 통해 淌眼抹泪가 [[__A][__B]] 형식으로 분석되어야 함을 알 수 있다. 이 방식으로 형성된 4자격은 하나의 독립된 어휘이며 운율이 통사를 지배하는 복합 운율단어이다.

물론 走来走去왔다갔다하다나 眉来眼去눈빛이 오가다 등 판별하기 쉽지 않은 형식도 있다. 이런 형식은 표면적으로 모두 [[A__][B__]]이지만 표현하고자 하는 초점을 분석하면 그렇지 않다. 이 형식 안에 있는 来, 去는 东拼西凑의 东, 西와 달리 여전히 어휘적 의미를 유지하기 때문이다. 그러므로 走来走去나 眉来眼去는 분리식이 아니라 [2+2]의 병합식으로 분석되어야 한다. 东拼西凑의 东에 어휘적 의미가 없다는 주장은 다음의 예로 증명될 수 있다. 东拼西凑는 七拼八凑나 胡拼乱凑로 바꿀 수 있는데, 东拼西凑와 七拼八凑는 기본적으로 동일한 의미를 나타내므로 东, 西와 七, 八는 모두 운율을 위해 사용된 글자임을 알 수 있다. [[A__][B__]] 유형의 네 글자 형식은 모두 동목 혹은 동보 구조의 결합이라는 점도 주의해야 한다. 瞻前顾后앞뒤를 잘 살피다나 动手动脚손찌검하다 등과 같이 동목 구조의 초점은 일반적으로 목적어에 있으며, 走来走去, 走进走出들락날락하다, 出来出去안팎으로 왔다갔다하다 등과 같은 동보 구조의 보어는 일반적으로 통사적 기능과 어휘적 의미를 모두 갖고 있다. 瞻前顾后의 경우 前, 后가 운율을 위해 덧붙인 글자처럼 보이기도 하는데, 사실 이 네 글자의 초점은 瞻, 顾가 아닌 前, 后에 있다. 동목 구조의 목적어와 동보 구조의 보어가 나타내는 어휘적 의미는 다음의 예에서 관찰된다. 动手动脚와 走进走出에서 동사는 하나이지만 목적어와 보어는 상호대립적인 두 단어로 이루어져 있다. 이 형식의 초점은 각각 목적어와 보어의 의미적 대립에 있다. 목적어는 초점의 대상이며 보어도 일정한 어휘적, 통사적 의미를 갖추고 있으므로 목적어와 보어는 운율적 필요에 의해 덧붙여진 말이라고 볼 수 없다. 그러므로 이렇게 구성된 4자격 형식은 [2+2]의 병합식으로 분석하는 것이 가장 바람직하다.

(12c)의 [A[AB]B]는 干干净净 같은 중첩식을 나타낸다. 이런 형식은

매우 보편적인데, 분리식의 일종으로 볼 수 있다. 지금까지의 논의를 종합하면, (12a)와 (12c) 두 형식은 분리식의 전형적인 모형으로 가장 생산성이 높으며 보편적이다. (12b)는 보편적이지 않으며 특정 어휘와 제한적으로 출현한다. 이와 같이 4자격의 강세 모형은 구성 성분의 결합 방식에 의하여 결정되며, 분리식 강세 모형은 (12a)와 (12c) 두 가지 형식에서 실현된다.

## 제4절 4자격의 강세 형식

지금까지의 분석을 토대로 복합 운율단어로서 4자격이 보여주는 두 가지 강세 형식을 설명할 수 있다. 4자격의 두 가지 강세 형식은 4자격의 결합 방식에 의해 결정된다는 점은 제3절에서 논의하였다. 구조가 다르면 강세 형식도 다를 수 있다는 점은 이미 알려져 있다. [X1X2]와 [1XX2]의 차이는 [[AB][CD]]구조와 [[__A][__B]]구조의 차이에서 비롯된 것이다([A[AB]B] 역시 [1XX2]형의 강세 형식을 도출할 수 있다[46]). 이는

46) 干干净净과 같은 [A[AB]B] 유형의 강세 형식은 다음과 같은 과정을 거쳐 도출된다. [AB]가 [AB]와 결합 이전의 강세 관계를 [A[AB]B]에 대입시키면 다음의 강세 모형이 도출된다.

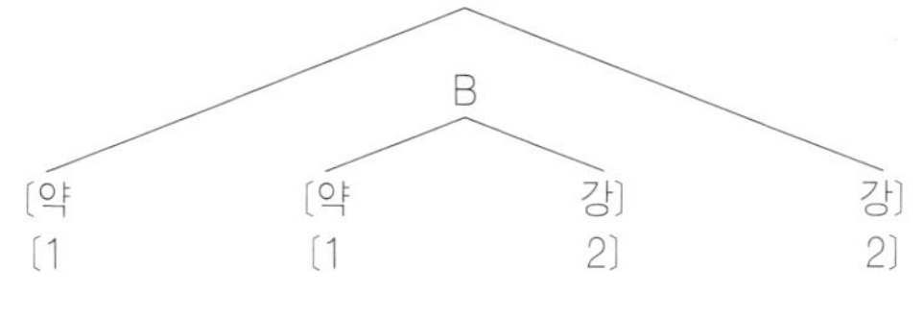


위의 그림은 A를 토대로 B를 A에 삽입한 것이다. 삽입 이후의 강약 관계는 A와 B의 강약 관계이다. 그러므로 강세의 조정은 왼쪽 두 개 음절과 오른쪽 두 개 음절 사이에서 각각 진행되는 것이 아니라 첫 번째, 네 번째 음절과 가운데 두 개 음절 사이에서 각각 진행된다. 이 특수한 관계에 따라 강한 음절은 더 강하게, 약한 음절은 더 약하게 한다는

(19)와 같다.

(19) [[AB]+[CD]] > [X1X2]
[[__A]+[__B]] > [1XX2]

그렇다면 [[AB]+[CD]]과 [[__A]+[__B]]에서 어떻게 [X1X2]과 [1XX2]의 강세 형식을 도출하는가? 이를 이해하기 위해서는 (20)의 두 가지가 전제되어야 한다.

(20) a. 중국어에서 2음절 형식의 일반적인 강세 형식은 약강 또는 중강이다.
b. 4자격은 중국어 형태론의 조어 단위로 기능한다.

(20a)는 전통적인 견해로(俞敏 1989 : 205, 徐世荣 1982), 이에 따르면 복합어 혹은 표준 운율단어인 2음절 어휘의 일반적인 강세 구조는 모두 약강형으로 간주된다. 여기에는 오랫동안 사용된 朋友친구같은 단어는 포함되지 않으며(俞敏 1989 : 205), 접사가 사용된 椅子의자같은 단어도 포함되지

---

강세 조정 원칙은 A를 강하게, B를 약하게, 즉 좌우 두 개의 약강을 모두 강화하여 1을 더하고, 중간에 있는 두 개의 약강은 약화하여 1을 빼는 것으로 이해되어야 한다. 이에 따라 A에 속한 강음절은 제1강세가 되고, B에 속한 약음절은 가장 약한 음절이 된다. 그러므로 우리는 다음과 같은 강세 모형을 도출할 수 있다.

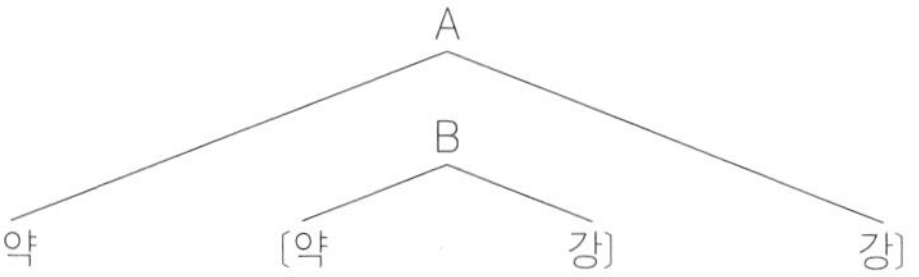


| | | | |
|---|---|---|---|
| [약 | [약 | 강] | 강] |
| [1 | [1 | 2] | 2] |
| +1 | −1 | −1 | +1 |
| 2 | 0 | 1 | 3 |

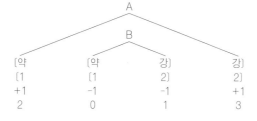

이렇게 도출된 결과는 제4절의 (38)과 일치한다.

않는다(冯胜利 1996). 이 책에서는 기존의 이론인 (20a)를 그대로 따를 것이다. (20b)는 앞서 논의한 바와 같이 [[AB][CD]]나 [[__A][__B]]가 모두 중국어 운율형태론의 독립적인 단위인 복합 운율단어임을 의미한다. 그렇기 때문에 복합 운율단어가 만들어질 때 각 성분 간의 운율 관계는 새로운 형식의 요구에 따라 내부적으로 조정이 이루어진다. 즉 새로운 형식에서는 두 성분인 [AB]와 [CD]가 동등한 관계를 이루지 않는다. 이 두 성분이 동등하면 상호 독립적으로 작용하여 하나의 어휘를 구성할 수 없기 때문이다.[47] 하나의 어휘를 구성하는 방법은 일반적인 어휘의 오른쪽 강세 규칙을 따라 [AB]와 [CD]의 강세를 조정하는 것이다. 즉 4자격의 강세 형식은 (20a)와 (20b) 두 규칙의 상호작용으로 도출된다.

이상의 분석에 따라 [[AB]+[CD]]의 결합으로부터 [X1X2]의 강세 형식을 도출할 수 있다. (20a)에 따라 결합 이전에 [AB]와 [CD]는 모두 오른쪽 음절이 강한 강세 형식을 지닌다.

| (21) | 远 | 走 | 高 | 飞 |
|---|---|---|---|---|
| | 약 | 강 | 약 | 강 |
| | \| | \| | \| | \| |
| | A | B | C | D |

[AB]와 [CD]가 하나의 복합 운율단어로 결합하면 (22)와 같은 형식을 나타낸다.

47) 他喜欢写字、念书그는 글씨 쓰고 책 읽는 것을 좋아한다, 他喜欢任人唯贤그는 자신의 이해관계와는 상관없이 현명한 인재를 임용하는 것을 좋아한다을 비교해 보자. 写字나 念书는 상호 대치되지만 任人唯贤은 완전히 통합된 단위를 이루고 있다. 또 다른 예로 我说了两样东西：铜墙、铁壁나는 구리벽과 철벽 두 가지를 이야기하였다에서 墙과 壁은 강세를 갖고 있어 상호 대등한 두 개의 구를 구성하지만, 祖国的铜墙铁壁조국의 굳건한 성벽의 铜墙铁壁는 강세가 壁에만 존재하며, 墙은 2차강세이다.

(22)

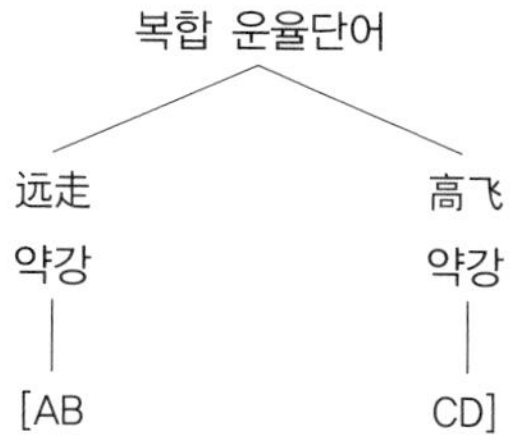


복합 운율단어는 통합적인 하나의 단위이며 두 개의 운율단어 [AB]와 [CD]를 포함한다. 그러므로 (22)는 다시 (23)으로 분석된다.

(23)

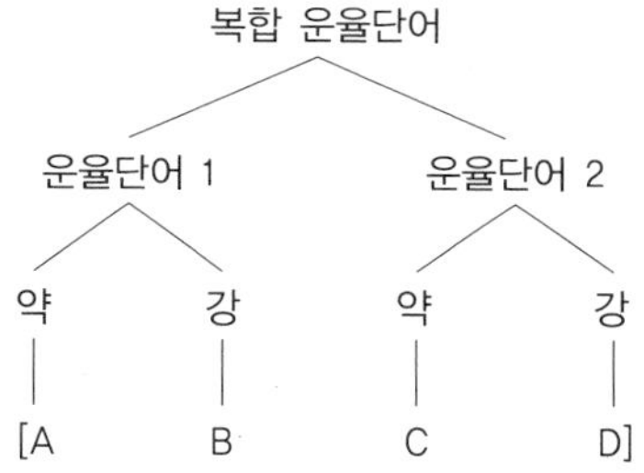


운율단어 1과 운율단어 2가 새롭게 구성된 단위의 하위 성분이 되면, 이 두 성분 또한 왼쪽이 약하고 오른쪽은 강한 일반적 규칙을 따라야 한다. 따라서 (24)와 같은 강세 구조가 도출된다.

(24)

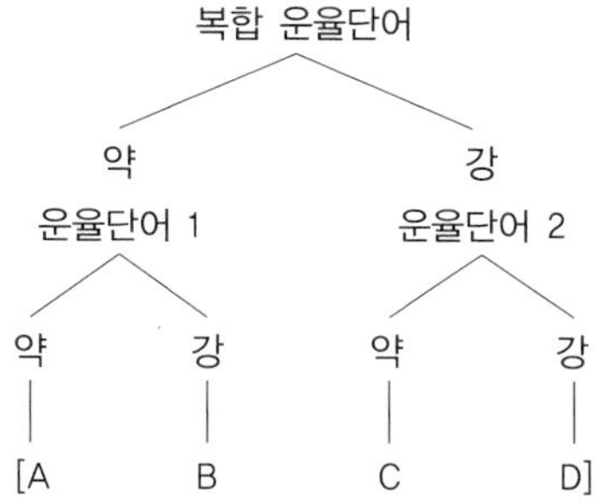

결합이 이루어지기 전에는 [AB]와 [CD]가 모두 동일한 약강형 운율단어였으며 [AB]가 [CD]보다 약하거나 강하지 않았다. 그러나 [AB]와 [CD]가 결합한 이후에는 독립된 두 개의 단위가 아닌 통합된 하나의 단위에 속한 두 성분이 된다. 이 경우 [AB]와 [CD] 간의 운율 관계가 조정되어야 한다. 복합 운율단어에서 [AB]의 운율 무게는 [CD]보다 가볍고 [CD]의 무게는 [AB]보다 무거워야 복합 운율단어에 속한 두 음보 가운데 왼쪽이 약하고 오른쪽이 강한 일반적인 강세 규칙의 요구를 만족시킬 수 있기 때문이다. 즉 두 운율단어는 (24)와 같이 상위 층차인 복합 운율단어가 요구하는 약강 강세 형식을 구성해야 한다. 그러나 왼쪽과 오른쪽의 두 운율단어는 결합 이전에 이미 (25)와 같은 고정된 경중 형식을 지닌다.

(25)

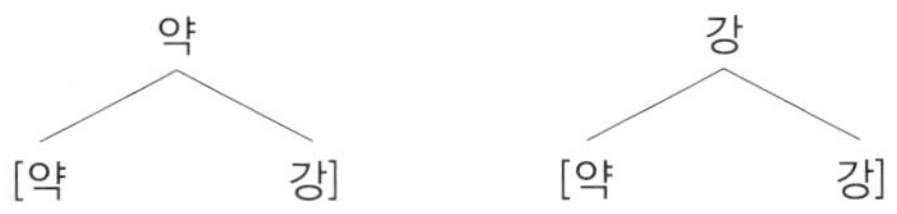


새로운 결합에서는 왼쪽의 약강이 반드시 오른쪽의 약강보다 약하지만, 이런 요구가 왼쪽 성분이 원래 가지고 있던 약강 관계를 변화시키는 것은 아니다. 따라서 (26)과 같은 결과는 불가능하다.

(26)

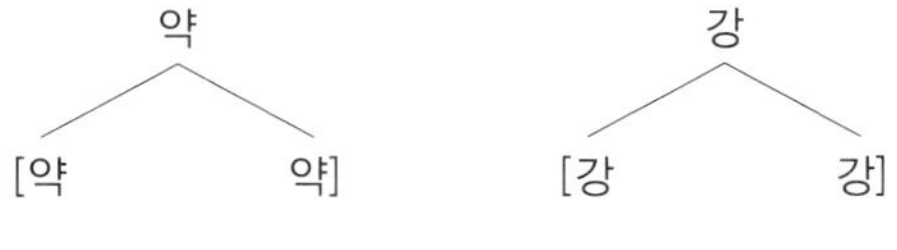


왼쪽 성분과 오른쪽 성분 모두 원래의 내부적 약강 관계는 변하지 않는다. 이는 결합 이전에 이미 고정되었기 때문이다. 그러므로 왼쪽이 약하고 오른쪽이 강할 것에 대한 요구를 실현하기 위해서는 원래의 운율단어, 즉 복합어 내부의 약강 관계를 기반으로 오른쪽의 단위를 왼쪽의 단위보다 강하게 해야 한다. 또한 [약강+약강]이 새로운 단위를 구성할 경우 약과 약, 강과 강은 더 이상 독립적이지 않다. 즉 첫째, 오른쪽 약강 구조의 약강세는 왼쪽 약강 구조의 약강세보다 강하며, 둘째, 왼쪽 약강 구조의 강세는 오른쪽 약강 구조의 강세보다 약하다. 셋째, 약강세 음절은 강세 음절보다 약하다. 이상의 세 가지를 모두 실현시킬 수 있는 가장 간편한 방법은 강에 속한 강을 더욱 강화하고, 약에 속한 약은 더욱 약화시키는 것이다. 이런 운용은 (27)의 원칙으로 귀납할 수 있다.

(27) **강세 조정 원칙**

약강 구조를 지니는 두 성분이 새로운 약강 구조를 구성할 때, 강에 속한 강을 강화하고, 약에 속한 약을 약화시켜야 한다는 원칙에 따라 내부 조정을 거친다.

(27)의 원칙은 강세 음절은 더 강하게, 약강세 음절은 더 약하게 조정하는 것으로 이해할 수 있다. 운율론에서는 일반적으로 운율 무게의 등급차를 숫자로 표시한다. 그러므로 일반적인 상황에서 강세 음절을 2로 표시하고, 약강세 음절을 1로 표시하면 결합 이전의 [AB]와 [CD]의 강세 형식은 (28)과 같이 나타낼 수 있다.

(28)

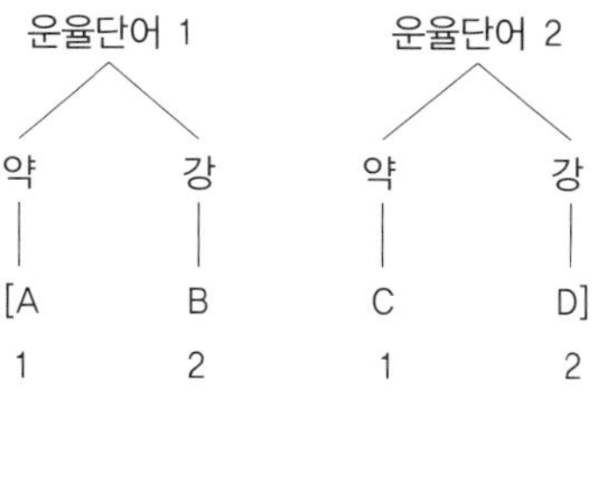

결합 이후에는 강세 조정 원칙에 따라 [AB]를 [CD]보다 약하게 조정하여야 한다. 강세 음절을 더 강하게 하는 첫 번째 단계에 따라 조정하면 (29)와 같다.

(29)

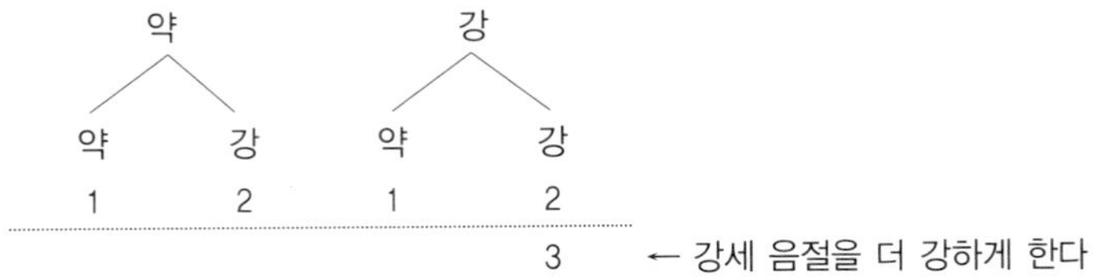


즉 강에 속한 강세 음절을 강화하여 가장 오른쪽에 있는 음절의 강세를 2에서 3으로 조정한다. 그런 다음에는 약에 속하는 약강세 음절을 더 약하게 하는 두 번째 단계에 따라 왼쪽 성분의 약강세 음절을 약화시킨다. 따라서 가장 왼쪽 음절의 강세가 1에서 0으로 조정된다.

(30)

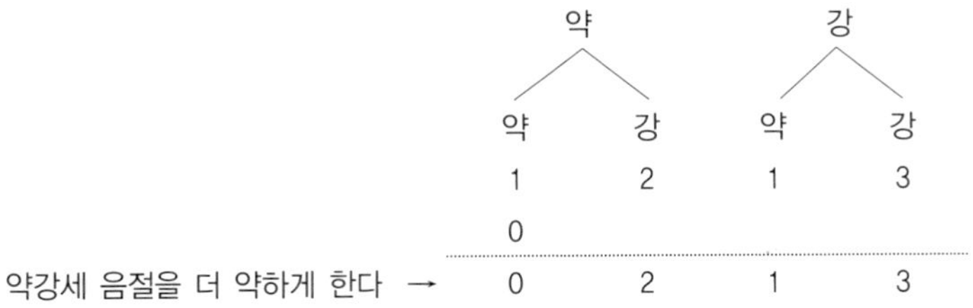


강세 조정 원칙에 의해 도출된 최종 강세 형식은 [0 2 1 3], 즉 [약 중 약 강]이다. 이는 전통적으로 [1 3 2 4]로 표기된 형식과 같으며, 일반적인 [2+2] 성어의 표준 강세 형식이기도 하다.

(31)

| | | | | |
|---|---|---|---|---|
| 0 | 2 | 1 | 3 | |
| 守 | 株 | 待 | 兔 | 나무 그루터기를 지키며 토끼를 기다리다 |
| 一 | 衣 | 带 | 水 | 허리띠만큼 좁은 강물 |
| 夜 | 长 | 梦 | 多 | 밤이 길면 꿈이 많듯이 일을 오래 끌면 문제가 생기게 마련이다 |

그렇다면 [1XX2]의 강세 형식은 [[__A]+[__B]] 구조의 운율단어에서 어떻게 실현되는가? (21a)에 따르면 [AB]의 강세 형식은 다음과 같다.

(32)

| | |
|---|---|
| 약 | 강 |
| A | B |
| 手 | 脚 |

보충식 복합 운율단어는 (32)와 같이 원래 하나의 운율단어를 구성하던 두 음절이 해체되어 (33)과 같이 각각 하나의 음보를 구성하여 만들어진다.

(33)

| | |
|---|---|
| 약 | 강 |
| \| | \| |
| [__手] | [__脚] |

강세와 약강세는 상보적이며 상호의존적이므로(제4장 참조), [__A]의 A가 약강세 음절이면 빈자리를 채우는 성분은 강세 음절이어야 적법한 음보가 형성된다.

(34)

| | |
|---|---|
| 강 | 약 |
| \| | \| |
| [__ | 手] |

같은 원리에서 [__B]의 B가 강세 음절이면 빈자리를 채우는 성분은 약강세 음절이어야 한다.

(35)

| 약 | 강 |
|---|---|
| [__ | 脚] |

그러므로 음보의 빈자리가 채워진 이후의 [__A]와 [__B]의 강세 구조는 (36)과 같다.

(36)

| 강 | 약 | 약 | 강 |
|---|---|---|---|
| [七 | 手] | [八 | 脚] |

병합식 복합 운율단어와 마찬가지로 보충식 복합 운율단어 또한 독립적인 운율단위이다. 따라서 [[강약][약강]] 구조의 두 음보는 동등하지 않으며 왼쪽이 약하고 오른쪽이 강하다.

(37)

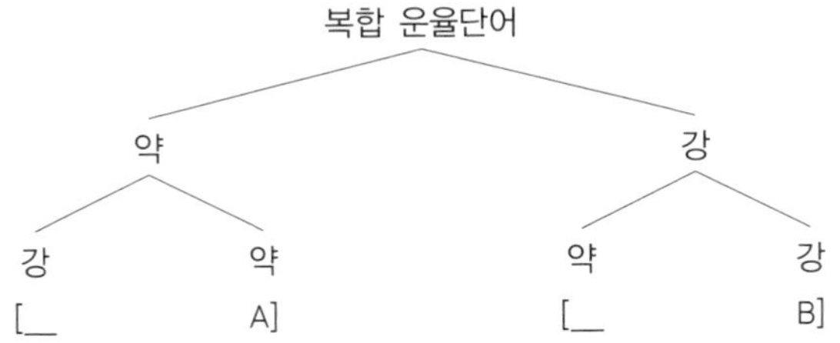


[__A]가 [__B]보다 약하므로 강세 조정 원칙에 따라 강세 구조가 재조정되어야 한다. [AB]가 해체되기 이전의 강세 구조를 [1 2]로 설정하면 [AB]가 해체된 이후에는 (38a)가 된다. 음보의 빈자리가 채워진 이후

에는 음보 내 약강 대립의 원칙에 따라 (38b)의 결과를 얻게 된다. 이어 강에 속하는 강세 음절을 더 강하게 하는 원칙에 따라 (38c)가, 마지막으로 약에 속하는 약강세 음절을 더 약하게 하는 원칙에 따라 (38d)가 도출된다. (38e)는 강세 조정 원칙이 적용된 최종 결과이다.

(38)

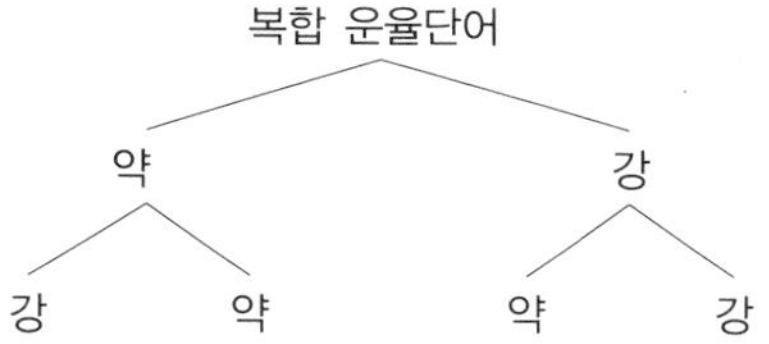


| | [X | A] | [X | B] | |
|---|---|---|---|---|---|
| a. | | 1 | | 2 | |
| b. | 2 | 1 | 1 | 2 | |
| c. | 2 | 1 | 1 | 3 | ← 강세 음절은 더 강하게 |
| d. | 2 | 0 | 1 | 3 | ← 약강세 음절은 더 약하게 |
| e. | 2 | 0 | 1 | 3 | |

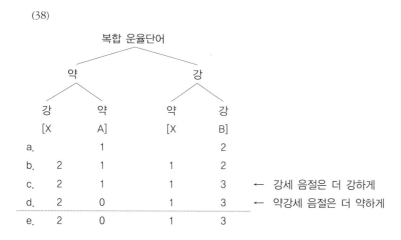

(38)에 따르면 분리식 복합 운율단어의 표준 강세 형식은 [2 0 1 3]으로 전통적 기술인 [3 1 2 4](俞敏 1989 : 205)에 상응하며, (2b)의 [중 약 약 강] 형식에 해당한다.

## 제5절 [1XX2]와 [X1X2] 강세 형식의 화용적 차이

이상의 분석을 통해 다양한 4자격 형식이 발생한 이유를 이해하였다. 4자격은 중국어 운율 형태 체계의 산물인 복합 운율단어이다. 그렇다면 4자격이 중국어에서 보편적으로 사용되는 이유는 무엇인가? 4자격이 고착화된 표현 형식으로 발전한 이유는 무엇인가? 복합 운율단어는 운율 형태 체계에서 운율단어의 상위 범주에 해당하는 독립적인 단위이며 조어 생산성이 높다. 4자격의 강세 형식이 두 가지인 이유는 복합 운율단어의 두 가지 결합 방식인 병합식과 분리식에서 비롯한다. 복합 운율단어의 병합식은 垫肩어깨에 심을 덧대다같은 운율단어의 복합식复合式에 해당하며, 복합 운율단어의 분리식은 因而그리하여같은 운율단어의 부가식凑补式에 해당한다. 운율단어와 복합 운율단어는 각기 다른 층위의 범주에 속하지만 구성 방식은 모두 복합/병합이나 부가/분리이다. 복합/병합은 운율과 통사의 평행 구조를 도출하는 반면 부가/분리는 운율적 요구를 만족하기 위한 결합 방식이다. 이 두 가지 결합 방식은 다음절어의 오른쪽 강세 원칙과 강세 조정 원칙을 거쳐 두 가지 강세 형식을 도출한다. 4자격의 강세 형식은 결합 방식에 따라 결정되므로, 가장 선호되는 형식인 [[AB][CD]]와 [[_A][_B]]에서 도출되지 않는 [12XX]나 [XX21], [X21X] 등의 강세 형식은 거의 나타나지 않는다. 一衣带水같이 기본 결합 방식으로 구성되지 않은 4자격은 보편적이지 않기 때문에 표준적인 강세 유형이 도출되지 않는다. 이론적으로는 운율적 요구를 만족하는 모든 네 글자 연쇄는 4자격, 즉 복합 운율단어가 될 수 있다. 그러나 네 글자 연쇄가 모두가 모형을 도출할 만큼 사용 빈도가 높은 것은 아니다. 이미 존재하는 4자격 모형을 기반으로 생산된 경우도 있고, 통사적으로는 4자격 모형에 맞지 않지만 운율적 요구를 만족하기 위해 생산된 경우도 있다. 이런 경우는 전형적인 4자격인 복합 운율단어로 인정되지 않는다. 이 책의 분석에 따르면 4자격의 생산성과 다양한 특징은 언어 내부적 규칙이 상호 작용하여 나타난 결과이다.

마지막으로 한 가지 문제가 남아 있다. 4자격의 두 가지 강세 형식의 차이는 무엇인가? 이 두 가지 강세 형식은 실제 언어에서 전혀 다르게 사용된다. 尼加啦瓜니카라과와 乱七八糟엉망진창이다를 비교해 보자. 음절 전체를 대문자로 표기한 것은 1차강세 음절을, 첫 글자만 대문자로 표기한 부분은 2차강세 음절을 나타낸다.

(40) 尼加拉瓜　ni Jia la GUA
乱七八糟　Luan qi ba ZAO

중국어 원어민 화자라면 Luan qi ba ZAO의 강세 형식으로 尼加啦瓜를 말하는 사람은 없을 것이다. 마찬가지로 ni Jia la GUA의 강세 형식으로 乱七八糟를 말하는 사람도 없다. 乱七八糟의 강세 형식으로 읽을 수 있는 네 글자 형식은 (41)의 예와 같다.

(41) 糊里糊涂어리숙하다
哆里哆嗦덜덜 떨다
慌里慌张허둥대다
稀里马虎소홀하다
霹雳啪啦우르릉 쾅쾅(벼락이 치는 소리)

남을 놀리거나 소리를 흉내 내는 경우 등 일반적으로 입말 형식인 4자격이 [2 0 1 3]의 강세 형식에 적합하다. 그러나 공식적인 상황이나 장중한 뜻을 나타내는 (42)의 어휘는 다르다.

(42) 气壮山河기개가 산이나 강처럼 크다
纲举目张그물의 벼리를 집어 올리면, 그물의 작은 구멍은 저절로 따라서 열린다
超级大国초강대국
炉火纯青연단 화로의 불이 완전한 청색이 되듯 기술이나 학식이 최고조에 이르다
甚嚣尘上군영이 시끌벅적하고 흙먼지가 휘날리다

(42)의 예는 모두 [0 2 1 3]으로 읽어야 한다. 성어는 일반적으로 고풍스러운 분위기를 나타내므로 [0 2 1 3]의 강세 형식을 따른다.

(43) 为渊驱鱼물고기를 잡으려 하다가 도리어 물고기를 깊은 곳으로 몰아넣다
沆瀣一气최항(崔沆)과 최해(崔瀣)가 한통속이다, 나쁜 사람끼리 한통속이다
功亏一篑한 삼태기 흙이 모자라 산을 다 쌓지 못하고 그르치다
杯弓蛇影잔에 비친 활 그림자가 뱀 모양이라 여겨 괜한 걱정을 하다
守株待兔나무 그루터기를 지키며 토끼를 기다리듯 요행을 바라다
削足适履발을 깎아 신발에 맞추다

[2 0 1 3]과 [0 2 1 3] 두 강세 형식은 표현하는 내용과 사용되는 환경이 다르다. 따라서 4자격은 강세 형식에 따라 문체적 차이가 있다. 즉 [0 2 1 3]은 공식적인 상황에서 사용되는 반면, [2 0 1 3]은 상대적으로 격식을 차리지 않는 상황에서 사용된다.

## 생각할 문제

1. 4자격은 복합 운율단어로 분류하는 반면, 다른 네 글자 형식은 복합 운율단어로 분류하지 않는 이유는 무엇인가?
2. 守株待兔와 乱七八糟의 강세 형식은 무엇이며 어떻게 도출되는가?
3. [1XX2]와 [X1X2] 두 가지 강세 형식의 문체적 차이를 예를 들어 설명하시오.
4. 제4장의 이론을 참조하여 타동사적 성격을 지니는 4자격이 다음의 예문에서 목적어를 갖지 못하는 이유를 설명하시오.

*他从来不闻不问孩子。

*他总是患得患失分配给他的工作。

*学生忍无可忍校长的态度。

*他深感痛绝恐怖分子。

*我感到莫名其妙他的话。

제 4 장

# 통사에 대한 운율의 제약

제4장은 문장 층위에서 중국어의 운율 구조와 통사 구조의 관계를 논의한다. 특히 일반강세가 주어, 술어, 목적어와 같은 기본 성분으로 구성된 문장의 기본 구조를 어떻게 제약하는가에 초점을 두어 논의를 진행할 것이다. 기본 성분으로 이루어진 중국어 문장은 문장의 오른쪽이 무거울 것을 요구하는 일반강세를 준수하는데, 일반적으로 문장의 뒤쪽에 놓이는 일반강세는 주요 동사를 중심으로 할당된다. 이와 같이 동사를 중심으로 하는 중국어의 운율 구조는 통사 구조에 영향을 미치며 제약을 가한다. 제4장에서는 먼저 일반강세의 개념과 할당 규칙, 중국어와 영어의 일반강세 실현 양상을 소개할 것이다. [2+1]* 형식으로 이루어진 동목 구조의 비적법성, 把자문의 원형동사 출현 제약, [동사+목적어+양사+명사] 구조에 나타나는 목적어의 한정성, [동사+전치사+목적어] 구조 중 [동사+전치사]에 대한 재분석 등 중국어 통사 구조에 나타나는 특수한 현상을 강세 규칙으로 해석하는 방법에 대해 논의할 것이다. 이 논의를 통하여 운율 층위가 언어를 구성하는 여러 독립적 층위 중 하나이며, 현대 중국어에서 특수한 통사적 현상으로 보이는 많은 경우가 운율 층위

와 다른 언어 층위의 규칙이 상호작용한 결과임을 증명할 것이다. 제4장에서 살펴볼 바와 같이 중국어의 문장은 앞쪽이 무겁고 뒤쪽이 가볍거나 头重脚轻, 문장의 뒤쪽이 너무 무거워서 부자연스러운 것尾大不掉을 허용하지 않는데, 이러한 제약은 일반강세와 통사 구조의 상호작용으로 인한 것이다.

## 제1절 일반강세

일반강세는 특수하지 않은 일반적인 언어 환경에서 실현되는 문장의 강세 구조를 가리킨다. 동일한 문장이라도 여러 가지 언어 환경에서 서로 다른 강세 형식으로 실현될 수 있다. 예를 들어 我喜欢语言学나는 언어학을 좋아한다라는 문장은 (1)과 같은 여러 강세 형식으로 실현될 수 있다. (1)에서 진하게 표시된 부분은 강세를 나타낸다.

(1) A：谁喜欢语言学? 누가 언어학을 좋아합니까?
B：**我**喜欢语言学。 **제가** 언어학을 좋아합니다.
A：你喜欢什么? 당신은 무엇을 좋아합니까?
B：我喜欢**语言学**。 저는 **언어학**을 좋아합니다.
A：你喜不喜欢语言学? 당신은 언어학을 좋아합니까 좋아하지 않습니까?
B：我**喜欢**语言学。 저는 언어학을 **좋아합니다**.

(1)에서 B는 질문에 따라 강조 부분이 달라진다. 일반강세는 (1)처럼 문장의 특정 성분이 강조되는 언어 환경이 아니라 일반적 상황에서 실현되는 강세 형식이다.

(2) A：你怎么又念书了? 당신은 왜 또 공부를 하게 되었습니까?
B：我喜欢语言学。 저는 언어학을 좋아합니다.

A：你怎么还不念书? 당신은 왜 아직도 공부를 안 합니까?
B：我喜欢玩。 저는 노는 것이 좋습니다.

(2)의 B는 질문자가 요구하는 정보가 문장의 특정 성분에 실리지 않는다. 즉 질문자는 '상대방'이 공부를 하는지, (공부) '하는지 안하는지', 또는 '무엇'을 공부하는지에 대해 알고자하는 것이 아니다. (2)에서 질문자가 요구하는 신정보는 B 문장 전체로 전달되어야 하며, 이 경우 강세는 문장의 뒤쪽에 놓인다. 일반강세는 문장 전체가 정보를 전달하는 단위로 발화될 때 실현되는 강세 구조로, 핵강세nuclear stress, 기정치 강세default stress, 또는 보통강세normal stress라고도 한다. 일반강세는 일반적인 상황에서 문장이 발화될 때 실현되는 강세 형식으로 문장의 뒤쪽에서 실현된다. 이 책에서는 일반강세라는 용어를 사용할 것이다. 일반강세 현상은 일찍이 여러 학자의 주의를 끌었다. Behaghel(1909)은 일반강세를 중요한 정보를 뒤에 놓는 원칙das Gesetz er wachsenden Glieder이라고 설명한 바 있으며, Quirk 등(1972)은 뒤쪽에 무게가 실리는 원칙principle of end-weight으로 설명하였다. 이는 상대적으로 무겁고 복잡한 강세 성분은 약강세 성분의 뒤에 놓인다는 것을 의미한다. 赵元任(1968：35)은 문장의 마지막 성분에 가장 큰 강세가 실현되는 원칙the last being the strongest으로 설명한다. (3)은 赵元任이 든 예이다.

(3) 人人都想去。 사람들은 모두 가고 싶어 한다.
我没懂。 나는 이해하지 못했다.

운율론의 창시자인 Liberman(1977)은 일반강세 현상을 (4)의 형식적 규칙으로 나타낸다.

(4) **일반강세 규칙**
……[A B]ₚ에서 P가 구이면 A보다 B에 강세가 실린다.

(4)에서 [A B]는 문장의 마지막 구를 가리키며, 일반강세 규칙은 문장 마지막 구의 마지막 성분 B에 가장 큰 강세가 놓일 것을 요구한다. 이와 같이 (4)는 문장의 뒤쪽에서 강세가 실현되는 현상을 형식화하고, 문장에서 일반강세가 실현되는 범위를 문말 구로 정의한다. 따라서 제4장의 논의는 (4)의 일반강세 규칙을 기초로 진행할 것이다.

## 제2절 중국어와 영어의 일반강세 실현 양상

### 2.1.

赵元任이 문장의 마지막 성분에 가장 큰 강세가 놓인다는 일반강세 규칙을 제시한 후 이에 대한 가장 심도 있는 연구를 진행한 학자는 汤廷池(1989)이다. 그는 赵元任이 제시한 규칙을 가벼운 것으로부터 무거운 것으로 진행되는 원칙으로 설명한 후, 이 원칙이 중국어 어순에 미치는 영향을 (5)의 예를 들어 설명한다.

(5) a. ??我们应该一清二楚地调查这个问题。
b. 我们应该把这个问题调查得一清二楚。우리는 이 문제를 명백하게 조사해야 한다.

汤廷池는 동사와 보어의 무게가 증가할수록 문장의 뒤쪽에 출현할 가능성이 커진다는 점을 지적한다. 一干二净이나 一清二楚 등의 상태형용사가 출현할 경우 (5b)와 같이 把자문을 사용하는 것이 더 자연스럽다. 부사어로 쓰인 상태형용사가 너무 무거울 경우, 把자를 사용하여 목적어를 전치하면 무거운 상태형용사를 문장의 마지막에 놓을 수 있기 때문이다. 따라서 (5b)가 (5a)보다 자연스럽다. 이중목적어 구문도 마찬가지이다. (6)처럼 무거운 직접목적어는 간접목적어 뒤에 놓인다.

(6) a. 我要送给他一本专门讨论语义与语用的书。

나는 그에게 의미와 화용을 전문적으로 논한 책을 한 권 보내려고 합니다.

b. ?我要送一本专门讨论语义与语用的书给他。

汤廷池에 의하면 (6)과 같은 이중목적어의 어순은 가벼운 것으로부터 무거운 것으로 진행되는 원칙으로 인한 것이다.

## 2.2.

중국어에서 일반강세는 어순뿐만 아니라 시의 율격에도 나타난다. 5언시는 한汉 말에 발전한 시 형식이며, 수당隋唐 대에 이르러 5언시에서 7언시가 발전하였다. 5언시의 기본 율격은 앞 두 글자와 뒤 세 글자가 각각 운율단위를 구성하는 [XX/XXX] 형식이다. 7언시의 율격은 앞 네 글자가 두 개의 운율단위로 나뉘고, 뒤 세 글자가 하나의 운율단위를 구성하는 [XX/XX/XXX] 형식이다. (7)과 같은 5언시 율격은 거의 보이지 않는다.

(7) a. [X/XX/XX]

b. [XXX/XX]

c. [XX/XX/X]

d. [XX/X/XX]

(8)과 같이 5언시에서 휴지는 두 번째와 세 번째 글자 사이에 놓인다.

(8) 离离#原上草,　　우거진 언덕 위 풀이,
一岁#一枯荣。　　해마다 시들었다 다시 피어나네.
野火#烧不尽,　　들불이 붙어도 다 태우지 못하니,
春风#吹又生。　　봄바람 불면 또 다시 돋아나네.
(白居易≪赋得古原草送别≫)

첫 행의 离离原上草를 풀이할 때 原上草#离离라고 하면 부자연스럽고 의미도 제대로 전달되지 않는다. 오히려 原上#草离离라고 하는 편이 낫다. 각 행에서 마지막 세 글자는 原上草와 같은 [2+1] 형식의 수식 구조일 수도 있고, 烧不尽과 같이 [1+2] 형식의 동보 구조일 수도 있다. 이 두 구조는 통사적으로 다르지만 시율의 평측과 율격에 영향을 미치지 않는다. [2+1]과 [1+2] 구조는 각각 내부에 작은 휴지가 있을 수 있지만, 이는 전체 행에서 주요 휴지가 아니다. 행의 마지막 세 음절은 하나의 운율단위, 즉 초음보를 구성하기 때문에 7언시에서 (9)와 같은 형식은 매우 드물게 보인다(초음보에 대해서는 제1장 참조).

(9) a. [XXX/XXX/X]
b. [XXX/XX/XX]

7언시는 (10)과 같은 [XX/XXX/XX] 형식의 통사 구조를 지닐 수 있다.

(10) 且看[欲尽花]经眼,　　다 지려는 꽃이 눈앞을 스치는 것 보고서,
莫厌[伤多酒]入唇。　　너무 많은 술이 입에 들어옴을 싫어하지 말지니.
(杜甫≪曲江二首≫)

그러나 통사 구조와 운율 구조가 항상 일대일 대응하는 것은 아니다. 陆宗达에 의하면, ≪诗经≫의 微我无酒, 以遨以游(≪毛传≫)는 내가 술이 없어서가 아니라 한가로이 노닐며 우울함을 잊을 수 있어서라非我无酒可以遨游忘忧也의 의미로 원래 하나의 시구였던 것이 두 부분으로 잘못 나뉘었다가 시의 운율과 율격으로 인해서 두 개의 시구로 고정된 것이다. 통사 구조와 운율 구조가 늘 일치하는 것이 아니기 때문에 杜甫의 시 (10)은 (11)과 같이 읽는다.

(11) 且看/欲尽#花经眼,
莫厌/伤多#酒入唇。

(11)과 같이 마지막 단위는 3음절로 이루어진다. 5언시와 7언시 모두 표준적인 운율 형식은 마지막 음보가 3음절로 구성되는 것이다. 그렇다면 5언시와 7언시가 각각 [2+3] 형식, [2+2+3] 형식인 원인은 무엇인가? 또한 마지막 음보는 모두 3음절이며 1음절이나 2음절인 경우가 없는 이유는 무엇인가? 이는 시구가 하나의 문장에 해당하기 때문이다. 문장에서 일반강세가 마지막에 놓이는 원칙은 시구에서 마지막 음보가 가장 무거울 것을 요구하는 제약으로 적용된다. 즉 3음절이 1음절이나 2음절보다 무겁기 때문에 마지막 음보가 3음절로 구성되는 것이다. 시구의 율격에서 강세는 음보를 통해서 실현된다. 음보는 2음절 또는 3음절로 구성되므로 상대적으로 무거운 3음절 음보가 뒤쪽에 놓이는 것이다. 현대시의 율격도 이와 같은 시적 규칙을 따른다. 따라서 热爱人民热爱党인민을 사랑하고 당을 사랑하네을 热爱党热爱人民당을 사랑하고 인민을 사랑하네이라고 하면 부자연스럽다. 시는 정련된 언어이므로 시구의 율격은 잘 다듬어진 문장에서 실현되는 운율 형식이다. 따라서 시는 다듬어진 입말의 운율적 특성을 나

타낸다. [3+2]와 [3+2+2] 형식이 시 율격으로 부적합한 이유는 문장의 일반강세가 허용하지 않기 때문이다. 시가의 율격은 문장의 일반강세에 기초하여 정련된 것이다.

## 2.3.

일반강세는 문장 초점에도 나타난다. 일반적으로 초점은 강세를 통해 실현되기 때문에 강세가 놓인 곳은 모두 초점 성분이다. 예를 들어, 李四放了一个炮仗리쓰가 폭죽을 터뜨렸다에서 초점은 李四에 있지만, 李四放了一个炮仗에서는 초점이 동사에 있다. 반면 李四放了一个炮仗으로 발화하면, 둘이나 셋이 아닌 하나라는 숫자에 초점이 놓인다. 일반강세는 문말에서 실현되므로 일반강세로 표현되는 문장의 전체 초점도 문말에 놓인다. 启功(1991)이 든 예에 의하면, 청清 대에 한 장수가 있었는데 전투에서 패배한 후 황제에게 아뢰기를 臣屡战屡败제가 여러 차례 전투에 나갔으나 패하였습니다라고 하였다. 그러자 그의 부하가 이를 보고 战과 败 두 글자의 위치를 바꾸어 臣屡败屡战제가 여러 차례 패하였음에도 불구하고 전투에 나갔습니다이라고 하였고, 이 덕분에 황제가 포상을 내렸다. 원래 문장에서는 屡败여러 차례 패하다에 강세가 있고 강세는 초점 표지이기 때문에, 屡败가 전체 문장의 초점이 되어 패배했다는 의미가 강조된다. 그러나 바꾼 문장에서는 屡战여러 차례 전투에 나갔다이 문말에 놓여 초점이 실현되므로 또다시 전투에 나갈 것이라는 의미가 전달된다. 이 예는 문말 강세가 문장의 초점 실현에 매우 중요한 역할을 한다는 것을 보여준다. 启功(1991 : 48)은 또한 ≪诗经≫의 시구인 不我信兮(지난 날의 그 약속) 좀처럼 이루기 어려워라를 예로 들어, 兮를 문말에 사용하는 것은 문장의 중요한 의미를 나타내는 핵심적인 기능어를 가장 중요하고 두드러지는 위치에 두는 것으로 해석한다. 启功의 이러한 해석은 매우 정확하다. 그가 말한 중요한 의미는 문장의 초점이고, 가장 중요하고 두드러지는 위치는 일반강세의 위치이기 때문이다. 문말에 기능어를 더하면 문말 성분의 운율적 무게를 늘릴 수 있기 때문에, 兮는 문말 성분인 信의 무게를 늘리는 기능을 한다. 기능어로 문말 성분을 무겁게 하는 것은 일반강세가 초점을 명확히 실현하도록 돕는 통사적 기제이다. 현대 중국어와 고대 중국어는 모두 일반강세와 문장 전체 초점이 문말에서 실현된다. 일반적으로 SVO 유형의 언어는 강세와 문장 초점이 문말에서 실현되는 점을 고려할 때, 이는 자연스러운 현상이다. SVO 유형인 중국어와 영어 두 언어 모두 강세와 문장 초점은 문말에 놓인다.

일반강세는 인류 언어의 보편적 현상이기 때문에 중국어뿐만 아니라 다른 언어에서도 그 현상을 쉽게 발견할 수 있다. 먼저 영어에서 일반강세가 통사 구조에 실현되는 양상을 살펴보자. 첫째, 영어의 무거운 명사구 이동heavy NP shift은 목적어가 지나치게 무거운 경우 동사에 후행하는 부사 뒤로 목적어 명사구를 이동시키는 현상이다. 영어의 통사적 규칙에 의하면 (12)와 같이 일반적인 환경에서는 동사와 목적어 사이에 부사가 출현할 수 없다.

(12) a. I love him deeply. 나는 그를 매우 사랑한다.
b. *I love deeply him.

부사 deeply가 문말에 놓인 (12a)는 허용되지만 (12b)는 부사가 동사와 목적어 사이에 놓였기 때문에 허용되지 않는다. 그러나 (13)과 같이 목적어가 복잡하고 무거운 경우에 부사는 동사와 목적어 사이에 놓일 수 있다.

(13) We need people who are able to interpret [historically] the issue of the day.
우리는 오늘의 이슈를 [역사적으로] 해석할 수 있는 사람들이 필요하다.

동사 interpret의 목적어 the issue of the day는 단순 명사가 아니라 수식어구를 수반한다. 이와 같이 목적어가 길고 무겁기 때문에 부사 historically는 동사와 목적어 사이에 위치할 수 있는 것이다. 일반적으로 목적어는 동사와 분리될 수 없는데 무거운 목적어는 어떻게 분리될 수 있는가? 일반강세의 관점에서 본다면, 이는 가장 무거운 성분이 문말에 놓이는 원칙이 적용되는 것이다. 따라서 목적어와 부사의 위치 교체는 일반강세가 통사 구조에 미치는 영향과 제약으로 이해할 수 있다.

둘째, 영어에서 일반강세는 동사와 불변화사particle의 관계에도 중요한 역할을 한다. (14)와 같이 영어에서 목적어가 대명사일 때 동사와 불변화사 사이에 목적어가 놓일 수 있다.

(14) Pick it up! 그것을 들어!

그러나 무거운 명사가 목적어일 때에는 동사와 불변화사가 목적어에 의해 분리될 수 없다.

(15) a. *Please pick the book I bought yesterday up.
b. Please pick up the book I bought yesterday.
제가 어제 산 책을 들어주십시오.

불변화사가 대명사 목적어 뒤에는 놓일 수 있는데 무겁고 복잡한 목적어 뒤에 놓일 수 없는 이유는 무엇인가? 이 문제 또한 운율의 측면에서 설명할 수 있다. 즉 대명사는 가장 가볍기 때문에 문말에 놓일 수 없으므로 (14)와 같이 말해야 한다. 그러나 목적어가 무거울 때에는 문말의 불변화사 up이 더 가벼우므로 문장의 앞쪽이 무겁고 뒤쪽이 가볍게 된다. 이러한 문장은 일반강세 원칙을 위배하는 비문이므로 (15a)는 적법하지 않고 (15b)가 적법한 문장이다.

셋째, 강세는 이중목적어 구문에서 두 목적어의 위치를 조정하는 작용을 한다. 영어에서 동사에 후행하는 두 목적어는 서로 자리를 바꾸어도 문법에 영향을 미치지 않는다. (16)을 살펴보자.

(16) a. I gave John a book. 나는 존에게 책을 주었다.
b. I gave a book to John. 나는 책을 존에게 주었다.

그러나 두 목적어의 강세 차이가 명확하면 일반강세에 의해 출현 순서가 결정된다. Richard 등(1995)의 통계에 의하면, 동사 give가 포함된 400개 문장 가운데 99%는 직접목적어, 간접목적어에 상관없이 두 번째 목적어가 첫 번째 목적어보다 무겁거나 적어도 첫 번째 목적어만큼 무겁다. (17)의 문장을 보자.

(17) They immediately give [a natural chemical] [to patients who have suffered heart attacks].
그들은 즉시 [천연 화학 약품]을 [심장마비를 겪은 환자들]에게 제공한다.

문법적으로 동사 뒤에 직접목적어가 먼저 올 수도 있고 간접목적어가 먼저 올 수도 있다면, 왜 문장의 뒤쪽에 놓인 성분이 항상 더 무거운가? 이 현상은 일반강세를 통해서만 해석할 수 있다.

이와 관련하여, 赵元任(1968 : 431)이 논의한 어휘의 분리 현상ionization도 매우 흥미롭다. (18)과 같이 중국어에서 慷慨후하게 대하다와 같은 2음절 단순어는 분리되어 구를 형성할 수 있다.

(18) 这个人总慷他人之慨。 이 사람은 항상 남의 재물로 선심을 쓴다.

(18)과 같은 분리 현상이 약강의 강세 구조를 지니는 어휘에서만 발생한다고 본 赵元任의 분석은 매우 적절하다. 어휘의 분리 현상이 약강 구조에서 발생하는 이유는 어휘 층위의 강세 구조와 구 또는 문장 층위의 강세 구조가 일치하기 때문이다. 어휘 층위와 구 층위의 운율적 형식이 동일하기 때문에 일반강세 구조에 따라 단순 2음절 단어나 복합어가 구로 바뀔 수 있는 것이다(Chao 1968). 그렇다면 왜 약강 구조의 2음절어만 이와 같은 현상을 보이는가? 어휘의 분리 현상이 약강 구조와 강약 구조에서 다르게 나타나는 이유는 문장의 뒤쪽이 무거울 것을 요구하는 강세의 관점에서 설명할 수 있다. 즉 일반강세 구조에 부합하는 단어는 분리되어 구를 형성할 수 있는데, 이 때 통사적 요인보다 음성적 요인인 강세 구조가 더 중요한 역할을 한다. 赵元任에 따르면 통사적으로는 타당하지 않지만 약강 구조인 体操체조하다에서 体신체가 동사, 操다루다가 목적어의 역할을 하게 되어 体一堂操수업 한 시간 동안 체조하다와 같은 표현이 널리 사용된다. 이러한 현상이 중국어뿐만 아니라 영어에도 자주 발견된다는 점은 매우 흥미롭다. (19)는 Pinker(1994 : 175)에서 가져온 예이다.

| | | |
|---|---|---|
| (19) | Philadelphia | 필라델피아 |
| | Phila-bloody-delphia | |
| | fantastic | 환상적인 |
| | fan-fuckin-tastic | |
| | absolutely | 완전히 |
| | abso-bloody-lutely | |

Philadelphia는 단순한 지명으로 각 음절은 특별한 의미를 지니지 않는다. 이 지명을 두 부분으로 나누어 Phila-bloody-delphia와 같은 구를 만드는 것처럼 단순한 다음절 단어를 분리하여 수식어를 삽입하는 현상은 중국

어나 영어에서 결코 드문 일이 아니다. 여기에서 중요한 것은 단지 약강 iambic 구조인 어휘만 이와 같은 분리가 가능하다는 점에서 赵元任과 Pinker의 분석이 일치한다는 것이다. 그런데 Phila-bloody-delphia를 Philadel-fuckin-phia라고 하거나 중국어로 费拉-该死的-德尔菲亚를 费拉德尔菲-该死的-亚라고 하면 매우 부자연스럽다. 이에 대한 이유는 赵元任과 Pinker 모두 설명하지 않는다. 그러나 이는 일반강세의 규칙으로 쉽게 설명할 수 있다. 하나의 단어가 두 부분으로 분리되어 구를 형성할 때 앞쪽이 무겁고 뒤쪽이 가벼운 구조는 일반 화자들에게 부자연스럽다고 받아들여지기 때문이다.

## 제3절 문장 일반강세의 운율 구조

### 3.1.

3.1에서는 문장 층위의 운율 구조를 논의할 것이다. 이 논의를 위해서는 단어 강세와 문장 강세를 구분해야 한다. 전통적 방식을 따라 (20)에서 약강세는 점(·)으로, 강세는 진하게 표시하였다.

(20) a. 桌·子 탁자
b. 我懂·了。 나는 이해했다.

(20a)는 단어 강세이고 (20b)는 문장 강세이다. 여기에서는 단어 강세는 다루지 않고 문장 강세만을 논의할 것이다. 일반적으로 문장 층위의 강세라고 하면 문장의 모든 성분이 다 강세를 지닐 수 있다는 점을 쉽게 떠올린다. 제1절에서 논의한 바와 같이 我喜欢他라는 문장은 (21)과 같은

세 가지 방식으로 발화할 수 있다.

(21) a. 我喜欢他。(다른 사람이 아니라) 내가 그를 좋아한다.
b. 我喜欢他。나는 그를 (미워하는 것이 아니라) 좋아한다.
c. 我喜欢他。나는 (다른 사람이 아니라) 그를 좋아한다.

인류 언어에서 문장 층위의 운율 강세에는 일반적인 규칙이 있다. 문장 강세를 논의할 때에는 (22)와 같이 강세 유형을 구분할 필요가 있다.

(22) a. 강조강세lexical focal stress
b. 대조강세contrastive stress
c. 부분강세narrow scope focal stress
d. 일반강세wide scope focal stress/normal stress

제4장에서는 일반강세를 중심으로 논의를 진행하며, 강조강세, 대조강세, 부분강세는 자세히 다루지 않을 것이다. 일반강세는 일반적인 언어 환경에서 실현되는 문장의 강세 형식을 가리킨다. (23)처럼 특수한 환경에서는 문장의 특정 성분에 대조강세나 강조강세, 부분강세가 실현된다.

(23) a. 他是打了我一下。그는 나를 (안 때린 것이 아니라) 한 대 때렸다.
b. 他是打了我一下。그는 나를 (두 대 때린 것이 아니라) 한 대 때렸다.
c. 你打了他几下? 너는 그를 몇 번 때렸니? (몇 번 때린 것인지에 대한 대답을 요구)

(23a)는 강조강세가 是에서 실현되고, (23b)는 一에서 대조강세가 실현되므로 일반강세 유형의 문장이 아니다. (23c) 또한 부분강세가 항상 의문대명사에서 실현되므로 일반강세가 실현되지 않는다. 이 세 경우는 모두 문장의 특정 성분에서 초점focus이 실현되는 강세 형식이다. 초점은 강세를 통해 실현되기 때문에 특정 성분에 초점으로 인해 강세가 실현되면

초점 부분만 두드러지고 문장 내 다른 성분은 축소된다. 이렇게 특정 성분에 놓인 초점으로 인한 강세가 실현될 때에는 일반강세가 실현되지 않는다. 그러나 특수한 언어 환경을 제외하면 특정 성분이 아니라 문장 전체가 초점의 대상이다. 따라서 일반강세와 특정 성분에서 실현되는 초점으로 인한 강세는 그 유형이 매우 다르다. 문장이 일반강세 유형인지는 "무슨 일입니까?怎么回事?"와 같은 물음에 대한 대답이 될 수 있는지를 통해 판단할 수 있다.

(24) A：你哭什么，怎么回事? 너 왜 울어, 무슨 일이니?
B：我摔了一个盘子。 제가 쟁반을 엎었어요.

(24B)는 초점이 문장 전체에 있기 때문에 일반강세가 실현되므로, (23)과 강세의 운율적 실현이 다르다. 즉 "무슨 일입니까?"에 대답이 될 수 있는 문장은 모두 일반강세 문장이다.

## 3.2.

赵元任(1968)이 문말 성분에 가장 큰 강세가 놓인다고 기술한 것은 중국어에서 일반강세가 문말에서 실현되는 현상을 가리킨다. (25)는 赵元任이 제시한 예이다.

(25) a. 我没懂。 나는 이해하지 못했다.
b. 人人都想去。 사람들은 모두 가고 싶어 한다.

Henne(1977)도 문말 강세에 대해 상세한 논의를 진행한 바 있다. 汤廷池(1985)는 기능적 관점에서 가벼운 것으로부터 무거운 것으로 진행되는 원칙을 제안하고, 이 원칙이 통사에 미치는 영향에 대해 논의하였다. 周同春(1990)은 ≪汉语语音学≫에서 실험음성학적 방법을 사용하여 문말에서 실현되는 강세의 양상을 제시하였는데, (26)은 그가 실험에 사용한 문장이다.

(26) a. 老白来了。 라오바이가 왔다.
b. 老魏去睡了。 라오웨이가 자러 갔다.
c. 老韩读完了。 라오한이 다 읽었다.
d. 老范干得太慢。 라오판이 일을 너무 느리게 한다.

赵元任으로부터 최근에 이르기까지 중국어는 일반강세가 문말에 있다는 데에 학자들의 의견이 일치한다. 중국어는 SVO 유형의 언어이며 일반적으로 SVO 유형 언어에서 문장 층위의 강세는 문말에 놓이므로 중국어의 문말 강세도 쉽게 이해할 수 있다. Liberman(1977)은 (27)의 규칙으로 영어의 일반강세를 설명한다((4)와 동일).

(27) **일반강세 규칙**
……[A B]$_P$에서 P가 구이면 A보다 B에 강세가 실린다.

(27)은 문장에서 강세가 항상 문말에서 실현된다는 것을 나타낸다. 일반강세를 실현하기 위해서는 먼저 마지막 성분을 기준으로 그 성분이 포함된 통사적 구를 찾은 다음, 오른쪽에서 왼쪽으로 순차적으로 통사-운율 단위를 구성해야 한다. 각 단위에 속한 두 성분 가운데 왼쪽 성분이 가볍고 오른쪽 성분이 무겁다. (28)은 Hogg & McCully(1987)에서 인용한 예이다.

(28) He sold the book to Mary. 그는 책을 메리에게 팔았다.

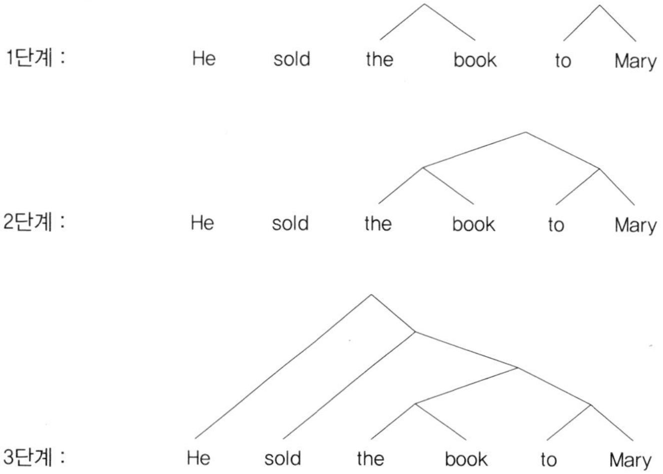
1단계 : He sold the book to Mary
2단계 : He sold the book to Mary
3단계 : He sold the book to Mary

중국어도 영어와 같이 SVO 유형의 언어이므로 일반강세가 문말에 놓인다. 그러나 두 언어는 문말의 개념에 있어서 차이가 있기 때문에 (27)의 규칙을 중국어에 그대로 적용할 수 없다. (29)와 같이 중국어 문말에는 어기조사가 출현할 수 있다.

(29) 我看完了书了。 나는 책을 다 봤다.

(29)의 문말 了는 조동사로 보는 견해도 있고 어기조사로 간주하는 견해도 있다. 둘 중 어떤 견해를 채택하든지 상관없이 了를 목적어 书와 하나의 문법 단위를 구성하는 성분으로 분석할 수는 없다. 따라서 [书－了]와 같은 구 구조는 성립하지 않는다. 了는 목적어인 书와 직접적인 통사적 관계를 갖지 않으므로 [书－了]를 구로 확정할 수 없다. 설령 [书－了]를 하나의 구 구조로 보고 (27)에 따라 강세를 이 구조 내 오른쪽 성분에 할

당하려 해도 경성 음절인 了는 강세를 실현시킬 수 없다.

이와 같이 중국어의 일반강세가 문말에 있는 것은 맞지만 어떤 성분이 문말 성분인지 확정하는 데에 필요한 명확한 형식적 규칙이 없다. 어기조사를 제외한 마지막 성분을 문말이라고 생각할 수도 있지만 문제는 그렇게 간단하지 않다. (30)을 살펴보자.

(30) a. 你吃呀你! 너 먹어. 너!
b. 我想写封信给他。 나는 편지를 한 통 그에게 쓰고 싶다.

(30)은 문말에 啦나 吗와 같은 어기조사는 없지만 你와 给他가 모두 가볍게 발음된다. 이렇게 본다면 어기조사와 마찬가지로 你나 给他도 제외해야 한다. 그러나 이와 같이 가볍게 발음되는 문말 성분을 모두 제외한다면, 이는 엄밀한 의미에서 문말 강세의 정의를 위배한 것이나 마찬가지이다. 또한 4.2의 (48c) *他看了两个电影三天은 문말 성분인 三天이 강세를 지니지만 비문이다. 따라서 가볍게 발음되는 몇몇 문말 성분을 배제한다 하더라도 중국어의 강세 규칙은 영어와 같은 전형적인 문말 강세 유형 언어의 강세 규칙과 다르다. 영어는 문말 성분을 중심으로 형성된 구phrase가 강세 영역domain이 되고 이로부터 강세 규칙이 순차적으로 적용되지만, 중국어에는 이러한 규칙이 잘 적용되지 않는다.

## 3.3.

중국어에서 강세가 문말에 있다는 것은 언어학자들이 오랫동안 관찰한 결과이다. 그러나 중국어의 강세가 문말에 있다는 것은 영어와 동일한 의미는 아니다. 두 언어의 차이는 (31)에서 분명히 드러난다. 중국어는 동사 뒤에 가볍게 발음할 수 없는 두 개의 성분이 동시에 출현할 수 없지만 영어는 이러한 제약이 없다.

(31) a. 他放在桌子上一本书。
그는 탁자에 책 한 권을 놓았다.
He puts a book on the table.
b. ?他放在一张新桌子上三本语言学书。
그는 새 탁자에 언어학 책 세 권을 놓았다.
He put three linguistic books on a new table.
c. ?他放在三张新桌子上三本语言学书。
그는 세 개의 새 탁자에 언어학 책 세 권을 놓았다.
He put three linguistic books on three tables.

(31a)는 문제가 없지만 (31b)는 부자연스럽고 (31c)는 비문에 가깝다. 그러나 이에 상응하는 영어 문장은 모두 자연스럽다. (31a)는 桌子가 한정적이므로 가볍게 발음하기 때문에 一本书를 가볍게 발음할 수 없더라도 문제가 없다. 반면 (31b)는 三本语言学书를 강세를 두어 발음해야 하고 在一张新桌子 또한 가볍게 발음할 수 없기 때문에 부자연스럽다. (31c)는 동사 뒤의 두 성분 모두 강세를 두어 발음해야 하므로 상당히 부자연스럽다. 이는 중국어는 동사 뒤에 가볍게 발음할 수 없는 성분 두 개가 출현하는 것을 허용하지 않는다는 것을 보여준다. 즉 동사 뒤에는 하나의 강세 성분만 출현하는 것이 가장 적합하다. 중국어 화자가 강세가 뒤쪽 또는 마지막에 있다고 느끼거나, 강세가 가벼운 것으로부터 무거운 것으로 진행된다고 느끼는 것은 동사를 중심으로 한 현상이다. 따라서 중국어에서는 문말 성분이 아니라 동사를 중심으로 강세 영역이 설정된다. 강세가 뒤쪽에 있다는 표현은 틀리지는 않지만, 이때 '뒤쪽'은 문말의 주요 동사를 중심으로 설정된 강세 영역이다. 이와 같은 강세 영역의 설정은

동사를 중심으로 하는 중국인의 언어 심리에 근거하며(陈建民 1984), 동사 중심의 여러 가지 통사적 특징에 의해 뒷받침된다.

## 3.4.

동사 중심의 강세 형식이 중국어에서 실현되는 방식을 살펴보자. 중국어는 SVO 유형의 언어이므로 SVO 유형의 일반강세 규칙을 따른다. Liberman의 이론에 근거하여 (32)와 같이 일반강세 규칙을 제시할 수 있다.

(32) [⋯X Y]$_S$에서 S가 문장이면 Y에 강세가 실린다.

X와 Y 두 운율 성분이 문장의 마지막 운율 영역domain을 구성할 때 전체 문장의 주요 강세는 Y에 할당되어야 한다. 이는 SVO 유형의 언어는 일반적으로 문장의 마지막 운율 영역에서 문장 강세가 실현된다는 것을 의미한다. 그러나 (32)는 X와 Y를 어떻게 확정하는가의 문제는 설명하지 않는다. 운율 구조와 통사 구조가 반드시 일치하는 것은 아니지만, 최근 연구(Liberman & Prince 1977, Duanmu 1990)에 의하면 일반적으로 운율 구조, 특히 문장 층위의 운율 구조는 통사적 관계를 통해 실현된다. 영어의 일반강세의 실현 과정은 이를 잘 보여주는데, (33)과 같은 규칙으로 일반강세 구조를 나타낼 수 있다.

(33)

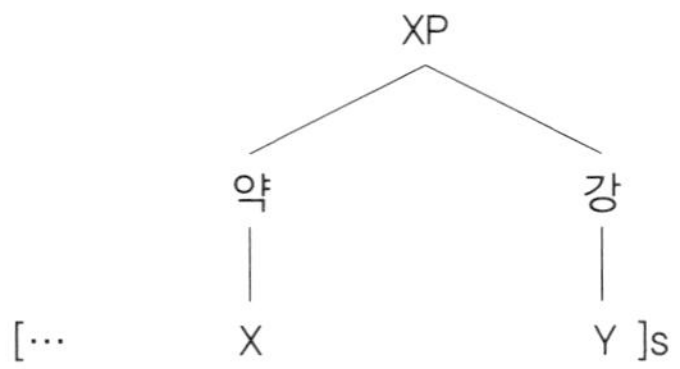

XP는 문말에 위치한 명사구나 동사구, 전치사구와 같은 구 구조를 나타내며, X와 Y는 구를 이루는 두 성분을 나타낸다. (32)에 따라 Y가 X보다 강하므로 Y에 문장의 일반강세가 놓인다. 그러나 중국어의 일반강세 규칙은 (34)와 같은 규칙을 따른다.

(34)

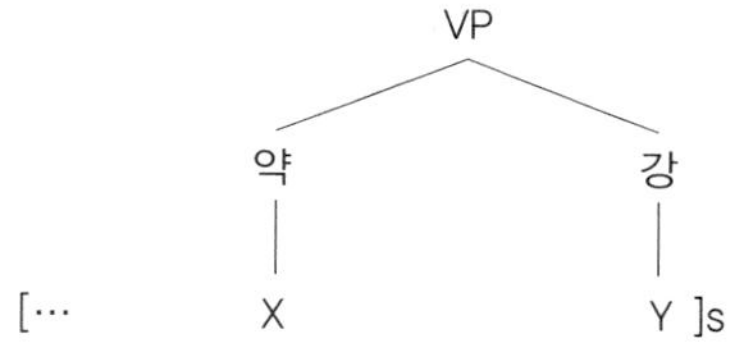


X와 Y는 동사를 중심으로 한 마지막 구 구조에 속한 두 개의 성분이다. 중요한 것은 X가 문장의 마지막 주요 동사라는 것이다. 따라서 중국어에서 마지막 운율 영역을 확정하고 강세를 할당하기 위해서는 우선 문장의 마지막 주요 동사와 논항 성분argument을 찾아서 문말 운율 영역을 설정해야 한다. 그 다음 그 운율 영역에서 가장 오른쪽에 있는 성분에 일반강세를 할당한다. 예를 들어, 张三想买毛衣장싼이 스웨터를 사고 싶어 한다에서 마지막 주요 동사는 买이므로 买가 X이고 买가 지배하는 毛衣가 Y이다. 따라서 买毛衣가 이 문장의 마지막 운율 영역인 [XY]가 된다. (32)에 따라 강세가 마지막 운율 영역의 마지막 성분에 놓이므로, 일반강세는 毛衣에 놓인다. 이것이 가장 일반적인 상황이지만, 동사가 자동사일 경우에는 (34)의 [⋯XY]$_{s}$에서 Y 자리가 비기 때문에 동사인 X에 강세가 실현된다. 예를 들어 他走了그는 갔다에서 강세는 동사인 走에 놓인다.

이와 관련하여 몇 가지 더 지적하자면, 첫째, (34)에 따라 동사 뒤에는 하나의 강세 성분만 올 수 있다. 문장에서 하나의 강세만 실현되기 때문에 동사가 강세를 할당할 수 있는 성분은 Y일 수밖에 없다. 만약 동사 뒤에 두 개의 강세 성분이 있다면 두 번째 성분은 제거되어야 한다. 그렇지 않으면 (34)를 위반하므로 적법하지 않다.

둘째, (34)는 문장의 기본 구조elementary structure와 수식 구조adjoined structure에 다른 방식으로 적용된다. 기본 구조는 주어, 술어, 목적어, 보어와 같은 문장의 일차적 기본 성분으로 구성된 구조이며, 수식 구조는 관형어, 부사어와 같은 수식 성분이 기본 구조에 더해진 구조이다. (34)는 기본 구조에만 엄격하게 적용되며 부가 구조에 대해서는 제약을 가하지 않는다. 따라서 (34)가 (35a)에는 적용되지만 (35b)에는 적용되지 않는다.

(35) a. 기본 구조 b. 수식 구조

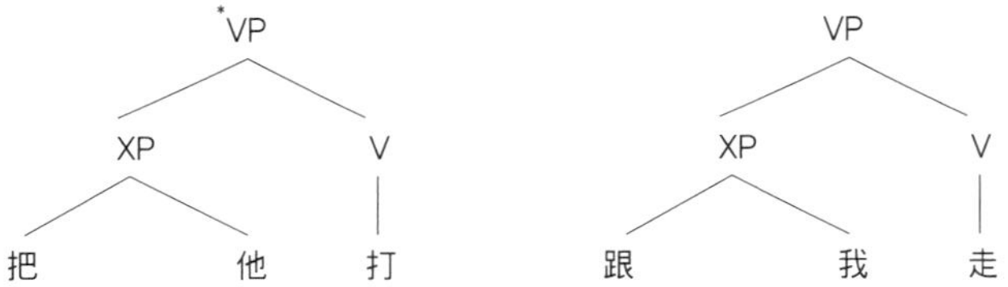


(35a)에서 XP인 把자문의 목적어는 기본 구조의 동사가 지배하는 대상이므로 (34)에 따라 적법하지 않은 문장이 된다. 그러나 (35b)처럼 XP가 수식 구조일 경우에는 (34)가 적용되지 않는다. 이에 대한 원리는 매우 간단하다. 일반강세는 문장에서 수식 성분이 부가되기 전의 기본 구조에만 적용된다. 기본 구조에 부가된 수식 성분도 일반적으로 기본 구조의 일반강세 유형을 따르므로 他不想[跟我]走그는 나와 함께 가고 싶어 하지 않는다에서 가장 큰 강세는 동사 走에 놓인다. 그러나 수식 성분은 종종 기본 구조의 강세 대상을 바꾸기도 한다. 예를 들어, 他喜欢钱그는 돈을 좋아한다이라는 기본 구조에 是가 더해져서 他[是]喜欢钱이 되면 강세는 是에 놓인다. 마찬가지로 只有가 더해져서 [只有]他喜欢钱그 사람만 돈을 좋아한다가 되면 강세는 他에

놓인다. 이는 기본 구조의 강세 형식과 수식 성분이 더해진 구조의 강세 형식이 서로 다른 층위에 속하는 운율 현상이라는 것을 설명한다. 일반강세 규칙의 제약은 기본 구조에만 적용된다. 수식 성분은 문장에 자유롭게 출현할 수 있으며 초점강세를 유발하여 일반강세의 형식을 바꿀 수 있다. 그러나 초점강세는 일반강세를 대체할 수 없다(대체에 대한 논의는 4.4 참조).

셋째, 운율적으로 약하게 발음되는 어휘는 강세의 할당에 영향을 미칠 수 있다. 예를 들어, (34)에 따르면 我喜欢他나는 그를 좋아한다에서 강세는 他에 놓여야 한다. 그러나 대명사는 일반적으로 강세를 받지 않기 때문에 [喜欢他]가 마지막 운율 영역이지만 喜欢은 他에 강세를 할당할 수 없다. 따라서 동사가 강세를 지니게 되어 이 문장에서는 강세가 喜欢에서 실현된다.

넷째, 我想给张三两本书나는 장싼에게 책 두 권을 주고 싶다와 같은 이중목적어 구조에서 일반적으로 강세는 간접목적어 张三이 아니라 직접목적어 两本书에 놓인다. 이 구조에서는 동사 뒤에 두 개의 성분이 있는데 (34)는 동사 뒤 하나의 성분 즉 Y만을 허용한다. 따라서 (34)가 실제 언어적 사실과 부합하지 않는 것처럼 보인다. 그러나 李艳惠(Li 1990)의 분석에 의하면, 给张三은 복잡동사로 재분석되며 两本书는 이 복잡동사의 목적어이다. 따라서 (34)의 X는 给张三이고 Y는 两本书이다. 이러한 분석을 채택한다면 이중목적어 구조도 (34)에 근거하여 강세 형식을 도출할 수 있다.[48]

---

48) 이중목적어 구조에 출현하는 [给+NP]의 복잡동사 특성은 다음의 예문을 비교하면 이해할 수 있다(Li 1990).

我给了张三一本书。나는 장싼에게 책 한 권을 주었다.
*张三被我给了一本书。
*我把张三给了一本书。
我打了他两下。나는 그를 두 번 때렸다.
他被我打了两下。그는 나에게 두 번 맞았다.

제4절은 (34) 및 상술한 몇 가지 제약에 근거하여 운율 규칙이 통사 규칙과 구조에 미치는 영향과 제약을 논의한다.

## 제4절 통사에 대한 운율의 제약

강세는 실체가 명확하지 않지만 분명히 존재하는 언어 현상이다. 강세가 다른 언어 현상에 비해서 명확하지 않은 것은 초분절 자질이라는 원인 이외에도 체계 내에서 상대적으로 실현되는 자질이기 때문이다. 강세는 체계를 구성하는 요소 간의 상호작용으로 실현된다. 즉 강세는 상대적으로 약한 소리에 비해서 강하게 발음되는 것이므로 상대적인 비교 없이는 강약의 개념이 존재하지 않는다. 강약은 상대적인 것이지 절대적인 자질이 아니기 때문이다. 老子의 표현을 빌리면 가벼운 것과 무거운 것이 서로를 드러내고 존재하게 하는轻重相形, 轻重相成 현상이다. 강세는 독립적인 구체적 자질의 특징으로 실현되는 것이 아니라 다른 성분과의 상대적 관계를 통해 형성된다(Liberman & Prince 1977). 강세의 실현은 다른 성분의 존재를 전제로 하므로, A에 강세가 있다는 것은 A보다 약하게 소리 나는 B가 있다는 것을 의미한다. 이와 같은 강약의 상호의존성에 따라 운율단위에 속하는 A와 B 두 성분 가운데 A에 강세가 있다는 것은 B를 약하게 발음하는 것을 의미한다. 마찬가지로 [AB]의 B에 강세를 두어야 하는 언어 규칙이 있다면, 이는 B를 운율적으로 강하게 하거나 A를 약하게 하는 방식으로 실현된다. 반대로 [AB]의 B가 상대적으로 약

---

我把他打了两下。나는 그를 두 번 때렸다.
명사인 张三은 동사 给의 지배 범위를 벗어날 수 없는데, 이는 给张三이 통사적 구조에서 하나의 문법 단위로 재분석되었음을 의미한다.

하면 이는 A의 강세가 큰 것을 의미한다. 이것이 Liberman(1977)과 같은 언어학자들이 일반강세가 뒤쪽에 있음을 설명하면서 마지막 구 구조를 강세가 실현되는 구조로 제시한 이유이다((32) 참조). 강세가 실현되는 마지막 구를 강세 영역이라고 한다. 강세 영역은 최소 두 개의 성분으로 구성되어야 하며, 뒤쪽 성분이 앞 성분보다 무거울 때에만 일반강세가 실현된다. 앞 성분이 뒤 성분보다 무거우면 일반강세가 실현될 수 없으므로 적법하지 않은 문장이 생성된다.

문장의 일반강세가 문말 즉, 문장의 마지막 통사 구에서 실현되면 [주어+술어+목적어]로 구성된 문장의 기본 구조에서 일반강세는 동목구에서만 실현된다(수식어가 부가된 동사구와 명사구는 논의에 포함하지 않는다. (35) 참조).

(36)

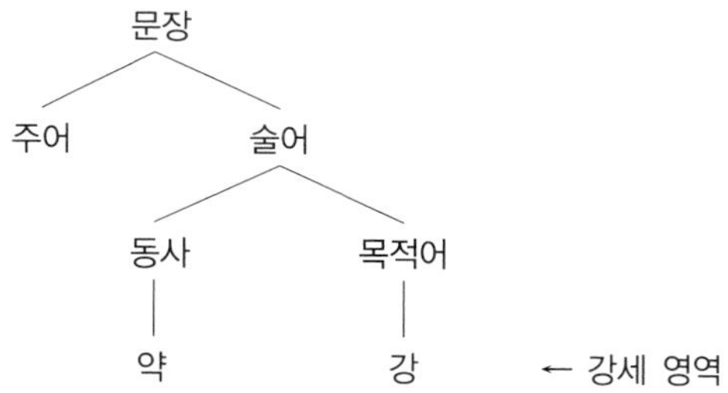


(36)은 [약강] 구조의 일반강세 영역을 나타내는데 목적어는 동사보다 큰 강세를 받는다. 그러나 목적어가 대명사와 같은 약강세 음절이면 강세는 동사에 놓인다.

(37)

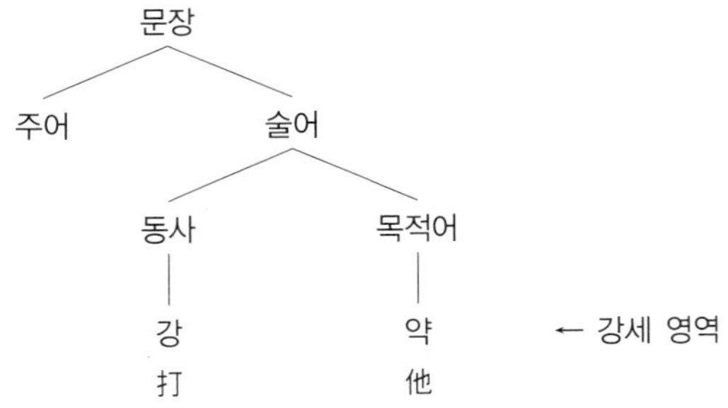


(36)과 (37)은 강세가 문장의 기본 구조에 미치는 영향과 제약을 나타내며, 동사와 명사를 수식하는 성분은 포함하지 않는다. 수식어로 구성된 문장은 일반강세 규칙을 따르지 않을 수도 있다. 어떤 수식어는 그 자체에 강세를 지니기 때문에 이러한 수식어가 포함된 문장의 강세 구조는 운율적으로 다르게 실현된다.

(38) a. 他要走。 그는 가려고 한다.
b. 他慢慢儿走。 그는 천천히 걷는다.
c. 用刀切。 칼로 베다.

(38a)는 기본 구조로 구성된 문장이므로 문장의 마지막에 놓인 走에 강세가 실현된다. 그러나 (38b)와 (38c)처럼 동사에 수식어가 부가되면 강세가 문장의 앞쪽이나 뒤쪽으로 이동할 수 있다. 즉 慢慢儿走에서 강세는 慢慢儿에 있고, 用刀切에서 강세는 刀 또는 切에 있다. 이와 같이 부사 수식어가 포함된 문장은 일반강세와는 다른 운율 구조를 허용한다. 그러나 수식어가 없는 기본 구조는 이와 같은 예외를 허용하지 않는다. 통사에 대한 운율의 제약은 운율 구조가 문장의 기본 구조에 가하는 제약을 가리키며, 이 제약에는 예외가 없다. 일반강세가 문장의 기본 구조에 미치

는 제약은 4.1에서 논의할 몇 가지 측면에서 나타난다.

### 4.1. [2+1] 형식의 [동사+목적어] 구조

수식어가 없는 동목 구조는 (36)과 같이 하나의 강세 영역을 구성한다. (39)는 강세 영역을 구성하는 동목 구조의 예이다.

(39) 2음절

种树 나무를 심다　　说话 말하다
念书 공부하다　　吃饭 밥을 먹다
跑步 달리기 하다　　走路 길을 걷다
聊天 한담을 나누다　　看戏 연극을 보다

3음절

种果树 과수를 심다
织毛衣 털옷을 짜다
耍花枪 속임수를 써서 현혹시키다
泡蘑菇 일부러 시간을 끌다
跑龙套 자질구레한 일을 하다
读报纸 신문을 읽다
想问题 문제를 생각하다

일반강세는 [1음절 동사+1음절 목적어] 구조의 [1+1] 형식과 [1음절 동사+2음절 목적어] 구조의 [1+2] 형식에서도 실현된다. (40)은 [1+1] 형식의 운율 구조이며, σ는 음절을 나타낸다.

(40)

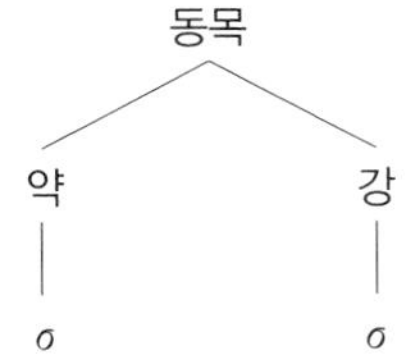


(40)에서 동목 구조는 하나의 운율 영역을 구성한다. 이 운율 영역은 두 개의 성분을 지니며 2음절 음보를 구성한다. 따라서 강세는 오른쪽 성분에 할당되어 약강 구조를 형성한다. (41)은 [1+2] 형식의 운율 구조이다.

(41)

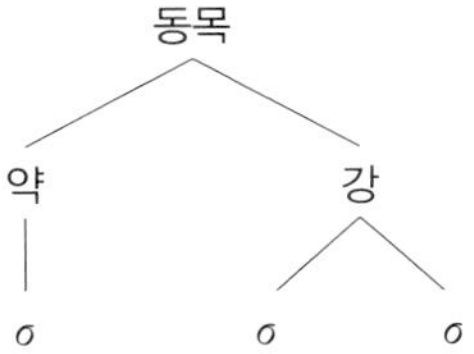


(41)의 구에도 일반강세가 실현된다. 구의 왼쪽 성분은 하나의 음절로, 오른쪽 성분은 두 개의 음절로 구성되어 있다. 두 음절은 한 음절보다 무겁기 때문에 이 구조는 왼쪽이 가볍고 오른쪽이 무거운 구조이다. 이는 오른쪽이 무거울 것을 요구하는 일반강세 조건에 부합한다. 따라서 일반강세가 목적어에 할당되어 약강 형식의 운율 구조를 형성한다.

그러나 [2+1] 형식은 이와 다르다. 두 음절이 한 음절보다 무거우므로 [2음절 동사+1음절 목적어] 구조는 (42)와 같이 왼쪽이 무겁고 오른쪽이 가벼운 형식이 될 수밖에 없다.

(42)

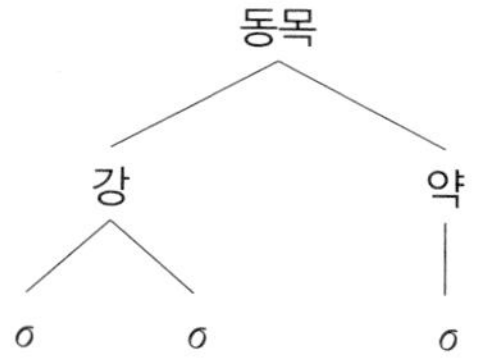


강약 형식의 구조는 일반강세 조건에 부합하지 않기 때문에 (42)와 같은 동목구조의 구는 허용되지 않는다.[49] (43)은 이를 보여주는 예이다.

(43) 种树 나무를 심다 *种植树
还钱 돈을 돌려주다 *归还钱
读报 신문을 읽다 *阅读报
选课 수업을 선택하다 *选择课
浇花 꽃에 물을 주다 *浇灌花
砍树 나무를 베다 *砍伐树
埋猫 고양이를 묻다 *埋葬猫

(43)의 일부는 李临定의 《现代汉语动词》에서 가져온 것이다. 李临定은 [2+1] 형식이 성립할 수 없는 것은 동사와 목적어의 문체적 특성이 다르기 때문이라고 분석한다. 즉 种植나무를 심다, 浇灌물을 주다 등의 2음절 어휘는 대부분 글말에서 사용되지만, 树나무, 花꽃, 钱돈 등의 1음절 어휘는 대개 입말에서 사용된다는 것이다. 입말 어휘와 글말 어휘는 성격이 다르기 때문에 두 어휘의 조합이 어렵다는 李临定의 분석은 상당히 설득력이 있다. 그러나 2음절 어휘가 더 형식적으로 느껴지는 것은 1음절 어휘에

49) 시에서는 [2+1] 형식의 동목 구조가 출현하기도 한다. *你怎么又阅读报라고 말하면 부자연스럽지만, 시에서는 风中阅读报, 月下浇灌花바람 가운데 글을 읽고, 달빛 아래 꽃에 물을 뿌리네라고 해도 문제가 없다. 시구는 음보를 단위로 하여 강세를 할당하지만, 자연 언어는 (34)에 따라 통사적 구를 기준으로 강세 영역을 구성하기 때문이다.

비해 2음절 어휘가 지니는 상대적 무게로 인한 것임을 지적할 필요가 있다. 이것이 바로 ≪马氏文通≫에서 두 글자로 이루어진 어휘는 한 글자로 구성된 어휘보다 장중하게 느껴진다고 묘사한 것에 해당한다(古籍中诸名往往取双字同义者或两字对待者，较单辞只字其词气稍觉浑厚 옛 서적에 실린 여러 이름 중에 종종 두 자가 동일한 의미를 지니거나 반대의 의미를 지니는 경우가 있는데, 이들은 한 글자로 구성된 짧은 단어에 비해서 단어의 기운이 좀 더 장중하게 느껴진다). 왜 2음절 어휘가 1음절 어휘보다 장중하게 느껴지는가? 이에 대해 郭绍虞(1938)는 2음절 어휘는 항상 1음절 어휘보다 상대적으로 강하게 느껴진다고 설명한다. 그런데 2음절 어휘가 무게가 있고 장중하게 느껴지는 원인은 운율에 있다. 강세가 근본적 원인이며, 무게가 느껴지는 것은 그에 따른 표면적 현상인 것이다. 따라서 李临定이 1음절 어휘와 2음절 어휘의 상이한 특성으로 (43)을 설명한 것은 타당하지만 그 근본적인 원인을 간과해서는 안 된다. 운율적 해석을 통해서 2음절어가 형식적이고 무거운 느낌을 주는 반면 1음절 어휘가 비형식이고 가벼운 느낌을 주는 이유를 설명할 수 있으며, 李临定의 분석도 보완할 수 있다. (44)의 예를 살펴보자.

(44) *他们正在浇灌花。
　　他们正在浇灌大白菜。 그들은 배추에 물을 주고 있다.

*浇灌花가 적법하지 않는 원인이 浇灌과 花의 문체적 성격이 다른 데에 있다면 왜 浇灌大白菜는 적법한가? 이는 花가 大白菜보다 더 비형식적이기 때문인가? 사실 大白菜가 花보다 더 입말적인 표현이지만, 浇灌大白菜는 자연스럽게 받아들여지는 반면 *浇灌花는 그렇지 않다. 만약 [2+1] 형식의 동목 구조가 2음절 어휘와 1음절 어휘의 문체적 차이로 인하여 비적법하다면, [1+2] 형식의 동목 구조에서도 동일한 결과가 나타나야

한다. 그러나 대부분의 [1+2] 형식의 동목 구조는 자연스럽게 받아들여진다. (45)는 Lu & Duanmu(1991)의 예이다.

| | | | | |
|---|---|---|---|---|
| (45) 修理公路 | 修路 | ?修理路 | 修公路 | 도로를 수리하다 |
| 清理仓库 | 清仓 | *清理仓 | 清仓库 | 창고를 정리하다 |
| 增加薪水 | 加薪 | *增加薪 | 加薪水 | 월급을 올리다 |
| 缝制衣服 | 缝衣 | ?缝制衣 | 缝衣服 | 옷을 만들다 |
| 收割小麦 | 收麦 | *收割麦 | 收小麦 | 보리를 수확하다 |
| 收购粮食 | 收粮 | *收购粮 | 收粮食 | 양식을 구입하다 |
| 阅读报纸 | 读报 | *阅读报 | 读报纸 | 신문을 읽다 |
| 选择课程 | 选课 | *选择课 | 选课程 | 수업을 선택하다 |
| 浇灌花草 | 浇花 | *浇灌花 | 浇花草 | 화초에 물을 주다 |

(45)는 3음절 동목 구조 중 [1+2] 형식이 [2+1] 형식보다 많다는 吕叔湘(1963)의 분석과 일치한다. 따라서 문체적 특성의 차이로는 [1+2] 형식이 [2+1] 형식보다 많은 이유를 설명할 수 없다. 그러나 운율의 측면에서 본다면 이 문제는 매우 쉽게 해결된다. [1+2] 형식은 일반강세 조건에 부합하는 반면 [2+1] 형식은 강약 구조를 유발하여 일반강세가 실현될 수 없기 때문이다. 喜欢钱돈을 좋아하다, 吓唬人사람을 놀라게 하다과 같은 일부 [2+1] 형식이 성립하는 것은 이 형식 내부의 2음절 어휘가 (43)이나 (45)의 [2+1] 형식 동목구에 속한 2음절 어휘와 다르기 때문이다. (46)을 살펴보자.

| | |
|---|---|
| (46) (a) *[2+1] | (b) [2+1] |
| 归还 | 喜·欢 |
| 种植 | 吓·唬 |

(46a)의 2음절 동사는 강세가 모두 두 번째 음절에 있지만 (46b)는 동사

의 두 번째 음절이 경성이기 때문에 첫 번째 음절에 강세가 놓인다. 따라서 (46a)는 두 음절이 정상적으로 표준음보를 구성하지만 (46b)는 두 번째 음절이 경성이므로 운율적 무게가 부족하여 결손음보를 이룬다. 두 번째 음절이 경성인 2음절어는 두 번째 음절의 음길이가 첫 번째 음절의 절반밖에 안 되는 경우도 있다(林涛 1990). (46b)는 2음절 동사의 무게가 부족하기 때문에 1음절 목적어가 동사와 경쟁하여 일반강세를 실현한다. 따라서 (46b)와 같은 동사가 포함된 동목 구조는 적법하다. 이는 또한 [2+1] 형식이 [1+2] 형식보다 적게 출현하는 이유이다. [2+1] 형식의 동목 구조는 일반적으로 적법하지 않으며 특수한 경우에만 적법한 것으로 받아들여지므로, [1+2] 형식보다 수가 적은 것이다. 목적어가 2음절이나 3음절일 경우에는 2음절 동사와 무게가 같거나 더 무겁기 때문에 강약 구조를 야기하지 않는다. 따라서 일반강세가 실현되어 문장의 기본적 운율 구조가 충족되므로 [2+2] 형식이나 [2+3] 형식의 동목 구조는 일반적으로 자연스럽게 받아들여진다.

이상의 논의와 같이 통사 규칙은 모든 동목 구조를 허용하지만, [2+1] 형식의 동목 구조가 항상 허용되는 것은 아니다. [2+1] 형식이 허용되지 않는 것은 강세 규칙 및 강세 규칙으로 야기된 문체적 특성으로 설명할 수 있다. 그런데 어휘의 문체적 특성과 운율 가운데 운율이 더 근본적인 원인이다. 따라서 [1+2] 형식과 [2+1] 형식의 적법성 여부를 결정하는 데에 있어서 운율적 요인은 문체적 특성보다 더 중요하며, 이는 일반강세가 동사와 목적어의 음절 조합에 제약을 가하기 때문이다.

### 4.2. [동사+목적어+양사] 구조

(47)과 (48)의 적법성 문제는 중국어 통사 연구의 난제 중 하나였다. *는

적법하지 않은 문장을, ?는 화자에 따라 적법성 여부가 다르게 판단되는 문장을 나타낸다.

(47) a. 小李打了他两下。 샤오리는 그를 두 번 때렸다.
b. 老师说了我们四个钟头。 선생님은 우리를 네 시간동안 나무라셨다.
c. 他看了那个电影三次。 그는 그 영화를 세 번 보았다.

(48) a. *小李打了两个人三次。
b. *老师说了三个学生四个钟头。
c. *他看了两个电影三天。

일반적으로 (47)은 적법하지만 (48)은 적법하지 않다고 판단된다.[50] 그런데 (47)과 (48)의 통사 구조는 완전히 일치하므로 형식적 통사 규칙으로는 (47)의 적법성과 (48)의 비적법성을 동시에 설명할 수 없다는 문제가 있다.

(49) [주어+동사+목적어+명량사/동량사]

(47)과 (48)은 동일한 통사 구조 (49)를 지니기 때문에 문장의 적법성 여부나 적법성의 정도가 다른 데에는 통사 이외의 원인이 있을 수밖에 없다. 아마 의미적 측면이 가장 쉽게 생각할 수 있는 원인일 것이다. 예를 들어 *小李打了两个人三次가 적법하지 않은 것은 小李가 누구를 몇 번 때렸는지가 명확하지 않기 때문이라고 의미적 층위에서 설명할 수 있을 것이

50) 운율 구조와 문장의 적법성 판단은 모두 북경어北京话 입말을 기준으로 한다. 北京 화자가 받아들일 수 있는 문장이 남방의 台湾 국어国语 화자들에게 받아들여지지 않는 경우도 일부 있다. 石基琳이 필자에게 지적한 바와 같이, 이는 남방 방언에 北京 방언과 같은 경성과 약강세 발음이 없는 것과 관련된다. 따라서 남방 방언 화자에게 받아들여지지 않는 문장은 이 책의 이론에 영향을 미치지 않으며, 오히려 다른 각도에서 이 책의 논리를 뒷받침한다.

다. 그러나 (50)은 의미적 층위의 설명이 적용되지 않는 것을 보여준다.

(50) 小李三天看了两本书。 샤오리는 3일 동안 책을 두 권 보았다.

(50) 역시 小李가 언제 몇 권의 책을 보았는지 명확하지 않지만, 이는 적법한 문장이다. 또한 (51)과 같은 언어 환경에서 볼 때에도 의미 중심의 설명이 (48)에 적용되지 않는다는 것을 알 수 있다.

(51)

母亲：我的孩子从来不打人。 내 아이는 다른 사람을 때린 적이 없습니다.

邻居：谁说的? 他昨·天就打·了两个人三次。

누가 그래요? 그 아이가 어제도 두 명이나 세 차례 때렸다니까요.

母亲：(对孩子)是吗? (아이에게) 정말이니?

孩子：我昨天是打了两个人三次。 제가 어제 두 명을 세 차례 때렸어요.

父亲：什么? 你昨天居然打了两个人三次!

뭐라고? 네가 어제 정말 두 명이나 세 차례 때렸다고!

(51)과 같이 화자가 문장의 특정 성분을 강조하고자 하면 이 문장은 매우 자연스럽게 받아들여진다. 따라서 의미상의 불분명함이 통사적 문제를 야기한다고 보는 설명은 불충분하다. 또한 (52)와 같이 다른 언어에서는 동일한 문장이 적법성의 문제를 일으키지 않는다.

(52) 일본어 : 私は三人の男に三回会つた. 나는 세 사람을 세 차례 만났다

영어 : I run into three men three times. 나는 세 사람을 세 차례 마주쳤다

의미 중심의 설명은 왜 동일한 표현이 다른 언어에서는 문제가 되지 않는데 중국어에서만 문제가 되는지를 설명할 수 없다. 즉 의미적 해석은 (48)과 (51)의 적법성의 차이를 설명할 수 없을 뿐만 아니라 중국어와

다른 언어 간의 차이도 설명할 수 없다.

(47)과 (48)이 통사적 구조가 동일함에도 불구하고 적법성의 차이가 생기는 이유에 대해서 Li & Thompson(1981)은 명사의 지시성referentiality이 제약 요인임을 가장 먼저 제기하였다. 이후 方梅(1993)도 이 문제에 대해 상세한 논의를 진행한 바 있다. 최근에는 목적어 위치에 있는 명사는 한정적이어야 한다는 데에 학자들의 의견이 일치한다. (53)을 살펴보자.

(53) a. 他打了我三次。 그는 나를 세 번 때렸다.
b. 他打了那个人三次。 그는 그 사람을 세 번 때렸다.
c. *他打了三个人三次。

(53a), (53b)과 같이 목적어가 我나 那个人이면 문장은 적법하다. 그러나 (53c)처럼 목적어가 三个人이면 문장은 적법하지 않다.

(54) 他打了那三个人三次。 그는 그 세 사람을 세 번 때렸다.

(54)와 (53c)의 차이는 那三个人과 三个人에 있다. 我, 那个人, 那三个人이 三个人과 다른 점은 전자는 한정적이고 후자는 비한정적이라는 점이다. 이는 목적어의 한정성이 문장의 적법성에 중요한 영향을 미친다는 것을 나타낸다. (55)에 제시된 문장의 적법성을 살펴보자.

(55) a. 他看了三次电影。 그는 영화를 세 차례 보았다.
b. *他看了电影三次。
a. 他打了四次电话。 그는 전화를 네 차례 하였다.
b. *他打了电话四次。

(55)는 목적어가 한정 명사가 아닐 경우 [동사+양사+목적어] 형식은 허

용되지만 [동사+목적어+양사] 형식은 허용되지 않는다는 것을 보여준다. 이는 동사와 양사 사이에 놓인 목적어는 한정이어야 한다는 점을 충분히 증명한다. 그러나 이것이 [동사+목적어+양사]가 포함된 문장의 적법성을 결정하는 근본적인 요인인가?

중국어는 영어의 관사 the나 일본어의 は와 같은 형식적 수단으로 언어의 한정 성분을 나타내지 않지만, (56)과 같이 통사적 위치를 통해서 명사의 한정성을 나타낸다.

(56) a. 书在桌子上。 책은 탁자 위에 있다.
b. 桌子上有书。 탁자 위에 책이 있다.
a. 书，我念了三次。 책, 나는 세 번 읽었다.
b. 我念了三次书。 나는 책을 세 번 읽었다.
a. 我把书看完了。 나는 책을 다 읽었다.
b. 我看完书了。 나는 책을 다 읽었다.

(56a)의 书는 항상 한정적이다. 그러나 (56b)의 书는 특수한 언어 환경에서 한정인 경우를 제외하면 총칭이다. (56)에서 (a)와 (b)의 대립은 중국어가 동사 앞에 위치한 명사는 한정적일 것을 요구한다는 점을 나타낸다. 이와 같이 문장의 특정한 위치에 한정 성분이 출현할 것을 요구하는 제약으로 인해 (57)은 매우 부자연스러운 문장이다.

(57) *一本书在桌子上。

(57)에서 一本书는 비한정 명사이므로 동사 앞 주어 위치에 출현할 수 없다. 따라서 (58)과 같이 바꾸어야 한다.

(58) 有一本书在桌子上。 책 한 권이 탁자 위에 있다

(58)처럼 一本书가 有의 목적어인 경우는 적법한 문장이다. 동사 앞에 놓인 명사와는 달리, 동사 뒤에 놓인 명사는 한정성의 제약이 없을 뿐만 아니라 비한정 명사가 쉽게 허용된다. 동사 앞 명사의 한정성은 중국어 문법학계에서 일반적으로 받아들여지는 규칙이다. 따라서 명사의 한정성 제약은 동사에 의해 결정된다. 그렇다면 일반적으로 동사 뒤 목적어 명사에 대해서는 한정성 제약이 없는데, 왜 [동사+목적어+양사] 구조에서는 목적어의 한정성 제약이 적용되는가? 한정성에 기반한 설명은 이 문제를 해결할 수 없다. [동사+목적어+양사] 구조에서 목적어가 한정 성분일 것을 요구하는 제약은 동사 뒤 목적어 명사에 한정성을 요구하지 않는 일반적 규칙과 명백히 모순된다.

이와 같은 모순은 (55a)와 (55b) 두 가지 문형의 통사적 분석에도 나타난다. [동사+양사+목적어]와 [동사+목적어+양사]는 내부적 구조가 다르다. 전자는 [V[NN]]이지만 후자는 [[VN]N]]이다(朱德熙 1984, Huang 1982, Li 1990).

(59) (Ⅰ) (Ⅱ)

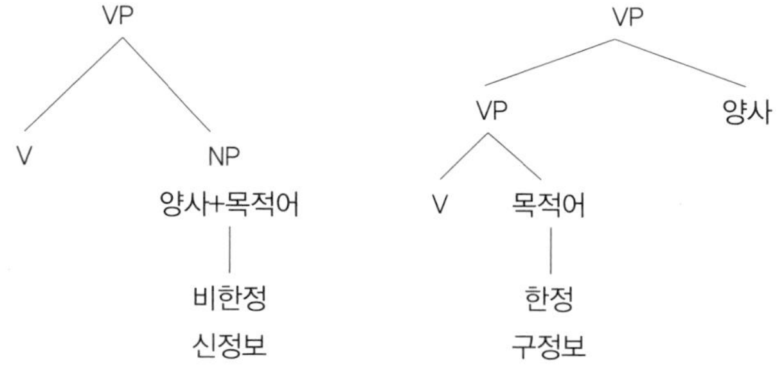


[동사+양사+목적어]의 구조에서 양사와 목적어는 동사의 지배를 받는 하나의 단위에 속하는 두 성분이지만, [동사+목적어+양사] 구조에서 목

적어와 양사는 독립적인 성분이다. 즉 구조 (Ⅰ)에서 술어가 지배하는 성분은 [양사+목적어]로 구성된 NP 한 개이다. 그러나 구조 (Ⅱ)에서 술어는 두 개의 독립적 성분인 목적어와 양사를 지배한다. 方梅(1993)의 통계에 의하면, (55a)와 같은 구조 (I)의 목적어는 항상 비한정적이며 신정보를 나타내는 명사이다. 따라서 동사의 직접 지배를 받는 [양사+목적어] 구조는 목적어가 비한정적이며 신정보를 나타내는 경향이 있는 중국어의 일반 규칙에 부합하기 때문에 문제가 되지 않는다. 그런데 구조 (Ⅱ)는 동사 뒤의 목적어에 대해 한정적이며 구정보를 나타낼 것을 요구하므로 일반적 규칙과 상반된다. 이와 같이 구조 (Ⅰ)과 (Ⅱ)에 보이는 한정과 비한정, 신정보와 구정보의 차이는 일반 규칙과 그에 상반되는 규칙이 대립하는 현상을 보여준다.

이상의 논의를 통해 목적어에 대한 한정성 제약으로 (47)의 적법성을 설명하는 것은 중국어의 일반 규칙을 부정하거나 적어도 부분적으로 부정하는 결과를 초래한다는 것을 알 수 있다. (47)의 문장에서 목적어는 모두 한정적이다. 그러나 목적어에 대한 한정성 제약은 현상만을 기술할 뿐 목적어의 한정성이 문장의 적법성에 영향을 미치는 근본적인 이유를 설명하지 못한다. 또한 [동사+목적어+양사] 구조의 목적어에 대한 한정성 제약은 중국어의 일반 규칙과 상충하므로 이에 대한 설명이 필요하다.[51]

문장의 적법성 조건이 목적어의 한정성에만 국한되는 것은 아니다. (60)의 문장을 살펴보자.

51) 黄正德(1992)는 동사 이동 이론에 근거하여 목적어의 지시성referentiality에 대해 구조적으로 설명한 바 있다. 이 책에서는 운율 구조 규칙에 근거하여 이 현상을 체계적으로 해석하고, *昨天我看见两个人三次와 같은 비문이 일본어나 영어와 같은 다른 언어에서는 적법한 이유에 대해 설명할 것이다.

(60) a. 他打了一个人几下。 그는 한 사람을 몇 번 때렸다.
b. ?他打了两三个人三下。
c. *他打了四个人三次。

(60a)는 几下가 적은 수량을 나타내며 一个人이 비한정이지만 자연스러운 문장이다. (60b)는 첫 번째 문장보다 덜 자연스럽지만, (60c)보다는 낫다. 유사한 현상은 (61)에서도 볼 수 있다.

(61) a. 他骂了几个人几句，就走了。 그는 몇 사람을 몇 마디 꾸짖고 떠났다.
b. ?他骂了几个人三句，就走了。
c. *他骂了四个人三句，就走了。

(61a)는 几个人이 비한정이지만 문제가 없으며, 일반적으로 骂에 강세를 두어 말한다. (61b)는 (61a)보다는 덜 자연스럽지만 (61c)보다는 낫다. (61c)는 가장 부자연스럽다. 통사나 의미의 측면에서 목적어의 한정성으로 이 현상을 설명할 수 없다면, 중국어 화자는 무엇을 근거로 문장의 적법성을 판단하는가? 왜 어떤 문장은 자연스럽게 받아들여지고 어떤 문장은 그렇지 않은가?

이상에서 논의한 문법적 차이의 근본적 원인은 문장의 운율 구조에 있다. (62)의 예를 살펴보자.

(62) 我喜欢他老实。 나는 그가 솔직한 것이 좋다.

(62)의 동사 喜欢은 두 개의 논항 他와 老实를 지니며 두 번째 논항인 老实에 강세가 놓인다. (63)의 문장을 비교해보자.

(63) a. 我喜欢那个人老实。 나는 그 사람이 솔직한 것이 좋다.

b. ?我喜欢那个带着帽子的人老实。

c. *我喜欢那个宾夕法尼亚大学语言学系的学生老实。

(63)은 세 문장의 기본 구조가 동일하며, 모두 [NP V NP AP]의 구조로 구성되어 있다. 세 문장의 차이는 동사 뒤 첫 번째 명사 성분의 길이에 있다. 즉 명사 성분의 음절이 증가하고 구조가 복잡해지면서 점차 길어진다는 데에 차이가 있다. 흥미로운 것은 이 성분이 길어지고 무거워짐에 따라서 문장의 적법성 정도가 점차 낮아진다는 것이다. 이를 통해 동사 뒤에 두 성분이 있으면 그 중 하나는 강세를 지니고 다른 하나는 강세를 지니지 않아야 자연스러운 문장으로 받아들여진다는 것을 알 수 있다. 이는 문장의 강세 구조가 문장의 문법성에 직접적인 영향을 미치며, 동사 뒤에 두 개의 강세가 허용되지 않는다는 것을 나타낸다.

언어의 어휘 체계에서 서로 다른 유형에 속하는 어휘는 발음 양상에도 차이를 보인다. 일반적으로 대명사와 한정 명사, [几个+N], [两三个+N]과 같이 부정不定 수량을 나타내는 명사는 다른 유형의 명사에 비해서 가볍게 발음된다. 이와 같은 어휘는 일반적인 상황에서 모두 약강세unstressed로 실현되므로 비강세 어휘 또는 약강세 형식weak form이라고 한다. 이와는 반대로, [三个+N]과 같이 정수定数를 나타내는 명사는 일반적으로 강세가 실현되며 약강세로 발음할 수 없기 때문에 강세 어휘 또는 강세 형식이라고 한다. 여기에서 말하는 약강세는 비강세轻音가 아니라 문장 내 강세 성분과 비교하여 상대적으로 약한 성분을 의미한다. 즉 강세와 약강세는 상대적인 개념으로, 문장 내에서 강세를 받는 성분을 기준으로 강세의 정도가 표현된다. 따라서 강약 두 개념은 상호보완적이며 상호의존적이다(Ladd 1978).

이와 같이 중국어 어휘의 강세 차이에 근거하면 (60)과 (61)의 적법성 여부는 표면적으로 드러나는 목적어의 한정성에 달려있는 것이 아니라 동사 후행 성분이 약강세로 실현되는가에 달려있다는 것을 알 수 있다. (60a)에서 一个人과 几下는 동사에 비해서 약한 강세로 실현될 수 있다. 그러나 (60b)에서는 两三个人만 약강세로 실현될 수 있고, (60c)에서 四个人과 三次는 모두 약강세로 발음할 수 없다. 마찬가지로 (61)에서 几个人几句는 几个人三句보다 약하게 발음되고, 几个人三句는 四个人三句에 비하여 약하다. 따라서 (60a)와 (61a)가 가장 자연스럽고, (60b)와 (61b)가 그 다음이며, (60c)와 (61c)가 가장 부자연스럽다. 다시 (53)과 (54)를 보면, 대명사와 [지시대명사+명사] 구조는 일반적인 상황에서 모두 약강세라는 점이 더욱 명확해진다. 따라서 (53c), (55b), (63c)가 적법하지 않은 이유는 동사 뒤에 약강세로 발음할 수 없는 두 개의 성분이 출현하기 때문이다.

일반 어휘 간의 강약의 차이뿐만 아니라, 약하게 발음되는 어휘 간에도 약한 정도의 차이가 있다. 즉 문장에서 약하게 발음되는 성분이 모두 동일한 정도로 약화되는 것은 아니다. (64)를 통해 비교해보자.

| | | |
|---|---|---|
| (64) | 我打了他。 | 나는 그를 때렸다. |
| | 我打了那个人。 | 나는 그 사람을 때렸다. |
| | 我打了几个人。 | 나는 몇 사람을 때렸다. |
| | 我打了两三个人。 | 나는 두 세 사람을 때렸다. |
| | 我打了三个人。 | 나는 세 사람을 때렸다. |

원어민 화자의 어감에 의하면 대명사가 가장 가볍고, 한정 명사는 가볍지만 대명사만큼 가볍지는 않다. 또한 [어림수不定数+양사+명사]의 형식 가운데 [几个+N]은 [两三个+N]보다 가벼우며, [三个+N]과 같은 [정수定数+양사+명사]의 형식은 강세를 두어 발음해야 한다. 강세가 약한 것

에서 강한 것의 차례에 따라 아래와 같은 등급 순서를 설정할 수 있다.

대명사 < 한정 명사 < [几个+N] < [两三个+N] < [정수+양사+명사]

이와 같은 강세 등급을 근거로 문장의 적법성과 강세에 대한 논의를 검증할 수 있다. 즉 동사 뒤에 강세가 실현되는 성분이 하나만 허용된다면 문장 성분의 강세 등급에 따라 문장의 통사적 적법성 정도가 달라질 것이라고 추론할 수 있다. (65)에 제시된 바와 같이 이 추론은 언어 현실에 부합한다.

(65) 张三打了他两个钟头。 장싼은 그를 두 시간 때렸다.
张三打了那个人两个钟头。 장싼은 그 사람을 두 시간 때렸다.
?张三打了几个人两个钟头。 장싼은 몇 사람을 두 시간 때렸다.
??张三打了两三个人两个钟头。 장싼은 두 세 사람을 두 시간 때렸다.
*张三打了三个人两个钟头。

(65)로부터 동사 뒤에 출현하는 첫 번째 성분의 강세가 강할수록 문장의 적법성 정도가 낮아진다는 결론을 도출할 수 있다. 강세와 문장 적법성의 이러한 상관관계는 강세가 문장의 적법성 정도를 결정하는 관건이라는 것을 보여주며, 동사 뒤에는 강세 성분이 하나만 출현할 수 있다는 사실을 증명한다.

이제 목적어의 한정성 현상도 더욱 명확하게 이해할 수 있다. [동사+목적어+양사] 형식에서 목적어는 보통 한정 명사인데, 이는 한정 명사가 많은 언어에서 대부분 구정보를 나타내며 약강세로 발음되기 때문이다(Ladd 1978). 목적어의 한정성에 대한 요구가 특수한 제약인 것처럼 보이지만, 이 제약은 사실 한정 성분이 약강세라는 데에서 기인한다. 한정 성분이 운율 조건을 만족하기 때문에 목적어가 한정 명사일 것을 요구하는 것이다. 또한 이 제약은 운율과 통사의 상호작용으로 인한 결과이며, 동사 앞 명사가 한정적일 것을 요구하는 중국어의 일반 규칙과도 상충되지 않는다. 목적어의 한정성에 대한 요구는 운율적 요구가 실현되기 위하여 나타나는 현상의 일부로 이해할 수 있다. 실제로 비한정인 [一个+N]도 목적어가 될 수 있는데, 현대 중국어에서 [一个+N]은 보통 약강세로 발음되기 때문이다(≪现代汉语八百词≫). 그러나 동일한 형식인 [三个+N]은 목적어가 될 수 없는데, [정수+양사+명사] 형식은 구체적인 신정보를 전달하므로 약강세로 발음될 수 없기 때문이다. 따라서 문장의 적법성 문제는 단순히 목적어의 한정과 비한정의 차이로 설명할 수 없다. 한정과 비한정의 개념을 사용하면 一个人과 三个人의 한정과 비한정의 차이, 一个人, 几个人, 两三个人, 三个人 사이의 한정과 비한정의 본질적 차이를 설명할 수 없다. 그럼에도 불구하고 이 목적어가 포함된 문장 간의 적법성 정도의 차이는 매우 분명하다. 또한 신정보와 구정보의 개념을 통해서도 비교적 긴 목적어 성분이 문장을 적법하지 않게 만드는 이유를 설명할 수 없다. 목적어는 일반적으로 1음절에서 3음절 길이이며, 林蓓白了已远远而去的马青一眼린뻬이는 이미 멀리 가버린 마칭을 힐끗 쳐다보았다(方梅 1993)과 같이 4음절 이상의 수식 구조를 수반하는 문장은 목적어가 한정적이지만 입말에서 사용되지 않는다. 이와 같이 한정과 비한정, 한정 지시와 비한정 지시, 신정보와 구정보 모두 목적어에 대한 제약을 체계적으로 설명하지 못한다. 그러나 운율의 각도에서 본다면 상술한 여러 가지 문제를 명확하게 설명할 수 있다. 중요한 것은 통사 구조나 의미 구조, 정보 구조의 한정과 비한정 또는 한정 지시와 비한정 지시가 아니라, 동사에 후행하는 성분의 강세 분포와 문장의 운율 구조이다. 그렇다면 운율 구조는 어떤 방식으로 통사 구조에 영향을 미치며 제약을 가하는가?

[동사+목적어+양사] 형식의 적법성 정도는 동사에 후행하는 강세 구조의 제약을 받는다. (66)은 [동사+목적어+양사]의 문법 구조이다.

(66)

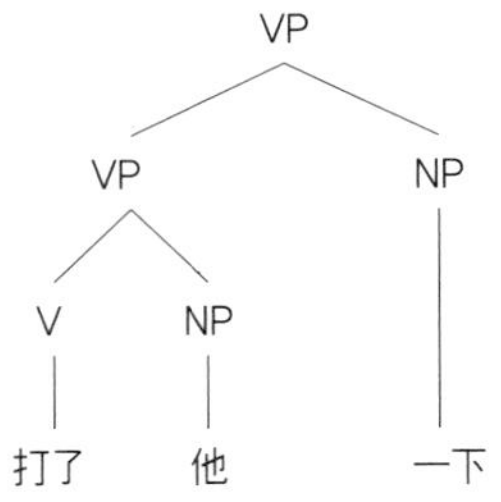

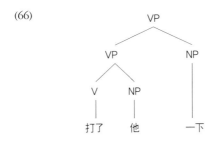

(66)에서 他와 一下는 打의 논항이므로 打了他一下그를 한 대 쳤다는 기본 구조로 구성된 문장이다. (34)의 규칙에 의하면 일반강세는 동사를 중심으로 할당된다. 목적어는 동사의 직접 지배 대상이므로 동사를 통하여 할당되는 강세는 먼저 동사에 인접한 직접목적어에 놓인다. 그러나 언어마다 강세를 실현할 수 없는 약강세 성분과 약강세로 발음할 수 없는 성분이 있다. 즉 강세 형식과 비강세 형식의 대립이 있는 것이다. 입말 북경어의 경우, 대명사, [어림수+양사+명사], 한정 명사 등이 약강세로 발음되는 어휘이고, [정수+양사+명사]와 일반 총칭 명사 등은 약강세로 발음할 수 없는 어휘이다. 동사가 약강세 목적어를 갖는 경우에는 특수한 강조 구문을 제외하면 목적어 이외의 다른 성분에 강세가 할당되어야 한다. (67a)는 동사의 지배를 받는 [정수+양사] 三下에 강세가 할당되며, (67b)는 약강세 목적어 뒤에 一下와 같은 약강세 성분이 오므로 강세가 동사 자체에 할당된다. 따라서 (67ab)는 모두 적법한 문장이다.

(67) a. 我打·了·他三下。 나는 그를 세 번 때렸다.
b. 我打·了·他一下。 나는 그를 좀 때렸다.

(68) *他打了三个人三次。

(68)의 [동사+목적어+양사] 형식을 받아들일 수 없는 이유는 무엇인가? (34)의 규칙에 의하면 강세는 동사를 통하여 직접목적어에 우선 할당된다. 따라서 강세는 三个人에 놓이며 三次에는 놓이지 않는다. 그런데 강세가 실현되는 성분인 목적어 三个人은 (32) 규칙의 $[\cdots X\ Y]_S$에서 Y 역할을 하므로 이 목적어는 동사와 함께 문장의 마지막 강세 영역을 구성한다. 또한 목적어는 강세 영역의 마지막 성분이기 때문에 다른 논항이 그 뒤에 출현할 수 없다. 따라서 三个人 뒤의 三次는 규칙 (32)에 의해 삭제되어야 하므로, (68)은 적법하지 않다. (69) 또한 几下와 一会儿를 약강세로 발음하더라도 매우 부자연스럽게 들린다.

(69) ??他打了三个人几下。 그는 세 사람을 몇 차례 때렸다.
??他看了三本书一会儿。 그는 책 세 권을 잠깐 보았다.

문장 기본 구조의 강세 위치가 확정되면 그에 따라 문말 위치도 정해지며, 문말 위치가 정해지면 동사의 다른 논항은 강세 성분 뒤에 출현할 수 없다. 다른 논항이 출현하면 규칙 (34)를 위반하기 때문이다.

그렇다면 (70)에서는 왜 两个人三次가 문제가 없는지 살펴보자.

(70) 师傅：小李从来不打人!
사부 : 샤오리는 사람을 때린 적이 없다!
徒弟：谁说的! 他昨天就打了两个人三次
제자 : 누가 그래요! 그가 어제도 두 명이나 세 차례 때렸다니까요.

(70)은 특수한 강세 구조를 지닌다. 부분강세와 일반강세는 서로 다른 강세 형식이며, 부분강세가 실현되는 문장은 일반강세의 제약을 받지 않는

다. 我宁愿打光棍一辈子나는 차라리 평생을 홀아비로 살겠다(≪创业史≫), 结账一次, 吃惊一次한 번 결산하고, 한 번 깜짝 놀라다(≪毛泽东选集第一卷≫), 如果是那样没意思的女人, 她不会抗婚三年만약 그렇게 고리타분한 여자라면 그녀가 부모가 정해준 결혼을 3년 동안이나 거부하지는 않을 것이다(≪创业史≫)과 같은 문장은 특수한 초점이 실현되기 때문에 모두 적법한 문장이다. 첫 번째 문장은 宁愿……一辈子에 어휘적 강조강세가 실현되며, 두 번째 문장은 结账과 吃惊에 대조강세가, 세 번째 문장은 三年을 강조하는 부분강세가 실현된다.

일반강세가 실현되는 문장은 "무슨 일입니까?"와 같은 질문의 대답이 될 수 있는 문장이다. 만약 일반강세가 실현되는 언어 환경인 他看上去很累, 怎么回事?그 사람 피곤해 보이는데, 무슨 일이에요?에 대한 응답으로 *昨天晚上他结帐一次라는 문장을 발화하는 것은 적절하지 않다. 마찬가지로, 他父母为什么把她赶出去了, 怎么回事?그 사람 부모님은 왜 그녀를 내쫓았어요? 무슨 일이에요?에 대한 응답으로 *因为她抗婚三年이라고 대답하는 것도 적절하지 않다. 이 두 문장은 모두 "무슨 일입니까"에 대한 응답이므로 일반강세의 제약을 받게 되기 때문이다(3.1 참조). 일반강세는 동사를 통해서 할당되며, 동사에 후행하는 첫 번째 성분만 강세를 받을 수 있다. 따라서 이 두 문장은 一次, 三年이 삭제되어야 적법한 문장이 된다. 이와 같은 분석은 이 문장들이 왜 일반강세 조건에 적법하지 않은지, 반면 특수한 언어 환경에서는 왜 적법한 문장으로 받아들여지는지를 설명한다.[52]

52) 이와 관련하여 몇 가지 보충 설명이 필요하다. 첫째, 他打了光棍三年그는 3년 동안 혼자 살았다과 他打了光棍三年了그가 혼자 산 지 3년이 되었다는 구조가 다른데, 전자는 三年이 보어이고 후자는 술어이다. 따라서 후자는 三年 앞에 已经, 才 등의 부사나 有가 출현할 수 있다. 我宁愿打光棍一辈子나는 차라리 평생을 홀아비로 살겠다에서 一辈子 앞에는 부사나 有가 출현할 수 없다. 我宁愿打光棍过一辈子와 (i)은 자연스러운 문장이지만 (ii)는 비문이다.

(i) 他想打着光棍过一辈子。그는 홀아비로 평생을 보내고 싶어 한다.

(ii) *他想打着光棍一辈子。

打光棍过一辈子에서 打光棍은 부사어이며 过一辈子는 술어이다. 그러나 打光棍一辈子에서 一辈子는 술어가 아니다.

## 4.3. 把자문의 원형동사

국내외 학자들이 다양한 이론과 방법으로 把자문에 대한 연구를 진행한 바 있다. 그러나 *我把他打같은 문장이 비문인 이유에 대해서 만족스러운 해석을 제시한 연구 결과는 거의 없다. 왜 원형동사는 把자문의 동사가 될 수 없는가의 문제는 통사 구조의 측면에서 해석할 수 없다.[53] 원형동사는 일반적 통사 구조에서 허용되기 때문이다. 의미적 측면에서도 원형동사에 대한 제약 현상을 설명할 수 없다. 입말에서 把자문의 술어는 다른 성분을 포함하지 않은 원형동사일 수 없기 때문에 (71)의 문장은 모두 비문이다.

(71) *我把书看。

---

둘째, 脚나 拳과 같은 임시 차용 동량사로 구성된 [목적어+보어]나 [보어+목적어] 구조는 특수성을 지니므로, [동사+목적어+양사]와 다른 양상을 보인다.

他踢了一脚张三。그는 장싼을 한 번 발로 찼다.

他踢了张三一脚。

*他一脚张三都没踢。

*他踢张三踢了一脚。

*他踢过一脚人。

셋째, 揍你一顿너를 한 번 때리다은 *揍一顿你라고 할 수 없는데, 대명사 목적어가 약강세로 발음되며 접어화cliticization되기 때문이다. 동일한 원리에 근거하여 他打了我三下그는 나를 세 차례 때렸다의 적법성과 *揍一顿你의 비적법성을 설명할 수 있다. 즉 대명사가 어휘적 약강세 특성으로 인하여 선행하는 동사에 접어화되었다.

53) 把자문의 적법성은 의미적 제약을 많이 받으며(薛凤生 1987), 把자문의 원형동사의 적법성grammaticality 문제도 마찬가지이다. 그러나 把자문의 원형동사에 대한 제약을 모두 의미적 측면에서 설명할 수 있는 것은 아니다. 夫妻双双把家还부부 두 사람이 집으로 돌아가네(黄梅戏), 一个个伸出拇指把你夸한사람 한사람 엄지손가락을 치켜들고 당신을 칭찬하네(现代京剧 《沙家浜》), 把作战计划反复推敲작전 계획을 계속해서 헤아려보네(现代京剧 《智取威虎山》)와 같이 현대 희곡에서는 원형동사 출현의 예가 적지 않다. 의미적 측면에서만 이 문제를 해석하려 하면 把자문의 원형동사가 희곡에서 출현하는 반면 입말에서는 출현하지 않는 이유 및 현대 희곡에서도 원형동사가 여전히 출현하는 이유를 설명할 수 없다. 운율적 해석은 의미적 측면을 부정하는 것은 아니며, 중국어에서 문장의 적법성이 언어의 여러 가지 층위에 존재하는 규칙간의 상호작용으로 결정된다는 점을 주장한다.

*你应该把衣服洗。
*我把船拉。
*他把眼睛瞪，说：“活该!”

그러나 시나 희곡에서는 원형동사가 드물지 않게 출현한다. 이는 梅祖麟과 汤廷池가 지적한 바와 같이, 원형동사가 把자문에 출현할 수 있는 언어 환경이 운율 구조와 관계 있기 때문이다. 중국어의 운율 규칙에 대해서 이해하지 않고서는 입말과 운문韵文에 나타나는 把자문의 원형동사에 대한 제약의 차이를 설명할 수 없다. 따라서 앞에서 진행한 운율적 논의는 이 문제를 이해하는 데 도움이 될 것이다. (72)는 把자문의 기본 구조이다.

(72)

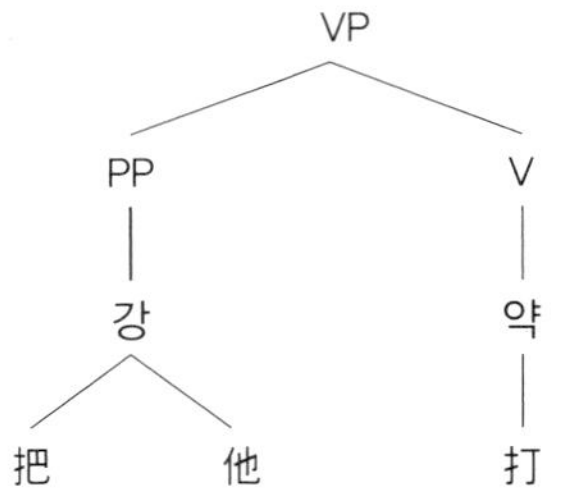


(34)에 의하면 일반강세의 할당은 동사를 중심으로 구성되는 구 구조에서 진행된다. (72)에서 他는 동사의 논항이면서 인접 성분이다. 따라서 (34)에 의하여 把他는 동사 打와 함께 문장의 일반강세 영역domain을 구성한다. 이와 같이 일반강세 영역을 확정한 후 운율 구조를 보면 왼쪽이 무겁고 오른쪽이 가벼운 유형이라는 것을 알 수 있다. 동사와 평행으로 놓인 마디node인 PP가 2분지 구조이기 때문에 동사구는 하나의 가지로 구성된 오른쪽 성분과 두 개의 가지로 구성된 왼쪽 성분을 포함한다. 운

율 구조에서 보면 2분지는 1분지보다 무겁기 때문에 (72)의 PP는 V보다 무겁다.

이제 강세 영역의 운율 구조에 대한 이해를 토대로 강세가 어떻게 할당되는지 살펴보자. 운율 규칙 (34)에 의하면, 일반강세는 동사를 기준으로 동사 오른쪽의 성분에 할당되어야 한다. 그러나 (72)에서는 동사 오른쪽에 아무 성분도 없기 때문에 강세는 동사에 놓일 수밖에 없다. 그러나 1분지 동사는 동일한 강세 영역에 속하는 2분지 성분 [把__]보다 가볍기 때문에 강세가 실현될 수 없다. 따라서 이 강세 영역은 왼쪽이 무겁고 오른쪽이 가벼운 구조가 된다. 이와 같이 앞쪽이 무겁고 뒤쪽이 가벼운 강약 형식의 운율 구조가 형성되므로 강세 할당의 결과가 (32)를 만족하지 못한다. 또한 앞쪽이 가볍고 뒤쪽이 무거운 SVO 유형 언어의 일반적인 강세 제약을 위배한다. 그러므로 이러한 문장은 매우 자연스럽지 못하다.

그러나 희곡의 율격적 강세는 고유한 체계와 규칙을 지니기 때문에 一个个伸出拇指把你夸한사람 한사람 엄지손가락을 치켜들고 당신을 칭찬하네(现代京剧≪沙家浜≫)와 같이 원형동사의 출현이 가능하다. 또한 원형동사의 왼쪽에 놓인 PP는 문장의 기본 구조에 속하지 않기 때문에 [PP V] 형식은 일반강세의 제약을 받지 않으므로 출현가능하다. 用刀切칼로 베다, 拿手砍손으로 자르다 등이 이러한 예에 속하는데,[54] 用刀와 拿手는 모두 부가어adjunct PP이다.

비적법한 把자문에 대한 이상의 논의를 통하여 把자문에 대한 제약을 이해할 수 있다. 즉 把자문의 술어는 다른 성분과 결합해야 적법한 문장이 된다. 이는 把자문의 술어가 성분이 많고 복잡할수록 더 자연스럽게

---

54) 派学生去학생을 파견하다, 让学生说학생에게 말하도록 하다 등과 같은 겸어문 구조는 이와 다르다. 겸어문에서 명사는 첫 번째 동사의 목적어([[V NP] V])이자 두 번째 동사의 주어([V [NP V]])이므로, [PP V] 형식과 통사 및 운율 구조가 다르다.

느껴지는 이유이다. (73)의 예를 보자.

(73) *我把书看。
我把书看了。 나는 책을 봤다.
我把书看完了。 나는 책을 다 봤다.
我把书看了好几遍了。 나는 책을 몇 차례나 봤다.

(73)에서 동사 성분이 무거워질수록 앞쪽이 무겁고 뒤쪽이 가벼운 운율 구조상의 문제가 해결되어 문장이 적법하게 된다. 따라서 (71)의 앞쪽이 무겁고 뒤쪽이 가벼운 문제는 동사를 무겁게 만들어서 해결할 수 있다. 동사의 무게를 늘리는 것은 (73)과 (75)처럼 동사의 오른쪽에서 진행할 수도 있고, (74)처럼 동사의 왼쪽에서 진행할 수도 있다.

(74) a. ……[把敌人][彻底消灭] 적을 철저하게 소멸하다.
b. ……[把碗][一个一个地刷] 그릇을 하나하나 닦다.
c. ……[把车][从水里往上拖] 차를 물에서 끌어올리다.
d. ……[把眼][一瞪] 눈을 부릅뜨고 보다.

(75) a. ……[把脸][洗洗] 얼굴을 좀 씻다.
b. ……[把脸][洗了] 얼굴을 씻었다.
c. ……[把脸][洗干净了] 얼굴을 깨끗하게 씻었다.

(74)는 부사나 [전치사+목적어] 구조를 사용하여 [把__]를 원형동사를 중심으로 하는 일반강세 영역으로부터 분리한다. 예를 들어 동사를 강조하는 부사인 一가 있는 (74d)는 강세가 瞪에 놓이며, [전치사+목적어] 구조가 있는 (74c)에서 강세는 拖에 놓인다. 이 두 문장은 기본 구조의 일반강세가 지켜지므로 모두 (34)를 만족한다. (74b)는 부사 자체에 강조강세가 실현되어 일반강세를 대체한 경우로, 강세는 一个一个에 놓인다.

강조강세가 실현되면 문장의 일반강세는 실현되지 않기 때문에 이 문장도 적법하다. (74)는 기본 구조의 운율적 문제를 수식어의 부가를 통해서 교정할 수 있다는 것을 나타낸다. 한편 (75)는 기본 구조의 운율적 문제를 동사 오른쪽에 적절한 성분을 더하여 해결할 수도 있다는 것을 보여준다. (75a)는 강세를 洗洗의 첫 번째 음절에 두어 왼쪽의 이분지 구조에 운율적 강세를 할당하지 않으며, (75c)는 洗干净에서 강세를 干净에 두어 동사가 지배하는 성분 중 오른쪽에 있는 성분에 강세를 할당한다. 이와 같이 운율 구조의 측면에서 설명하지 않으면, 원형동사가 출현한 把자문이나 (74), (75)와 같이 동사의 무게를 늘린 把자문의 통사적 현상에 대해 전면적이고 체계적인 해석을 하기 어렵다.

吕叔湘(1955 : 144)이 지적한 바와 같이, 把자문도 초기에는 특수한 용법을 지닌 통사 구조가 아니었으나 목적어를 동사 앞으로 전치해야 하는 특수한 상황이 생기면서 근대 중국어에서 그 용법이 확대되었을 것이다. 그렇다면 어떤 상황에서 목적어를 전치해야 하는가? 把자문의 목적어는 일반적으로 한정적이므로 전치하는 성분은 모두 한정 성분일 것이다. 한정 성분을 전치하는 또 다른 중요한 원인은 张志公(1956 : 85)이 지적한 바와 같이 동사가 복잡한 데에 있다. 동사가 복잡한 경우 목적어를 전치하지 않으면 의미가 통하지 않기 때문이다. 따라서 把자문의 목적어 전치는 두 가지 요인, 즉 목적어의 한정성과 동사의 복잡성으로 인해 결정된다는 것을 알 수 있다. 운율적 측면에서 볼 때 한정 성분은 가벼운 반면 복잡한 성분은 상대적으로 무겁다. 이러한 상황에서 목적어를 전치하지 않는다면 상대적으로 무거운 복잡한 동사가 가벼운 목적어 앞에 놓이게 된다.

| (76) | 복잡동사 | 한정 목적어 |
|---|---|---|
| | 무거운 성분 | 가벼운 성분 |
| | 放整齐了 가지런히 놓았다 | 那本书 그 책 |
| | 洗干净了 깨끗하게 씻었다 | 那个碗 그 그릇 |

목적어 전치는 상대적으로 가벼운 성분을 앞에, 무거운 성분을 뒤에 위치시키는 현상이다. 이는 일반강세 실현을 위한 운율 체계 내부의 자율적 조절 작용이다. 王还(1984 : 25)은 吕叔湘의 결론을 종합하여 把의 사용 여부를 결정하는 데에 있어서 동사의 전후 성분이 동사의 지배성处置性이나 목적어의 한정성特指性보다 더 중요한 역할을 한다고 지적한다. 즉 동사의 복잡성이 결정적 요인이라는 것이다. 이를 바꾸어 말하면 운율적 무게가 주요 원인이다. 이는 把자문에서 원형동사가 허용되지 않는 이유를 설명한다. 把를 사용하는 목적은 문말 강세를 복잡동사에 할당하기 위한 것으로, 목적어를 전치하지 않으면 (76)처럼 앞쪽이 무겁고 뒤쪽이 가벼운 운율 문제를 야기한다. 또한 (71)처럼 원형동사가 출현할 때 把를 사용하여 목적어를 전치하면 마찬가지로 앞쪽이 무겁고 뒤쪽이 가벼운 문제를 초래한다. 두 경우 모두 적법하지 않은 문장이 형성되는 것이다. 把자문의 동사에 대한 제약은 '원형동사를 허용하지 않는 제약'으로 설명할 수도 있고, '복잡동사를 요구하는 제약'으로 설명할 수도 있다. 어떤 설명 방식을 택하든지 把자문의 원형동사에 대한 제약은 일반강세가 통사 구조에 미치는 영향과 작용, 통사 구조에 대한 운율의 제약을 드러낸다. 원형동사는 목적어를 전치할 수 없고, 복잡동사는 목적어를 반드시 전치해야 한다. 목적어 전치는 앞쪽이 무겁고 뒤쪽이 가벼운 운율적 문제를 해결하기 위한 것이다.

把자문에서 강세의 중요성은 또 다른 각도에서 설명할 수 있다. 만약 무게가 충분한 원형동사가 있다면 이 동사는 왼쪽이나 오른쪽에 다른 성분을 부가할 필요 없이 그 자체로 운율적 요구를 충족하여 적법한 把자문을 형성할 수 있을 것이다. 문제는 이러한 동사가 있는가 하는 것이다. 怎么样은 문장에서 술어로 사용될 수 있는데, 단독으로 쓰이는 대동사 pro-verb이면서 충분한 운율적 무게를 지닌다. 따라서 운율이 결정적인 요인이라면 부가 성분 없이도 적법한 把자문을 형성할 수 있어야 한다. (77)은 이것이 가능하다는 것을 보여준다.

(77) 我就是不去，你能把我怎么样?! 내가 안 가겠다는데 당신이 나를 어떻게 할 수 있겠냐구요?!

把자문의 원형동사에 대한 제약, 대동사 怎么样이 把자문에 출현할 수 있는 이유, 동사 앞뒤에 부가 성분이 있으면 把자문의 원형동사 문제가 해결되는 현상, 동사 전후 성분이 복잡하면 목적어를 전치해야 하는 이유 등의 문제는 운율적 측면에서 모두 통합적으로 설명할 수 있다. 즉 문장의 기본 구조에 대한 일반강세의 제약 때문이다.

## 4.4. [동사+전치사+목적어] 구조

[전치사+목적어] 구가 문말 동사 뒤에 자유롭게 출현할 수 없는 것은 상당히 특수한 중국어 문법 현상 중 하나이다. (78)의 문장을 살펴보자.

(78) *书，我放了在桌子上。
*小鸟落了在树枝上。
*他踩了到线上。
*他住了在学校。
*列车开了往北京。

(78)처럼 동사와 후행하는 [전치사+목적어] 구조 사이에는 다른 성분이 삽입될 수 없지만, (79)와 같이 전치사가 선행하는 동사에 인접하면 [전치사+목적어] 구조가 문말에 출현할 수 있다.

(79) 书，我放在了桌子上。 책은 내가 탁자 위에 놓았다.
小鸟落在了树枝上。 작은 새가 나무 가지에 내려앉았다.
他踩到了线上。 그는 선을 밟았다.
他住在了学校。 그는 학교에 살았다.
列车开往了北京。 기차가 베이징으로 향했다.

이러한 현상은 동사와 후행하는 전치사의 재분석으로 해석된다(Li 1990). 재분석reanalysis은 특정 범주의 통사적 관계가 다른 범주의 관계로 새롭게 분석되는 것을 말한다. (79)에서 [동사+[전치사+목적어]] 구조는 [[동사+전치사]+목적어]의 새로운 구조로 재분석된다. [동사+전치사]가 독립적인 문법 성분으로 변하여 새로운 동사 범주인 복합동사가 되므로, 목적어는 더 이상 전치사의 목적어가 아니라 새로운 복합동사의 목적어이다. 재분석은 언어 현상을 매우 잘 해석하는 것으로 보인다. 그러나 재분석은 언어 현상에 대한 기술일 뿐 현상이 발생하는 원인에 대해서는 설명하지 않는다. 운율적 측면에서 보면, 동사와 전치사가 재분석되는 이유는 중국어의 운율 구조로 인한 제약, 즉 강세 할당으로 인한 것으로 설명할 수 있다. 중국어의 일반강세는 마지막에 오는 동사를 중심으로 형성된 문말 강세의 운율 영역에서 실현되므로 (80)과 같은 구조는 강세 할당이 진행되기 어렵다.

(80)

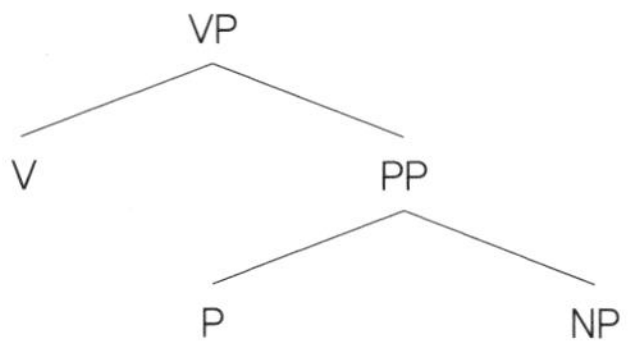


(80)에서 PP는 동사의 논항이므로 동사와 함께 일반강세 영역을 형성한다. 그러나 이 영역 내에서 명사는 동사의 목적어가 아니라 전치사의 직접 지배govern 대상이다. 전치사로 인해서 동사가 명사를 직접 지배하여 NP에 강세를 할당할 수 없게 된 것이다. 따라서 만약 NP가 강세를 받으면 이는 일반적인 [중심어+비중심어] 구조의 강세 할당 규칙을 따라 [P NP] 구조의 중심어인 전치사 P에 의하여 NP에 강세가 할당된 것이지 동사에 의하여 할당된 것이 아니다. 이러한 강세 할당은 동사와 무관하며 영어와 마찬가지로 문말의 구가 중심이 된다는 것을 의미한다. 그러나 중국어는 문말의 통사 구 구조를 중심으로 강세가 실현되지 않으며, 이는 중국어와 영어의 중요한 차이이다. 따라서 (80)과 같은 구조는 중국어 강세 구조에서 허용되지 않는다.

목적어의 강세가 전치사가 아니라 동사로부터 할당된다는 것은 (81)에 대한 분석에서도 살펴볼 수 있다.

(81) a. 他要坐飞机到北京。 그는 비행기 타고 베이징에 가려고 한다.
b. 他要飞到北京。 그는 비행기 타고 베이징에 가려고 한다.

(81)의 두 문장에서 모두 到北京이 문말에 출현하는데, 到가 (81a)에서는 동사이지만 (81b)에서는 전치사이다. 이 구분은 到가 선행하는 동사로부터 분리 가능한가를 보면 된다. 일반적으로 선행하는 동사와 분리할 수

있으면 동사이고 그렇지 않으면 전치사이다. 이 원칙에 따라 (82)의 在를 살펴보자.

(82) a. *他要睡觉在小床上。
b. 他要睡在小床上。 그는 작은 침상에서 자려고 한다.

他在家그는 집에 있다처럼 在는 독립적인 동사로 사용될 수 있지만, (82a)는 비문이다. 觉는 睡了一个大懒觉늦잠을 잤다에서처럼 목적어로 이해할 수 있으며, 觉로 인해 在는 동사 睡와 분리된다. 睡와 분리된 在는 동사로 분석할 수 있는데, 在가 동사로 사용되면 존재의 의미를 나타낸다. 그러나 잠을 자서 작은 침대 위에 있게 되었다는 것은 의미가 통하지 않기 때문에 (82a)는 비문이 된다. 그러나 이러한 설명은 언어 현상을 해석할 수는 있으나, 선행하는 동사와 분리되는 在를 왜 동사로 취급해야 하는지의 문제를 설명하지 못한다. 왜 在는 영어의 sleep for three hours on a small bed작은 침대에서 세 시간을 잔다의 on과 같이 전치사일 수 없는가? 또한 왜 到나 在처럼 동사와 전치사를 겸하는 어휘는 문말에서 동사에 인접할 때만 재분석을 거쳐 전치사로 사용되는가? 이러한 문제는 목적어의 강세는 반드시 동사로부터 할당되어야 한다는 운율 규칙을 통해 해결할 수 있다.

이 문제를 이해하기 위해서 동사와 전치사 두 가지 품사적 특징을 가지는 X=V/P를 설정하자. [X NP]는 동목 관계와 [전치사+목적어] 관계라는 두 종류의 통사적 관계를 나타낼 수 있다. [⋯V [X NP]] 구조에서 만약 X=P(전치사)이면 X는 선행하는 동사에 인접하여 복합동사를 구성해야 한다. 그렇지 않으면 X는 V가 아니기 때문에 목적어 NP에 강세를 할당할 수 없다. NP가 강세를 받지 못하면 문장 강세는 동사 V에 놓이게 된다. 따라서 V가 자동사처럼 단독으로 일반강세를 받고 문말 강세 영역의 마지막 성분이 되어 후행하는 [P NP]는 운율 규칙에 어긋나므로 삭제되어야 한다. 이는 (78)의 문장이 모두 적법하지 않은 이유이다. 반면 *他要睡觉在小床上이 적법하지 않은 이유는 在를 동사로 분석하든지 전치사로 분석하든지 두 경우 모두 성립할 수 없기 때문이다. 만약 在가 동사이면 존재를 나타내기 때문에 의미가 통하지 않는다. 만약 在를 전치사로 분석하면 […V $NP_1$ [P $NP_2$]] 구조에서 $NP_2$가 강세를 받지 못하며 문장 강세가 $NP_1$에만 놓이기 때문에 $NP_1$이 (32)에서 제시한 […X $Y]_S$의 Y 역할을 담당하게 된다. 따라서 $NP_1$이 문말 강세 영역에서 마지막 성분이 되므로 후행하는 [P NP]는 운율 규칙에 맞지 않아 삭제된다. 이로 볼 때 문말에 출현하는 [X NP] 구조의 NP가 강세를 받으려면 X는 동사로 분석되거나, 선행하는 동사에 연이어 출현하여 새로운 복합동사를 구성해야 한다. 즉 순수한 [전치사+목적어] 구조는 독립적으로 문말에 출현할 수 없다. 운율 구조는 문말에 독립적으로 출현한 [X NP] 구조가 동사성일 것을 요구하므로 비동사성 구 구조는 문말에 올 수 없다. 이는 목적어 강세 또는 문장 강세가 반드시 동사로부터 할당되기 때문이다.

순수한 [전치사+목적어] 구조가 독립적으로 문말에 출현할 수 없는 현상은 중국어에서 문말 구가 동사성이어야 함을 보여준다. 통사적 분석으로는 문말 구의 동사성 요구에 대해 형식적으로 기술할 수는 있으나 그 원인에 대해서 설명하지 못한다. 이에 반해 강세 이론은 통사적 분석보다 중국어의 특징을 더욱 전면적으로 해석할 수 있을 뿐만 아니라 언어 현상에 대한 예측력을 지닌다는 장점이 있다.

또한 운율 구조가 문말 구가 동사성일 것을 요구하기 때문에 在처럼 동사와 전치사 두 가지로 사용되는 어휘가 문말에 출현할 때 의미적 제약을 받을 수밖에 없다. (83)의 예를 살펴보자.

(83) a. *他要睡觉在小床上。

b. 他放了一本书在桌子上。그는 책 한 권을 탁자 위에 놓았다.

(83)에서 在는 선행하는 동사와 분리되어 있으므로 강세 규칙의 제약으로 인해 동사로 분석된다. 그러나 在의 동사적 의미 때문에 (83b)만 적법한 문장이다. 즉 책이 테이블 위에 있다书在桌子上는 의미는 통하지만, 잠이 침대 위에 있다觉在小床上는 의미가 통하지 않기 때문이다. 이는 표면적으로 의미의 문제처럼 보이지만 근본적 원인은 운율 구조에 있다. 운율 구조는 在小床上을 [전치사+목적어] 구조로 분석하는 것을 허용하지 않는다. 이는 동사만 강세를 할당할 수 있다는 중국어의 특수한 운율적 특징 때문이다.

이상의 분석을 통해 전치사가 동사에 바로 연이어 출현해야만 문말에 [전치사+목적어] 구조가 허용되는 원인을 이해할 수 있다. 동사와 전치사는 재분석을 거쳐 (84)와 같은 구조가 도출된다.[55]

(84)

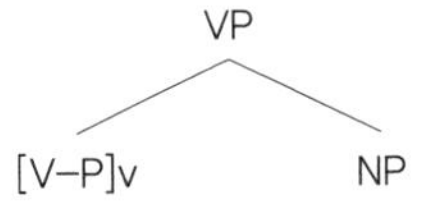


55) 薛风生은 [V+在] 구조에서 在는 동사로, 在 앞의 동사는 부사어로 분석할 것을 필자에게 제안한 바 있다. [V+在] 구조 중 동사 V가 바로 뒤에 了를 수반할 수 없다는 것은 在에 선행하는 동사 V가 이미 동사의 성질을 잃어버렸다는 뜻이기 때문이다. 薛风生의 제안은 매우 통찰력 있는 분석으로, 동사를 중심으로 강세가 할당된다고 보는 이 책의 분석에도 부합한다. 또한 중국어 문법의 어순 규칙에도 부합하며, 재분석을 사용하지 않아도 된다는 장점이 있다. 薛风生의 분석에서는 打完과 做完과 같은 [동사+보어] 구조를 모두 [부사어+동사] 구조로 볼 수 있으며, 이 때 完이 주요동사이고 선행하는 동사는 완성을 위한 수단으로 간주된다(薛风生 1987). 이와 같은 분석의 파급 범위는 매우 넓어서 파생되는 문제도 다소 복잡하다. 특히 강세 형식과 관련하여, 放在에서는 강세가 放에 있지만 做完에서는 完에 강세가 있다고 분석된다. 이 책에서는 전통적인 분석에 따라 [V+在]의 在를 전치사로 분석할 것이다. 薛风生의 분석 및 그와 관련된 여러 가지 운율 현상에 대해서는 앞으로 체계적인 연구가 진행되어야 할 것이다.

(84)에서 [V-P]는 독립적인 문법 성분으로 뒤에 상표지 了를 부가할 수 있으며 동사 범주에 속한다. 따라서 NP는 새롭게 형성된 복합동사를 통하여 강세가 할당된다. 이와 같이 재분석은 중국어의 일반적인 운율 구조 제약으로 인한 결과임을 알 수 있다. 재분석 후 (84)는 [동사+목적어] 구조로 변한다. 그렇다면 문장의 적법성의 정도는 문장 성분의 강세 등급에 따라 달라진다는 (66)에서 도출한 이론이 여기에도 적용되어야 한다. (85)는 이 이론이 적용된다는 것을 보여준다.

(85) 他放在那儿两本书。 그는 책 두 권을 거기에 두었다.
他放在那张桌子上两本书。 그는 책 두 권을 그 탁자 위에 두었다.
?他放在几张桌子上两本书。 그는 책 두 권을 몇 개의 탁자 위에 두었다.
??他放在两三张桌子上两本书。 그는 책 두 권을 두세 개 탁자 위에 두었다.
*他放在三张桌子上两本书。

## 4.4. [동사-목적어+전치사-목적어] 구조

(80)의 통사 구조가 중국어의 일반적 운율 구조에서 허용되지 않는다면 동일한 원리에 의해서 (86)도 중국어의 일반강세 구조에서 허용될 수 없다.

(86)
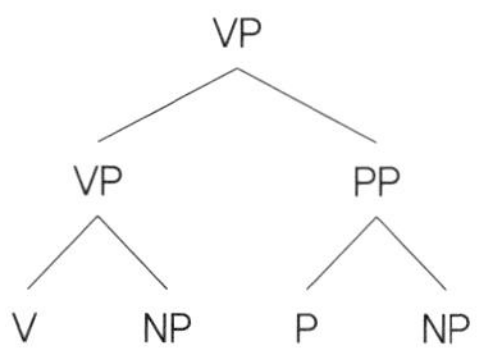


(87) a. *他买了三本书在书店。
b. *他想唱支歌给你。

(87)에서 PP는 문장의 초점 성분이 아니므로 일반강세 구조를 변화시킬 수 없으며, P는 문장의 주요 동사가 아니므로 일반강세를 할당할 수 없다. 그럼에도 불구하고 PP가 문말의 일반강세 위치에 출현하여 (34)의 [X Y], 즉 일반강세 영역의 지위를 차지하므로 (87)은 적법하지 않다. PP가 일반강세를 점하지 않으면서 출현할 수 있는 유일한 방법은 PP에 운율적 가공을 하는 것이다. 즉, PP 전체를 약강세로 발음하면 문장은 훨씬 자연스러워진다.

(88) a. 他买了三本书在商店。 그는 상점에서 책 세 권을 샀다.
b. 他想唱支歌给我们。 그는 우리에게 노래 한 곡을 불러주고 싶어 한다.

(88)은 [전치사+목적어] 구를 매우 약하게 발음하여 문장에서 선행하는 성분과 강약의 차이가 명확히 실현되도록 해야 한다. 이와 같은 강약의 차이는 높은 산과 평지의 차이에 비유되기도 하는데(陆俭明 1990), 이른바 경계 외부 성분界外成分 emargination을 약하게 발음하는 현상이다(Calabrese 1990). 경계 외부 성분은 강세 영역의 외부에 출현하는 성분을 가리킨다. 강세 외부 성분은 약강세 형식이며 강세 영역인 VP 밖에 출현하기 때문에 일반강세의 운율 구조에 영향을 주지 않는다. 따라서 (88)은 모두 자연스러운 문장으로 받아들일 수 있다. (89)도 유사한 예이다.

(89) a. 我们吃晚饭了都。 우리 저녁 먹었어, 벌써.
b. 你吃呀你。 너 먹어, 너.

(89)는 동사에 선행하는 성분이 후치되어 약강세로 발음되며 문말의 VP 경계 밖에 출현한다. (90)은 또 다른 예이다.

(90) a. 我们得弄点饭吃。 우리가 먹을 밥을 좀 지어야 한다.
b. *我们得弄点饭吃。

(90a)에서 마지막 중심 동사는 吃가 아니라 弄이다. 따라서 일반강세 영역은 弄点饭이며 강세는 饭에서 실현된다. 동사 吃는 약강세로 발음되어야 하며 그렇지 않으면 弄 대신 중심 동사가 되어 강세 영역을 차지하게 된다. (90b)는 吃를 약강세로 발음하지 않아 문장이 부자연스럽게 되는 것을 나타낸다.

(91)과 (92)를 비교해보자.

(91) A：你干什么去? 너 뭐 하러 가?
B：我坐车去。(坐车가 중심) 나 차 타러 가.

(92) A：你怎么去? 너 어떻게 가?
B：我坐车去。(去가 중심) 나 차 타고 가.

(91)과 (92)는 모두 去가 문말에 있지만 (91)에서는 약강세가 실현되고, (92)에서는 강세가 실현된다. (91B)의 去는 qie로 발음할 수도 있다. 강세는 중심 동사에서 실현되고, 약강세는 경계 외부 성분에서 실현된다. (93)은 VP 뒤에서 약강세로 발음되는 성분은 경계 외부에 있으며 경계 외부에서는 일반적으로 약강세 발음과 연독 현상이 발생한다는 것을 보여준다.

(93) a. 他喜欢你了。 그는 당신을 좋아해요.
b. 他喜欢你了啊! 그가 당신을 좋아해요!
c. 他喜欢你了啊(啦)吧!? 그가 당신을 좋아하지요!?

(93)에서 VP에 후행하는 어기조사는 모두 경계 외부의 약강세 위치에 있는데, 이는 중국어에 啦=了+啊와 같은 연독 현상이 문말, 즉 강세 영역 밖에서 많이 발생하는 이유를 설명한다. 문장 중간에서 발생하는 유일한 연독 현상인 甭=不用 또한 약강세 위치에서 발생한다.

이상의 논의는 강세가 동사를 통해 할당되기 때문에 [P NP] 구조가 단독으로 문말에 출현할 수 없으며, [P NP] 구조가 문말에 단독으로 출현할 경우에는 반드시 약강세 형식을 취해야 한다는 것을 설명한다. 이는 또한 PP가 강세의 할당에 영향을 미치지 않는 경계 외부 성분으로만 출현한다는 것을 나타낸다.

## 제5절 결론

말소리, 의미, 통사가 언어를 구성하는 독립적 층위라는 것은 언어학계에서 널리 받아들여지는 사실이다. 초분절 성분인 강세나 율격 등의 운율 구조 또한 하나의 독립된 층위이며 통사 층위와 상호작용한다는 사실에 점차 많은 언어학자들이 주목하고 있다(Zec & Inkelas 1990, Feng 1992, 冯胜利 1994). 이 책의 논증과 분석은 운율 층위에 대한 언어학적 연구에 현대 중국어와 관련한 중요한 자료를 제공한다. 제4장에서는 일반강세 구조 및 일반강세가 통사 구조에 미치는 영향과 제약을 규명하였다. 일반강세는 중국어뿐만 아니라 영어에서도 그 작용을 볼 수 있다. 운율이 통사에 영향을 미치는 방식과 정도는 언어마다 다르다. 운율이 통사에 미치는 제약은 중국어에도 매우 명확히 드러나는데, 이는 표준 형태소는 1음절 형식이며 표준음보는 2음절 형식이라는 특성 때문일 것이다. 1음절 형태소와 2음절 음보의 보편성은 중국어의 어휘 형태와 통사 구조에 영향과 제약을 일으킨다(1음절 형태소와 2음절 음보간의 충돌conflict과 조화harmony에 대해서는 Feng 1995 제4장 참조). 중국어에 특수하게 나타나는 대부분의 현상은 1음절 형태소와 2음절 음보의 특성에 기인한 것이다(郭绍虞 1938, 冯胜利 1993, 1994). 운율은 중국어의 특수한 현상으로 간주되어 온 여러 문제를 해석하는 데 필수불가결한 요소이다.

운율과 통사의 관계는 일찍이 국내외 여러 중국어 언어학자들의 주의를 끌었다. 이 책에서는 기존의 학자들이 앞쪽이 가볍고 뒤쪽이 무겁다고 묘사하거나, 마지막에 가장 큰 강세가 놓인다는 식으로 표현한 이론을 형식적인 규칙으로 제시하였다. 형식적 규칙은 이전 학자들의 표현에 비해서 다소 추상적이고 지루하게 느껴질 수 있지만, 강세의 실현 위치를 보다 정확하게 설명하고 예측할 수 있으며 비문과 정문의 원인을 규명할 수 있다. (94)를 살펴보자.

(94) a. 你能不能打个电话给我? 당신 제게 전화할 수 있어요?
b. *他打了四个人三次。

중국어 문장이 일반적으로 앞쪽이 가볍고 뒤쪽이 무겁지만, (94a)는 뒤쪽이 무겁지 않음에도 불구하고 중국어 화자가 자연스럽다고 여기는 문장이다. 반면 (94b)는 뒤쪽이 가볍지 않은데도 자연스러운 문장으로 받아들여지지 않는다. 따라서 단순히 앞쪽이 가볍고 뒤쪽이 무겁다는 표현으로는 강세를 명확히 해석하기 어렵다. 그러므로 '뒤쪽'의 개념을 엄격히 정립할 필요가 있는 것이다. 개념에 대한 명확한 정의가 있어야 중국어 문장이 왜 *种植树와 같이 앞쪽이 무겁고 뒤쪽이 가벼우면 안 되는지, ?我买了三本书在书店과 같이 문장의 뒤쪽이 너무 무거우면 부자연스러운지를 설명할 수 있다.

엄격한 개념적 정의와 형식적 규칙은 언어 현상에 대한 추론과 예측을 돕고, 새로운 현상을 발견, 탐구하고 그에 대한 정확성과 사실성을 검증하는 데에 도움이 된다. 중국어에서 기본 구조 문장은 동사를 중심으로 일반강세가 할당되기 때문에 동사 중심의 강세 규칙이 통사 구조에 영향을 미칠 것이라고 추론할 수 있다. 실제 언어 현상은 이러한 추론을 뒷받침한다. 동사를 중심으로 하는 중국어의 문법적 특징은 吕叔湘의 ≪中国文法要略≫에서도 논의된 바 있다. 陈建民은 ≪汉语口语≫에서 북경어 입말에 排电影票영화표를 사려 줄서다, 搓肥皂비누칠하다, 买头个儿첫번째 것을 사다, 歇礼拜일요일을 쉬다 등 몇 가지 통사적 변화가 있는데, 이는 동사 중심의 언어 심리에서 형성된 것임을 지적한 바 있다. 이는 동사를 중심으로 강세 영역이 설정되는 원칙에 대한 언어 심리적 근거를 제시한다.

陈建民이 제기한 동사 중심의 통사적 특징은 언어의 내부 규칙 및 규칙 간의 상호작용에서 파생된 현상으로 이해해야 한다. 陈建民은 어떤 사실을 서술할 때 먼저 동사를 떠올린 후 동사가 지배하는 대상을 찾는 중국어 화자의 언어 심리 때문에 중국어에 동사 중심의 통사적 특징이 형성되었다고 주장한다. 그러나 이는 그러한 언어 심리가 발생한 원인을 설명하지 못한다. 문화나 역사와 같은 언어 외부적 원인은 증명하기 어려우며, 중국인에게만 동사 중심의 인지 심리적 기제가 작용하는 원인도 설명할 수 없다. 의미와 통사의 측면에서 보면 다른 언어의 동사가 중국어의 동사보다 약하다고 할 수 없다. 이와 반대로 동사 중심이 인류의 보편적인 언어 심리라고 한다면 북경어 입말에서 나타나는 통사적 변화를 해석할 수 없다. 陈建民이 제시한 북경어의 현상은 다른 언어에서 매우 드물게 보이기 때문이다. 吕叔湘과 陈建民의 주장대로 중국인에게 동사 중심의 언어 심리가 존재한다면, 현대 언어학의 이론적 관점에서 볼 때 이 현상에 대한 합리적인 해석은 언어 내부적 규칙이나 내부 규칙간의 상호작용으로부터 도출되어야 한다.

동사 중심의 강세 영역은 언어의 내부적 요소로부터 도출한 규칙이며, 중국어 화자가 지닌 동사 중심의 언어 심리적 근원을 설명할 수 있다. 제4장에서 살펴본 把자문의 원형동사 제약, [동사+목적어+양사] 구조, [동사+전치사] 구조는 동사 중심의 강세 영역이 통사에 미치는 영향과 제약을 효과적으로 증명한다. 흥미로운 것은 冯春田(1988)이 지적한 바와 같이 중국어 역사에서 기능어 了의 문법화는 [동사+(목적어)+了] 구조가 [동사+了+목적어] 구조로 변화하는 과정에서 진행된 것이다. 了가 핵심적 지위를 지닌 주요 동사에 가까이 이동한 사실 또한 동사를 중심으로 한 강세 영역의 통시적 근거가 된다.

운율적 측면에서 중국어의 통사적 현상을 분석하는 작업은 시작된 지 얼마 되지 않았지만 언어학 연구의 새로운 영역을 개척하였다. 통사에 대한 운율의 제약은 이 책에서 논의한 예에 국한되지 않는다. 명사와 형용사가 부사로 사용되거나 부사화되는 조건(油炸 기름으로 튀기다…… / *香油炸……, 清唱 반주 없이 노래하다 / *清地唱), 1음절 부사와 2음절 부사의 분포(他也许不回来了 / 也许他不回来了 그는 아마 돌아오지 않을 것이다 他准去 그는 반드시 간다 / *准他去), 일부 *V와 [不+V]의 대립(不许 / *许; 不宜 / *宜), [동사+전치사]의 결합 조건([走+在] / [掌握+在] / *[进行+在]) 등의 현상도 모두 운율 구조와 밀접한 관계가 있다. 이 책은 개론서의 성격을 지니므로 이와 같은 현상을 모두 다루지는 않기로 한다.

* 제4장의 일부 내용은 ≪语言研究≫ 1996年 第1期에 실었다.

## 생각할 문제

1. 강세란 무엇인가?

2. 중국어의 일반강세와 영어의 일반강세의 차이를 예를 들어 설명하시오.

3. 일반강세와 부분강세의 차이를 설명하시오.

4. 다음 각 문장의 문장 강세를 분석하시오.

   a. 那个词儿，我忘了。
   b. 那个菜一点儿都不好吃。

5. 다음 문장은 모두 중의적이다. 강세를 활용하여 각 문장의 중의적 의미를 구분하시오.

   a. 我只喜欢跟你聊天。
   b. 我骑车子去。

6. 일반강세 이론으로 다음 문장의 적법성과 비적법성을 설명하시오.

   a. *张三把他推。
   b. 张三把他往火坑里推。
   c. 张三把他推倒了。
   d. *张三把饭吃。
   e. 张三把饭吃了。

7. *把他打는 원형동사 打를 허용하지 않는 반면 往北走북쪽으로 가다는 원형동사 走를 허용하는 이유를 설명하시오.

8. 중국어 문장에서 앞쪽이 무겁고 뒤쪽이 가벼운 것과 뒤쪽이 너무 무거운 것을 허용하지 않는 이유를 일반강세 규칙으로 설명하시오.

제 5 장

# 운율과 통사의 변화

제4장에서 논의한 바와 같이 중국어의 운율은 조어 방식뿐만 아니라 통사 구조에도 중요한 영향을 미친다. 제5장은 중국어 통사의 변화 과정에 나타나는 운율의 역할을 살펴보고, 운율이 통사적 변화의 균형과 촉진, 완성에 매개 역할을 담당하였음을 논의할 것이다.

## 제1절 선진 중국어의 SOV 형식

고대 중국어의 어순 문제는 일찍이 ≪马氏文通≫에서 논의된 바 있다. 제4권에서 "목적어가 타동사 뒤에 오는 것이 보편적이다. 단지 타동사에 부정사가 더해지거나 주어가 莫, 无 등의 부정不定 대명사일 때 대명사 목적어는 모두 동사 앞에 놓인다.止词后乎外动字者, 常也。惟外动字加弗词, 或起词为'莫', '无'诸泛指代字, 其止词为代字, 皆先动字。"라고 기술하였으며, 제2권에서는 "의문대명사가 대개 목적어 자리에 있을 때에는 반드시 목적어를 앞에 두어야 하며 앞에 두지 않는 경우는 얼마 되지 않는다. 이는 바꿀 수 없는 예이다. 询问代字凡在宾次，必先其所宾，其不先者仅矣。此不易之例也。"56)라고 설명한 바 있다. ≪马氏文通≫ 이후 王力, 俞敏, 周光午, 史存直 등 많은 학자들이 어순 문제를 논의하였으며, 최근에는 魏培泉이 ≪汉魏六朝称代词研究≫에서 이 문제를 다룬 바 있다. [1]에서 [5]는 어순과 관련하여 대부분 언어학자들의 의견이 일치하는 사항이다.

[1] 선진先秦 시기에는 의문사 목적어가 동사 앞에 놓이는 어순이 상당히 엄격하였으나, 한汉 대 이후 목적어가 동사 뒤로 후치되기 시작하였다.

子何言? (≪书·益稷≫) 그대는 무슨 말을 하는가?
人而无止, 不死何俟? (≪诗经·相鼠≫) 사람이 지조가 없다면 죽지 않고 무엇을 기다리는가?
吾谁欺? 欺天乎? (≪论语·子罕≫) 내가 누구를 속이겠는가? 하늘을 속이겠는가?
天下之父归之, 其子焉往? (≪国策·齐策≫)
천하의 아비가 그에게 돌아가는데 그 아들은 어디로 가는가?
竟以寿终, 是独遵何哉? (≪论衡·祸虚≫)
앞 다투어 천수를 다하고 죽으니, 홀로 무엇을 따르리오?
武帝问"言何?" (≪汉书·酷吏传≫) 무제가 묻기를 "무엇을 말하는가?"

[2] 부정문에서 대명사 목적어는 일반적으로 동사 앞에 놓였는데, 선진 시기에 이미 동사 뒤에 놓인 예가 적지 않게 보인다.

无我怨。(≪书·多士≫) 나를 원망하지 말라.
未之有也。(≪论语·学而≫) 그런 일이 있었던 적이 없다.
尔不许我, 我乃屏璧与圭。(≪书·金縢≫)
당신이 나를 듣지 않으면 내가 벽과 홀을 숨길 것이다.
吾不知之矣。(≪论语·太伯≫) 내가 그것을 알지 못한다.

56) ≪马氏文通≫에 근거하여 원문의 询差别代字凡在宾次를 询问代字凡在宾次로 수정하였다. (역자주)

有事而不告我。(≪左传・襄公十八年≫) 일이 있으나 나에게 말하지 않는다.

[3] 선진 시기에도 내용어 목적어가 동사 앞에 놓인 경우가 있다.

慎厥身修。(≪书・皋陶谟≫) 삼가 그 몸을 닦는다.
荐豆, 笾彻。(≪周礼・大宗伯≫)[57] 나무와 대나무로 만든 제기(豆, 笾)를 바친다.
为天子之诸御, 不爪剪, 不穿耳。(≪庄子・德充符≫)
천자의 시중드는 자들은 손톱을 자르지 않고 귀를 뚫지 않는다.
谚所谓室于怒市于色者。(≪左传・昭公十九年≫)
속담에 이른바 집에서 노여움을 쌓아 밖에서 화를 드러낸다.
启乃淫溢康乐, 野于饮食。(≪墨子・非乐上≫)
(하夏 나라) 启왕이 이에 평안함과 즐거움을 탐닉하고 넘치도록 즐겨 야외에 나가 먹고 마신다.

[4] 위진남북조魏晋南北朝 시기 이후에는 옛 문체를 본 따서 쓴 글을 제외하면 기본적으로 목적어가 동사 앞에 놓이는 현상은 보이지 않는다. 목적어 전치는 [부정사+대명사+동사] 구조에서 먼저 사라졌으며, 이어 [의문대명사+동사] 구조에서도 소멸되었다.

[5] 선진 시기에 보이는 목적어의 전치는 사라졌지만 他为什么都不知道?그는 왜 아무것도 모르지요?, 他连字也不会写。그는 글자도 쓸 줄 모른다와 같이 현대 중국어에도 종종 보인다.

부정문에 나타나는 목적어 전치는 의문문의 목적어 전치와 상이한 통사적 기제에 의한 것이며, 이 두 전치 현상은 현대 중국어의 목적어 전치와도 다르다. 어순과 강세의 상호작용에 대한 王力와 俞敏의 분석에 따

57) ≪周礼・大宗伯≫에 근거하여 원문의 荐豆, 边彻를 荐豆, 笾彻로 수정하였다. (역자주)

르면 고대 중국어의 전신은 SOV 유형이다. 따라서 고대 중국어에 나타나는 목적어 전치는 SVO 어순이 정착되기 전 SOV 형태의 잔재이다. 또한 [1]과 [2]에서 언급한 두 가지 유형의 목적어 전치가 소실된 것은 강세 전이가 통사 구조에 영향을 미친 결과로, 이는 중국어에서 SVO 유형 언어의 운율 구조가 발전, 고착화된 과정을 보여준다.

## 제2절 목적어 전치의 두 가지 유형

제1절에서 살펴본 바와 같이 부정문의 대명사 전치와 의문문의 의문대명사 전치에는 몇 가지 공통적 특징이 있다. 두 경우 모두 목적어 전치이며, 전치된 목적어는 동사 앞에 출현한다. 따라서 이 두 유형의 전치 현상은 표면적으로 차이가 없는 것처럼 보인다. 그러나 통사적 위치나 전치 순서에 차이가 있다. 부정문의 대명사 목적어는 항상 [VO] 구조의 외부에 있지만, 의문문의 의문대명사 목적어는 [VO] 구조의 내부에 있다. 먼저 부정문에서 전치된 목적어의 통사적 위치를 보면, 부정문의 대명사 목적어는 동사보다 부정 부사와 더 긴밀한 관계를 갖는다. (1)을 살펴보자.

(1) 虽有嘉肴，弗食不知其味也。(≪礼记 · 学记≫)

비록 좋은 안주가 있다하더라도 먹어보지 않으면 그 맛을 알지 못한다.

丁声树의 고증에 의하면, 弗는 부정사 不와 목적어 之가 결합한 형태이며 발음 또한 不와 之의 음이 합해진 것이다. 이 사실은 언어학계에서 널리 받아들여지고 있는 반면, 弗의 통사적 의의에 대해서는 충분히 논의되지 못했다. 전치된 대명사 목적어가 동사가 아니라 부정사와 결합하여 弗와 같은 결합 형태를 형성한 것은 대명사 목적어가 통사적으로 동사의 직접적인 지배를 받는 범위에 위치하지 않음을 나타낸다.[58] (2)와 같이 대명사 목적어는 VO 내부가 아니라 외부에 있다.

(2)

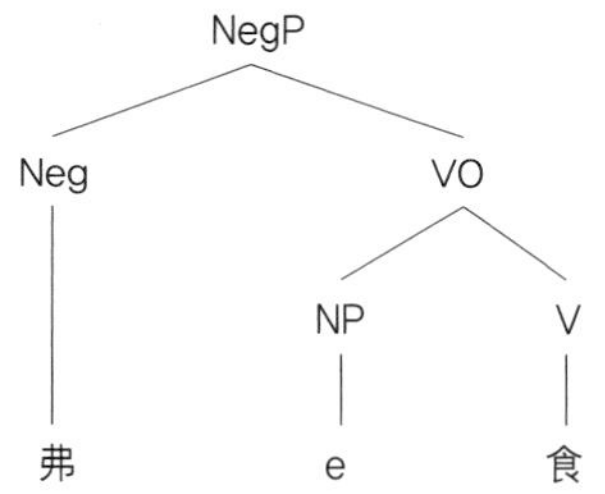


명사구 NP는 동사의 목적어 성분이므로 동사의 직접 지배를 받는 목적어 위치에 있다. 대명사 목적어의 기본적 위치는 동사 앞이며, 이는 원시 중국어의 SOV 어순의 흔적이다. [e]는 NP 아래의 목적어 성분이 이동한 후 남은 빈자리를 가리킨다. 부정구$_{\text{NegP}}$는 동사구를 제약하거나 수식하는 성분을 모두 포함한다. 일반적인 통사적 분석 방법과 중국어 부정 부사의 성질을 고려할 때 弗는 통사적으로 VO의 내부가 아니라 VO의 외부에 위치한다. 따라서 不가 之와 결합하여 형성된 弗는 VO의 외부에 있다고 보는 것이 적절하다. 즉 (3)에서 대명사의 위치는 모두 [不+대명사+[e+동사]]의 형식으로 분석해야 한다.

---

58) Aoun & Lightfoot(1984)와 Lightfoot(1991)에 의하면, 부가되는 성분은 일반적으로 그것이 통사적으로 지배받는 범위 내에 출현한다. 따라서 [不+之]=[弗]의 형식은 표층 구조에서 之가 동사의 직접 지배를 받는 범위에 있는 것이 아니라 不의 지배를 받는 범위에 있다는 것을 나타낸다. 심층 구조에서 之는 동사의 목적어이며 동사의 직접 지배 범위 내에 있다.

(3) [无我][e怨]。(≪书·多士≫) 나를 원망하지 말라.
[不我][e胜]。(≪庄子·齐物论≫) 나를 이기지 말라.
[不我][e活]兮。(≪诗经·击鼓≫) 나를 살리지 말라.

(3)은 부사와 같은 통사적 성분이 많지 않기 때문에 대명사의 구체적인 위치를 구분하기 어렵다. 그러나 (4)는 之가 통사적으로 VO 외부에 위치한다는 점을 명확히 보여준다.

(4) a. 我未之前闻也。(≪礼记·檀弓上≫) 내가 전에 그것을 들어본 적이 없다.
b. 丘也闻不言之言矣, 未之尝言。(≪庄子·徐无鬼≫
孔丘도 말하지 않는 말이란 것을 들은 적이 있어 이제껏 말하지 않고 있었습니다.
c. 虽使五尺之童适市, 莫之或欺。(≪孟子·腾文公章句上≫)
비록 5척의 아이가 시장에 가더라도 (아무도) 혹여 그를 속이지 않는다.
d. 自古以来, 未之或失也。(≪左传·昭公十三年≫)
옛부터 혹여 그것을 잃은 적이 없다.
e. 莫之能御也。(≪孟子·梁惠王章句上≫) 그것을 능히 막을 수 없다.
f. 未之敢忘。(≪左传·僖公二十八年≫) 그것을 감히 잊을 수 없다.
g. 福轻乎羽莫之知载, 祸重乎地莫之知避。(≪庄子·人间世≫)
복이 깃털보다 가벼우나 그것을 실어 나를 줄 모르고, 화가 땅보다 무거우나 그것을 피할 줄 모른다.

(4a)~(4d)는 목적어가 부사 앞에 놓이고, (4e)와 (4f)는 목적어가 조동사 앞에 놓인다. (4g)는 주의할 필요가 있는데, 之는 载와 避의 목적어이며 载之와 避之는 다시 知의 목적어이다. 여기에서 대명사 목적어 之는 두 개의 동사 知载와 知避를 넘어 선행하는 부정 부사와 연결될 수 있다. 이는 대명사 목적어 之의 통사적 위치가 VO 외부에 있다는 것을 나타낸다. (5)와 같은 예도 발견된다.

(5) a. 自古及今, 未尝之有也。(≪墨子·不苟≫)

옛부터 지금까지 그런 일이 있었던 적이 없다.

b. 相拂以辞，相镇以声，而未始吾非也。(≪庄子・徐无鬼≫)

서로 말로써 배척하고 서로 소리쳐 짓누르지만, 처음부터 자기가 그르다는 자가 없다.

(5)에서 부정문의 대명사 목적어는 또 다른 부사로 인해서 부정 부사와 분리되며, 동사와 인접한다. 이에 근거하여 대명사 목적어가 VO 내부에서 동사 왼쪽의 목적어 위치에 출현한다고 생각할 수도 있다. 그러나 동사 왼쪽의 목적어 위치는 부정 대명사가 출현하는 일반적인 위치가 아니라 일종의 예외적 위치이며, 언어의 변화 과정에서 우연히 출현한 현상으로 보아야 한다. 따라서 (5)는 예외적 현상이다. (5)를 예외적 현상으로 봐야 하는 이유는 여러 가지가 있다. 첫째, 이런 종류의 문장이 많이 보이지 않는다. 둘째, 만약 부정문에서 대명사 목적어의 일반적 위치가 VO 내부의 목적어 위치라면, 不之가 弗로 고착화되는 현상이 발생하지 않았을 것이다. 셋째, 만약 부정문에서 대명사 목적어의 일반적 위치가 VO 내부에 있다면, (4)와 같은 문장이 출현할 수 없다. 특히 두 번째와 세 번째 이유는 (5)를 예외적 현상으로 간주하는 중요한 근거가 된다. 이와 같은 예외적 현상을 어떻게 해석할 것인가의 문제는 뒤에서 다시 논의할 것이다.

(5)와 같은 소수의 예외를 제외하면, 부정 부사와 전치된 목적어 사이에는 일반적으로 다른 성분이 삽입될 수 없다는 결론을 도출할 수 있다. (6)에 보이는 바와 같이 之와 같은 대명사의 통사적 위치는 부정사$_{Neg}$ 마디 아래에 있다.

(6)

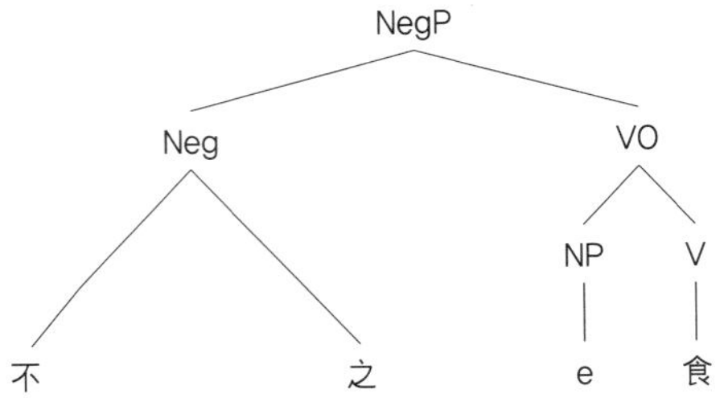


(6)은 不之가 弗로 결합하는 통사적 현상을 합리적으로 해석할 뿐만 아니라, (4)에서 之와 동사가 다른 통사 성분에 의해서 분리될 수 있는 이유를 설명한다.

이제 의문대명사 목적어를 살펴보자. 통사적 위치를 보면, 의문대명사 목적어가 전치된 위치는 부정문의 대명사 목적어가 전치된 위치와 다르다. 의문대명사 목적어는 동사의 직접 지배 범위 내에서 동사 왼쪽의 목적어 위치에 출현해야 하는데, 언어 사실 또한 이를 충분히 뒷받침한다. 지금까지 발견된 예를 보면, 의문대명사 목적어의 전치는 일반적으로 (7)과 같이 [의문대명사 목적어+동사]의 형식을 취한다.

(7) a. 圣王有百, 吾孰法焉? (≪荀子·非相≫)

성왕이 백이니 내가 누구를 본보기 삼으리오?

b. 寡人有子, 未知其谁立焉。(≪左传·闵公二年≫)

과인이 아들이 있으나 그 중 누구를 왕으로 세울지 알지 못한다.

c. "许子冠乎?" 曰 "冠"。曰 "奚冠?"。曰 "冠素"。(≪孟子·滕文公章句上≫)

许子는 관을 쓰는가? 말하기를 "관을 씁니다." 말하기를 "무엇을 관으로 쓰는가?" 말하기를 "흰 것을 관으로 씁니다."

d. 居恶在? 仁是也, 路恶在? 义是也。(≪孟子·尽心章句上≫)

어디에 거해야 하는가? 인이 그것이다. 어디에 길이 있는가? 의가 그것이다.

e. 虽闻, 曷闻? 虽见, 曷见? 虽知, 曷知? (≪吕氏春秋·任数≫)

비록 들으나 무엇을 듣는가? 비록 보나 무엇을 보는가? 비록 알고 있으나 무엇을 아는가?

酌则谁先? (≪孟子・告子上≫) 누구에게 먼저 술을 따르겠는가?

지금까지 의문대명사 목적어 뒤에 부사가 출현하는 경우는 발견되지 않았는데, 이는 洪成玉・廖祖桂(1980)가 지적한 바와 같이 의문대명사가 동사나 전치사의 목적어 기능을 할 때 항상 동사나 전치사 앞에 놓여야 하는 규칙 때문이다. 洪成玉・廖祖桂(1980)에 의하면, 의문대명사를 포함한 구가 목적어일 경우에는 宋何罪之有?(≪墨子・公输≫)송나라에 무슨 죄가 있습니까?와 같이 일반적으로 목적어와 동사 사이에 목적어 전치인 之를 사용한다. 徐福汀(1980)은 ≪词诠≫과 ≪文言虚字≫에 대한 연구를 통하여 의문대명사 목적어는 전치되더라도 동사와 긴밀하게 연결되어 분리할 수 없다고 결론내린 바 있다. 따라서 의문대명사의 전치가 원시 중국어 SOV 어순의 잔재라고 본다면 의문대명사 목적어의 기본 위치는 동사 왼쪽의 목적어 위치이다. 또한 의문대명사는 부사와 같은 다른 성분에 의해서 동사로부터 분리된 적이 없기 때문에 의문대명사의 위치는 VO 내부일 수밖에 없다. 비록 (8)과 같은 예를 발견한 적이 있지만 논외로 한다.

(8) a. *酌谁则先 (酌则谁先? 누구에게 먼저 술을 따르겠는가?)
    b. *谁果知 (果谁知? 과연 누구를 아는가?)
    c. *安果在 (果安在? 과연 어디에 있는가?)
    d. *汝何知在? (汝知何在? 당신은 어디에 있는지 아는가?)

사실상 VO 외부에는 何와 같은 부사성 의문사만 출현할 수 있다. (9)를 비교해보자.

(9) a. 吾独何好焉? (≪左传・昭公十五年≫) 내가 유독 무엇을 좋아하랴?
    b. 何独弗欲? (≪左传・襄公二十八年≫) 어찌 홀로 바라지 않겠는가?

(9a)에서 何는 대명사이므로 동사에 인접하여 부사 独와 동사 好 사이에 놓이지만, (9b)의 何는 부사이므로 또 다른 부사인 独 앞에 위치할 수 있다(何乐士 1988).

이상의 논의를 통해서 고대 중국어의 목적어 전치 현상은 통사 구조적 측면에서 동일한 기제로 논할 수 없다는 것을 알 수 있다. 부정문과 의문문에서 전치된 대명사의 통사적 위치는 서로 다르다. 제3절과 제4절에서 논의할 바와 같이, 이는 두 경우의 통사적 변화의 절차와 순서가 상이하기 때문이다.

## 제3절 목적어 전치에 대한 다양한 해석

고대 중국어의 기본 어순은 SVO이지만 실제로 SOV 어순도 보인다. 이러한 현상과 관련하여, SVO 유형의 언어에 왜 SOV의 어순이 존재하는가의 문제뿐만 아니라 언어의 발전 과정에서 SOV의 현상이 어떻게 소실되었는가의 문제도 해석할 필요가 있다. 중국어의 통시적 연구에서 어순에 대한 다양한 분석이 제기된 바 있다. 그 중 일부 연구는 부정문과 의문문의 목적어 전치를 전문적으로 다룬 연구가 아니더라도 이 책의 논의와 밀접한 관련이 있으므로 언급할 필요가 있다.

우선, 상당히 많은 학자들이 고대 중국어의 목적어 전치가 그다지 이상한 현상이 아니라고 주장한다. 현대 중국어에도 你什么都/也不吃당신은 아무것도 먹지 않는다, 他连这点事都不懂그는 이 일조차도 이해 못한다에서와 같이 목적어를 전치할 수 있기 때문이다. 이러한 주장을 자연설自古而然说이라고 한다. 이 관점을 지지하는 학자들은 중국어가 예전부터 지금까지 SVO와 SOV 두 종류의 어순을 모두 지닌 언어라고 주장한다. 따라서 고대 중국어의 목적어 전치 현상은 현재에도 사라지지 않았다고 본다.

그런데 목적어 전치의 문제는 언어 심층 구조의 SOV와 표면 구조의 SOV를 분리하여 생각해야 한다. 현대 중국어의 표면 구조에는 적지 않은 목적어 전치 방법이 있다. 그러나 고대 중국어의 전치와 오늘날 북경어의 목적어 전치를 동일한 방식으로 논할 수 없다. 왜냐하면 전치된 성분의 통사적 위치에서 볼 때 오늘날의 목적어 전치와 상고上古 시기의 전치는 다른 현상이기 때문이다. 고대 중국어 부정문의 대명사 목적어는 반드시 부정 부사와 인접해야 하며, 의문대명사 목적어는 동사와 인접해야 한다. 그러나 이 두 가지 특징은 모두 현대 중국어의 목적어 전치에 적용되지 않는다. 현대 중국어에서는 목적어가 전치될 때 반드시 부사로 목적어와 동사를 분리해야 한다. (10)을 살펴보자.

(10) 我什么都吃。나는 아무거나 다 먹는다. *我都什么吃。
他什么不懂! 그 사람이 모르긴 뭘 몰라요! *他不什么懂!
他连这点事都不懂。그는 이 일조차도 이해 못한다. *他都连这点事不懂。

이와 같이 표면적으로는 고대 중국어와 현대 중국어가 모두 목적어를 전치할 수 있는 것처럼 보이지만 이 둘은 서로 다른 성격의 전치이다. 따라서 통사적 위치로만 판단하거나, 심층 구조와 표면 구조를 혼동해서는 안 된다. 엄밀히 말하자면 고대 중국어 부정문과 의문문에 나타나는 대명사 목적어 전치는 현대 중국어에 존재하지 않는다. 따라서 자연설로는 고대 중국어의 전치 문제를 해석할 수 없다.

목적어 전치에 대한 두 번째 해석은 고어잔류설古语残留说이다. 이 관점을 지지하는 학자들은 고대 중국어의 전신은 심층 구조가 SOV 유형인 언어였는데 나중에 SVO 유형으로 변했다고 분석한다. 오늘날 보이는 일부 전치 현상은 과거 SOV 유형 중국어의 흔적인 것이다. 전치가 아주

오래전 통사 구조의 흔적임을 가장 먼저 지적한 학자는 章太炎이다(≪章氏丛书≫, ≪检论五·订文篇≫의 正名杂议 참조). 이후 邢公畹(1947)은 诗经에 나타나는 中자의 전치에 대한 논의에서 동사가 목적어 뒤에 출현하는 것은 티베트-버마藏缅 어족 언어의 일반적인 어순이라는 사실을 제기하였다. 1950년대에 이르러 王力(1980)는 고대 중국어에 나타나는 대명사 목적어의 전치 현상에 근거하여 원시 중국어에서는 대명사 목적어가 모두 동사 앞에 놓였을 것으로 추론하였다. 이는 후에 裘锡圭(1979)가 발굴한 자료 중 是用寿老(≪毛公鼎≫)이를 써서 늙도록 오래 살다, 子孙是保(≪陈逆簠≫)자손이 이를 보존한다 등에 나타난 대명사 是를 통해서도 증명되었다. 만일 是와 같이 목적어로 쓰인 대명사가 상고 중국어에서 모두 전치되었다면 이는 원시 중국어가 SOV적인 특징을 가졌다고 판단하는 충분한 근거가 된다. 원시 중국어가 SOV 유형의 언어였다고 주장하는 학자들 가운데 俞敏은 논증을 통하여 이 관점을 가장 명확하게 한 첫 번째 사람일 것이다. 그는 중국어와 티베트어의 대조 연구를 통하여 상고 중국어의 四方是维이 사방을 유지하다와 같은 문장의 是가 티베트어의 원칭 지시대명사 de에 해당된다는 것을 증명하였다. 티베트어의 어순은 중국어와 달리 수식어가 피수식어 뒤에 오며 지시대명사가 가장 마지막에 온다. 俞敏에 의하면, 이 de는 지시의 기능뿐만 아니라 선행하는 말과의 관계를 나타내는 역할을 한다. 오늘날의 통사 용어로는 일종의 격표지case marker라고 할 수 있을 것이다. (11)은 俞敏(1989 : 239)에서 인용한 예이다.

(11) [skadcha[yondan yodpa]de] 이치에 맞는 말
말话 학자学者 격표지

고대 중국어에도 이런 흔적이 있는데, 桑柔부드러운 뽕나무, 区夏중국 땅,[59] 室

于怒市于色집에서 노여워하고 밖에서 성을 낸다 등에 나타나는 어순 도치 현상이 그 예이다. 俞敏은 이러한 예가 후기로 갈수록 줄어드는 것으로 볼 때 이것을 원시 중국어에서 나타나는 현상으로 추론할 수 있다고 지적한다. 이를 통하여 그는 원시 중국어와 티베트어 모두 목적어가 선행하고 동사가 후행하며, 중심어가 선행하고 수식어가 후행하는 원시 중국-티베트 어족의 특징을 가지고 있었다는 결론을 내린다. 또한 중국인이 중원에 진입한 후 어순 변화가 진행되었다고 보는데, 그 이유는 아직 확실하지 않지만 피정복 민족 언어의 영향 때문일 수도 있다.

세 번째 해석은 이동설移动说 또는 특수규칙설特殊规则说이라고 부른다. 이 관점을 지지하는 사람들은 고대 중국어에는 후대에 사라졌거나 영향력이 소실된 특수한 규칙이 있었는데, 이 규칙이 목적어를 동사 앞으로 이동시켰다고 주장한다(魏培泉 1990). 주의할 것은 이동설은 상고 중국어 심층 구조의 기본 어순이 SVO임을 전제한다는 점이다. 이와 같은 전제하에서만 목적어 전치를 통하여 SOV 형식을 얻을 수 있기 때문이다. 따라서 세 번째 해석과 두 번째 해석은 서로 다른 변화 절차를 통하여 표면 구조인 SOV 어순을 도출한다. 즉, 두 번째 해석에 의하면 SOV 형식은 단지 잔여 형태이므로 목적어 전치의 결과일 수 없다. 오히려 SOV는 목적어 후치가 완성되지 않은 흔적이다. 그러나 세 번째 해석에 의하면 SOV는 SVO를 기본으로 하여 목적어를 전치한 결과이다.

세 번째 해석에는 몇 가지 중요한 문제가 있다. 첫 번째 문제는 이동하는 성분의 착지점landing position에 관한 것이다. 이동은 목적어 위치에서 시작하는 것이므로 예를 들어 奚冠은 冠奚→奚冠, 莫之知避는 莫知避之→莫之知避와 같이 분석해야만 이동을 해석할 수 있다. 그러나 이동하는

59) ≪书・康诰≫ "用肇造我区夏。"에 근거하여 원문의 夏区를 区夏로 수정하였다. (역자주)

성분의 착지점이 문제가 되는데, '동사 앞' 위치가 매우 많기 때문에 동사 앞 어느 위치에 이동 성분이 놓이는가, 이동 성분이 놓이는 위치의 통사적 성질은 무엇인가 등에 대한 문제가 남는 것이다. 중국어의 의문대명사 전치를 영어와 같은 다른 언어에 나타나는 의문대명사의 전치와 비교하여 의문대명사의 이동이 일종의 보편적인 현상이라고 보는 견해도 있다. 그러나 통사 연구에 의하면 모든 언어에는 의문대명사 이동 위치에 대한 엄격한 통사적 제약이 있다. 즉 이동 성분은 문장에서 INFL굴절소의 외부인 비논항 위치에 놓여야 하며 이 위치를 COMP보문자라고 한다. 그런데 고대 중국어의 의문대명사는 부사와 동사 사이에만 출현할 수 있다. 이러한 위치 제약 때문에 중국어는 의문대명사 이동이 발생하는 다른 언어와 비교하거나, 논항 구조와 관련하여 착지점을 규정하는 것이 어렵다.

세 번째 해석의 또 다른 문제는 목적어를 동사 앞으로 전치하는 규칙이 있다고 가정하더라도 부정문의 대명사 목적어와 의문대명사의 통사적 위치의 차이를 설명할 수 없다는 점이다. 이는 동일한 규칙에 의하여 전치된 목적어가 왜 서로 다른 통사적 위치에 놓이는가의 문제이다. 이동설은 이에 대한 명확한 해답을 제공하지 못한다. 그러나 이동설을 전면적으로 부정할 수는 없다는 것을 지적할 필요가 있다. 왜냐하면 부정문의 목적어 대명사는 이동을 통해서만 도출될 수 있기 때문이다. 예를 들어 我未之前闻也내가 그것을 들어본 적이 없다에서 之는 지배자governer인 闻으로부터 떨어져있기 때문에 이 之의 위치는 문장에서 목적어의 기본 위치가 아니다. 따라서 이와 같은 표면 구조는 이동을 통해서만 도출될 수 있다. 이와 같은 목적어의 통사적 위치에 대해서는 제4절에서 논의할 것이다.

부정문에서 대명사 목적어는 이동을 통해 도출되지만 의문문의 의문대명사는 이동을 통하여 도출된 것이 아니라는 점을 분명히 할 필요가 있다. 왜냐하면 고대 중국어에는 의문대명사의 이동이 존재하지 않았기 때문이다. (12)에서 何의 예를 살펴보자.

(12) [주어] 公曰 "子近市, 识贵贱乎?" 对曰 : "即利之, 敢不识乎?" 公曰 "何贵, 何贱?" (≪左传・昭公四年≫)[60]

(齐나라) 景公이 말하기를 "그대는 시장을 가까이 하며 귀천을 아는가?" (晏子가) 대답하여 말하기를 "그곳에서 이익을 취하며 어찌 모르겠습니까?" 景公이 말하기를 "무엇이 귀하고 무엇이 천한가?"

[목적어] 然则亦何欲何恶? 天欲义而恶不义。(≪墨子・天志上≫)

그러한즉 무엇을 바라고 무엇을 싫어하겠는가? 하늘은 의를 원하고 불의를 미워한다.

[부사어] 亡于不暇, 又何能济? (≪左传・昭公四年≫)

멸망하지 않는 것도 기약할 수 없는데, 또 어떻게 번성할 수 있겠는가?

[관형어] 不畏大国, 何故不来? (≪左传・昭公四年≫)

대국을 두려워하지 않는다면 무슨 이유로 오지 않는가?

[술어] 是其故何也? (≪墨子・尚贤上≫) 이는 그 이유가 무엇인가?

앞서 논의한 바와 같이 의문대명사 이동wh-movement은 통사적으로 의문대명사의 고정적인 착지점이 있어야 한다. 그러나 (12)에 보이는 바와 같이 고대 중국어에는 의문대명사를 받아 들일 수 있는 고정적인 통사 위치가 존재하지 않는다. 오히려, (13)과 같이 서로 다른 범주에 속하는 의문사는 반드시 다른 위치에 놓여야 하는 경우도 있다.

(13) a. 吾独何好焉? (≪左传・昭公十五年≫) 내가 유독 무엇을 좋아하랴?
b. 何独弗欲? (≪左传・襄公二年十八≫) 어찌 홀로 바라지 않겠는가?

(13a)와 같이 대명사 목적어 何는 동사에 인접하며 부사와 동사의 사이에 놓여야 한다. 그러나 (13b)처럼 何가 부사일 경우 다른 부사의 앞에

60) ≪左传・昭公四年≫에 근거하여 원문의 子之市를 子近市로 수정하였다. (역자주)

위치할 수 있다. 실제로 모든 의문대명사는 의문 대상이 되는 품사의 범주적 위치categorical position에 출현한다(Feng 1993). 현대 중국어도 이와 마찬가지로 의문대명사는 통사적 이동 과정을 수반하지 않는다(Huang 1982). 즉 의문대명사는 주어를 물으면 주어의 위치에, 방식을 물으면 부사어의 위치에, 목적어를 물으면 예외적인 경우를 제외하고 목적어 위치에 놓여야 한다.[61] 이러한 측면에서 볼 때 이동설은 받아들이기가 어렵다. 왜냐하면 이동설은 목적어 의문대명사만 이동하는 이유를 설명할 수 없으며, 여러 가지 성분의 의문대명사를 통합적으로 해석할 수 없기 때문이다.

결론적으로 목적어 전치에 대한 세 가지 해석 중 두 번째 해석인 고어 잔류설이 가장 적합하다. 의문대명사는 이동의 과정을 거치지 않았기 때문에, 대명사 목적어가 심층 구조에서 허용된 동사 앞의 목적어 위치에만 출현하는 것을 보여준다. 그러나 부정문에서 목적어 대명사의 위치는 이동 과정을 통해 도출되었기 때문에 심층 구조에서 허용하는 목적어의 위치를 드러내지 않는다. 따라서 의문대명사의 통사 구조를 통하여 특정 시기 동안 중국어에서 동사에 인접한 왼쪽 위치가 심층 구조에서 목적어 위치였으며 SOV가 기본 구조였다는 것을 알 수 있다. SVO와 SOV가 동시에 공존하며 언어의 기본 구조를 구성하였다는 것은 이론적으로 불가능하다. 따라서 俞敏의 해석이 가장 합리적이다. 즉 원시 중국어는 SOV 유형의 언어였으며, SOV에서 SVO로 변화하는 과정에서 변화 속도의 차이가 존재한 것이다. 전반적으로 볼 때 내용어가 먼저 뒤로 이동하였으며, 그 다음 대명사, 부정문의 대명사 순서로 뒤로 이동하였다. 이후 의문대명사가 뒤로 이동하면서 이동 과정이 마무리 되었다.

61) 你什么东西都不吃吗?당신은 아무것도 먹지 않습니까?와 같은 의문문에서 什么东西는 목적어 위치에 있지 않다. 그러나 이는 목적어를 물을 때 의문대명사가 반드시 목적어 위치에 놓여야 한다는 사실에 전혀 영향을 미치지 않는다. 이 문장에서는 질문의 대상이 목적어가 아니며, 什么는 무엇what이 아니라 모든every 또는 아무any의 의미에 해당되기 때문이다.

## 제4절 통사적 변화와 강세의 이동

의문대명사의 위치는 원시 중국어가 SOV 유형의 언어였다는 증거를 제공하지만, SOV에서 SVO로의 어순 변화에 대한 전면적인 이해를 위해서는 몇 가지 중요한 문제에 답해야 한다. 먼저 어순 변화가 다음과 같은 순서로 발생한 원인을 살펴보아야 한다.

내용어 > 대명사 > 부정문 대명사 > 의문대명사

어떠한 원인에 의해서 특정 성분은 변화가 느린 속도로 진행되고, 그 흔적이 남게 되는가? SOV 형태가 완전히 사라진 원인은 무엇인가? 이 문제와 관련한 가장 중요한 요인은 언어의 운율 구조이다. 일반적으로 SVO 유형 언어의 일반강세는 문말에, SOV 유형 언어의 강세는 동사 왼쪽에 있는 목적어에 놓인다. 그러므로 원시 중국어가 SOV 유형의 언어라면 일반강세는 동사 왼쪽에 위치해야 한다. SOV에서 SVO로의 어순 변화는 일반강세의 위치가 동사 왼쪽에서 동사의 오른쪽으로 이동했다는 것을 의미한다. 따라서 SOV에서 SVO로의 변화 과정은 일반강세가 왼쪽에서 오른쪽으로 이동하는 과정이다. 이 점을 이해하면 내용어와 대명사가 어순 변화에서 다른 양상을 보이는 원인을 이해할 수 있다. 일반적으로 대명사는 내용어에 비해서 가볍고, 목적어 위치의 대명사는 더더욱 그러하다.[62] 예를 들어 焉은 于是의 합음이므로 대명사 是를 가볍게 발음

62) 대명사가 강세를 받을 수 없다는 것을 의미하는 것은 아니다. 일반적으로 대명사에 강세를 두어 발음하면 그 문장은 특수한 의미를 나타낸다. 我喜欢他라는 문장은 '내'가 좋아하는 사람은 다른 사람이 아니라 바로 '그 사람'이라는 의미이다. 문장이 이와 같이 특수한 의미를 지니지 않는 경우에 대명사 목적어는 반드시 약강세로 발음해야 한다. 이는 일반적으로 약하게 발음되는 대명사 목적어의 기본적 특징을 나타낸다.

할 수 있고, 弗는 不之의 합음이므로 之를 가볍게 발음할 수 있다. 또한 《诗经》에서 압운을 할 때 대명사는 압운자에 포함되지 않는다. 예를 들어 《诗·小雅·隰桑》에서 藏之와 忘之는 각각 藏과 忘으로 압운하지 之로 압운하지 않는다. 이와 같은 예는 대명사가 가볍게 발음되는 현상을 증명할 뿐만 아니라 대명사 어휘가 지닌 약강세의 특성을 나타낸다. 이러한 이유로 강세의 이동 과정에서 대명사의 반응이 가장 느리며 내용어에 비해서 오른쪽으로 이동하는 현상이 늦게 나타난 것이다. 이것이 바로 주周 이전의 청동기와 기타 출토 자료에서 내용어는 이미 후치된 것에 반해 是와 같은 대명사는 예외 없이 모두 동사에 선행하는 이유이다(裘锡圭 1979).

그렇다면 부정문의 대명사 목적어 후치가 일반 대명사보다 시기가 늦은 이유는 무엇인가? 이는 부정문에서 대명사 목적어와 부정 부사가 결합했기 때문이다. 대명사 목적어가 이동하여 부정 부사와 결합하는 과정은 통사적 접어화cliticization로 해석할 수 있다(Kemenade 1987). 대명사 목적어의 이동 지점 또는 착지점은 문장의 부정 형태소 마디node의 부가 위치adjoined position이다.

(14) a.

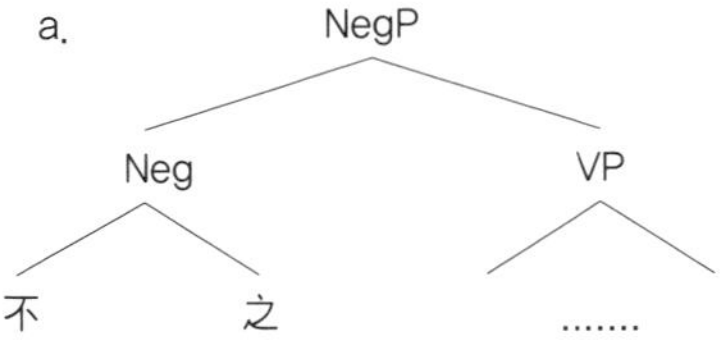


대명사 목적어는 왜 부정 형태소 마디의 부가 위치로 이동하는가? 이 현상은 Huang(1988)의 P-원칙Principle-P63)으로 해석할 수 있는데, 부정 형

63) Huang(1988 : 284)의 P-원칙에 의하면 부정 형태소 不는 그것에 후행하는 첫 번째 $V^0$ 성

태소는 그 통사적 위치에 다른 어휘 형태소를 필요로 하는 특수한 굴절 성분이기 때문이다. 그러나 Huang의 해석으로는 부정 형태소가 대명사 목적어를 요구하는 이유를 설명할 수 없다. 오히려 이 현상은 언어의 일반적 규칙으로 설명할 수 있다. 로망스어군Romance languages에 속하는 많은 언어의 역사적 변화를 보면, 어순이 SOV에서 SVO로 바뀔 때 대명사 목적어가 접어화 이동을 통하여 동사 앞의 부가 위치에 출현하는 현상이 흔히 발생한다. 이는 대명사 목적어의 접어화 이동이 언어 보편적인 현상이며, 언어가 SOV에서 SVO 유형으로 변화하는 과정과 긴밀한 상관관계가 있다는 것을 의미한다. 부정문의 대명사 이동은 P-원칙이라는 독립적 원인에 의해 유발되며, 대명사가 부정사 뒤의 부가 위치로 이동하는 결과를 낳는다. 이는 不之가 弗로 되는 예에 의해서도 뒷받침된다. 따라서 부정문의 대명사 목적어 전치는 독립적인 통사적 현상이며, 부정문의 대명사 목적어 후치가 일반 대명사의 후치보다 늦게 발생한 점도 자연스럽게 이해할 수 있다. 여기에서 중요한 것은 이러한 통사적 현상은 해당 언어가 SOV에서 SVO로의 어순 변화를 거쳤다는 유력한 증거라는 점이다.

부정문 대명사 목적어의 독립적 통사 기제와 [부정사+대명사 목적어]의 고정 형식이 대명사 목적어의 후치를 일정 정도 억제하였을 것이라는 점을 지적할 필요가 있다. 현재 남아있는 자료를 보면, [부정사+대명사 목적어]의 고정 형식은 내용어 목적어가 모두 후치한 후에야 그 내부적 결합 관계가 느슨해지기 시작하였다. 부정문 대명사 목적어의 독립적 통사 기제와 [부정사+대명사 목적어]의 고정 형식은 대명사 목적어의 왼쪽 이동을 통하여 형성되었기 때문이다.

---

분과 직접적인 단위를 구성한다The negative morpheme bù forms an immediate construction with the first $V^0$ element following it. (역자주)

(14) b.

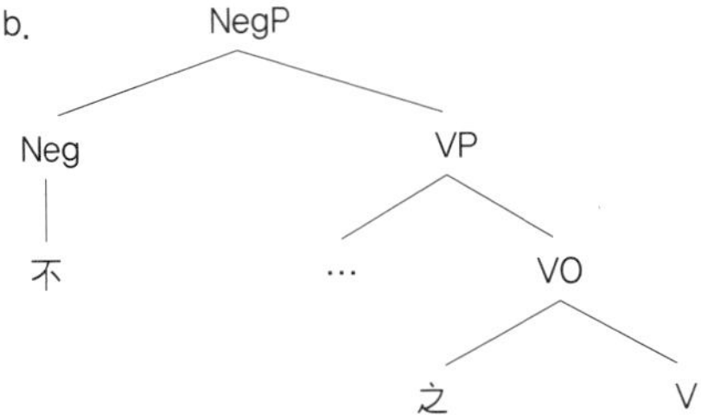


이와 같은 문장 성분의 왼쪽 이동은 문장 강세의 오른쪽 이동이라는 전체적인 추세와 상충된다. 따라서 문말 강세를 위해서 대명사 목적어 가운데 약하게 발음되는 대명사는 선행하는 부정 성분과 결합하지 않은 경우도 있다. 수형도의 구조 [Ⅰ]에 보이는 바와 같이 어떤 不之는 弗와 같은 1음절 형식이 아니라 2음절 음보의 형식으로 실현된다. 반면 강하게 발음되는 대명사는 원래 위치에 남아서 이동하지 않기 때문에 제1절 (5)의 未尝之有也그런 일이 있었던 적이 없다와 而未始吾非也처음부터 자기가 그르다는 자가 없다와 같은 현상이 출현한다. 이는 수형도 구조 [Ⅱ]에 제시된 바와 같다. 수형도 구조 [Ⅲ]은 [부정사+대명사 목적어] 고정 형식이 느슨해지는 현상이 빈번히 출현한 후 대명사 목적어의 후치 현상이 많이 발생하였음을 나타낸다.

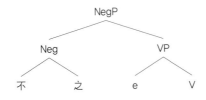

[Ⅰ] 弗의 분리

[Ⅱ] 왼쪽 이동의 중지

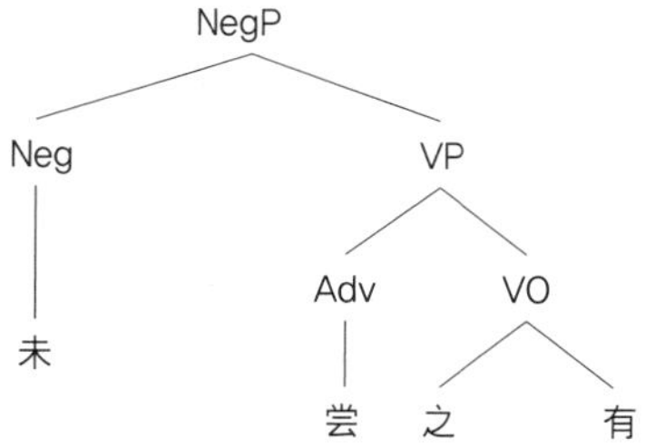


[Ⅲ] SVO의 성립

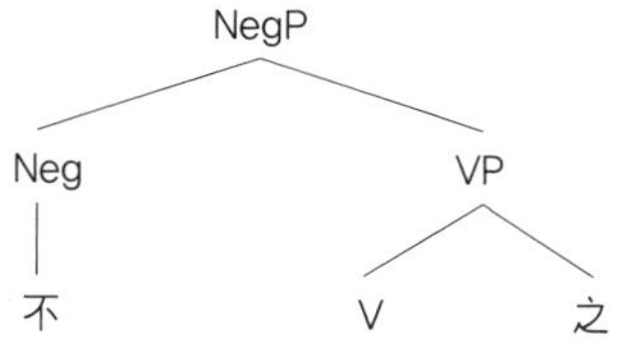


魏培泉의 연구에 의하면 후치한 대명사 목적어가 동사 뒤의 위치에 안정적으로 고정된 이유는 한 대 이후 점차 길어진 술어의 길이와 밀접한 관계가 있다.64) (15)를 살펴보자.

(15) 其人不思其类, 则不复重教之。(≪论语・述而≫ 皇侃≪义疏≫引郑说)

그 사람이 그 비슷한 바를 생각하지 않으면 다시 거듭 그를 가르치지 않는다.

64) 이는 술어구 내에서 대명사를 후치할 수 없다는 것을 의미하지는 않는다. 실제로 전국战国 시기 부정문을 보면 대명사 목적어가 비교적 짧은 술어구에서 후치한 예가 많이 보인다. 여기에서 魏培泉의 설명을 인용한 것은 부정문의 대명사 목적어 후치의 과도기에 짧은 술어 문장에서 대명사를 전치하거나 후치하는 경우가 모두 있었던 반면(无我怨(≪书・多士≫) 나를 원망하지 말라, 不告我(≪左传・昭公十八年≫) 나에게 알리지 말라), 비교적 긴 술어에서는 대명사 목적어 之를 후치하는 경우만 보이지 *不复重之教와 같이 전치하는 경우는 보이지 않는다는 것을 설명하기 위한 것이다. 이는 비교적 긴 술어에서 대명사 목적어가 동사 뒤의 위치에 고정된 후 전치의 현상이 사라졌음을 의미한다.

魏培泉에 의하면 이 문장에서 之가 후치된 이유는 不와 之 사이에 复重教 세 음절이 있기 때문이다. [부정사+대명사 목적어]의 통사적 결합이 느슨해진 후 P-원칙에 따라 부정사 不와 复가 하나의 음보를 구성하는데, 이 과정을 통하여 다음의 몇 가지 운율 구조가 가능해졌다.

① (不复)/重/(之教)
② ((不复)重)/(之教)
③ (不复)/(重(教·之))

①은 之教가 하나의 음보를 구성한다. 之는 동사의 목적어이고 동사에 인접한 성분이기 때문이다. 이렇게 되면 1음절인 重이 남는다. 제1장과 제2장에서 논의한 바와 같이, 전국 시기 이후 특수한 강조의 경우를 제외하면 음보는 적어도 2음절로 구성된다. 따라서 1음절은 운율적으로 스스로 음보를 구성할 수 없다. 1음절 重이 남는 상황을 피하기 위해서는 ②와 같이 분석할 수 있다. 음보는 가장 밀접한 통사적 관계를 지닌 음절에 의해 구성되어야 한다. 重과 复는 모두 부사이고, 重은 목적어 之에 의해 동사와 거리가 멀어졌기 때문에 ②가 합리적인 분석이다. 그러나 이 분석은 앞쪽인 不复重이 무겁고 뒤쪽 之教가 가벼운 문제를 유발한다. 그 결과 문말이 가벼워지므로 SVO 언어에서 요구되는 문말 강세 제약을 위반한다. 따라서 ③이 모든 요구를 충족하는 분석이라고 할 수 있다. 이는 또한 목적어 대명사의 후치가 강세에 의하여 발생하였으며 강세의 제약으로 완성되었음을 증명한다.

이제 의문대명사의 후치 문제를 살펴보자. 내용어가 모두 후치하고 [不+之]가 결합한 고정 형식이 분리된 후에도 의문대명사는 동사 왼쪽의 목적어 위치를 안정적으로 점하였다. 이러한 현상은 제1절에서 인용한 ≪马氏文通≫에도 기술되어 있다. 의문대명사는 양한两汉 시기에 이르러서야 원래의 목적어 위치에서 분리되었다. 이는 문답 형식의 특수성 및 [의문대명사+동사]의 운율 구조와 관계가 있는 것으로 분석할 수 있다. 제4장에서 논의한 바와 같이 문장은 초점에 따라 적어도 다음의 몇 가지 유형으로 나눌 수 있다.

① 어휘초점lexical focus
② 구조초점structural focus
③ 부분초점narrow scope focus
④ 전체초점wide scope focus

어휘초점은 특수한 어휘를 통하여 실현되는 초점이다. 我知道这件事나는 이 일을 안다라는 문장에 只有를 더하면 문장의 초점은 주어에 집중되어 只有我知道这件事나만 이 일을 안다가 된다. 구조초점은 특수한 통사적 구조를 통하여 실현되는 초점이다. 张三打了人장싼이 사람을 때렸다이라는 문장에서 주어를 강조하고자 하면 분열문을 사용하여 是张三打了人사람을 때린 것은 장싼이다으로 표현할 수 있다. 부분초점은 주로 의문문의 의문 성분에서 실현되는 독립적인 초점 유형이다. 전체초점은 문장의 특정 성분이 아니라 문장 전체가 초점을 받는 것을 의미한다. (16)에서 李四의 대답이 전체초점 문장에 해당한다.

(16) 张三：怎么回事? 무슨 일입니까?
李四：我放了一个炮仗。 내가 폭죽을 터뜨렸습니다.

위에서 제시한 네 가지 초점 유형으로부터 의문문은 다른 문장 유형과는 구분되는 특수한 초점 형식을 지닌다는 것을 알 수 있다. 원시 중국어가 SOV에서 SVO로 변화할 때 가장 기본적이고 보편적인 문장 유형이 먼저 변하고 의문문과 같이 특수한 초점 형식을 지니는 문장 유형이 가장 나중에 변한다는 것을 쉽게 이해할 수 있다. 특수한 문장 유형은 그 특수성을 유지하고자 하는 속성으로 인하여 일반적 규칙이 변하더라도 일정 기간 동안 고유한 특성을 지속할 수 있는데, 이는 특수한 문장 유형이 가장 보수적인 이유이다. 예를 들어 [唯N是V] 형식은 특수한 구조초점이 실현되기 때문에 계속 유지될 수 있다.

그러나 이와 같은 특성을 이해하더라도 과도기의 의문문 초점과 응답문 초점의 통사적 위치가 서로 상충된다는 점에 주의를 기울일 필요가 있다.

(17) A：奚冠? 무엇을 관으로 쓰는가?
B：冠素。 흰 것을 관으로 씁니다.

(17)은 의문문의 초점은 동사의 왼쪽에 있는 반면 응답문의 초점은 동사의 오른쪽에 있다는 것을 보여준다. 만약 중국어에서 의문대명사가 통사적 이동 과정을 거치지 않았다면 의문문 초점과 응답문 초점은 동일해야 한다. 현대 중국어가 바로 이러하다. (18)에서 진하게 표시된 부분은 강세의 위치를 나타낸다.

(18) A：你喜欢谁? 당신은 누구를 좋아합니까?
B：我喜欢他。 나는 그를 좋아합니다.

A：谁喜欢他? 누가 그를 좋아합니까?
B：我喜欢他。 내가 그를 좋아합니다.

A：你喜欢他的什么? 당신은 그의 무엇을 좋아합니까?
B：我喜欢他的眼睛。 나는 그의 눈을 좋아합니다.

그렇다면 (17)과 같은 초점 위치의 불일치 현상이 발생하는 원인이 무엇인가? 의문문이 보수적인 이유가 초점의 특수성에 있다면 응답문의 초점과 의문문의 초점이 동일해야 한다. 그러나 응답문의 초점은 동사의 오른쪽에 있고 의문문의 초점은 동사의 왼쪽에 있다. 이론적으로 이 문제를 설명하는 것은 불가능하다. 이 모순에 대한 유일한 해석은 이 현상을 일종의 과도기적인 현상, 즉 언어가 변화하는 시기에 특정 요소들 간의 상호작용으로 인해 형성된 현상으로 보는 것이다. 앞서 논의한 바와 같이 초점은 항상 강세를 통해서 실현된다. 의문 초점이 왼쪽에 있다는 것은 강세가 왼쪽에 있다는 것이며, 한 대 이후 의문 초점이 오른쪽으로 이동하기 시작한 것은 의문 강세가 오른쪽으로 이동하였다는 것을 의미한다. 따라서 이 모순을 해결하는 관건은 강세의 이동에 있다.

이 시기에 SOV에서 SVO로 변화하는 추세가 있었다면 SVO 유형의 강세 구조인 문말 강세가 점점 확산되었을 것이다. 일반적으로 언어의 심층 구조가 변화할 때 새롭게 형성된 강세 구조는 그것이 실현될 수 있는 통사적 조건에 부합해야 한다(오늘날의 이디시어Yiddish가 그 예이다). 응답문의 초점을 실현하는 VO 형식은 이미 강세 구조가 약강으로 변화하였다. 이런 상황에서 의문문 초점이 강약의 강세 구조를 유지하는 것은 당시 과도기의 강세 규칙에 의해 허용되지 않는다. 그러나 의문문의 OV 통사 형식 또한 객관적으로 존재하는 사실이므로, 이는 원시 강세 형식이 구조적 변화를 거쳤다는 것을 나타낸다. 즉 의문문은 통사적으로 OV 형식이지만 운율적으로는 약강의 강세 유형을 지닌다.

이와 같은 추론에는 근거가 있다. 먼저 일반적인 [의문대명사+동사]의 형식을 보면 대다수가 1음절 의문대명사에 1음절 동사가 더해진 형식이다. (19)의 예를 살펴보자.

(19) 음보

| | | | |
|---|---|---|---|
| 何 | 俟 | (≪诗经·相鼠≫) | 무엇을 기다리는가 |
| 奚 | 冠 | (≪孟子·滕文公章句上≫) | 무엇을 관으로 쓰는가 |
| 恶 | 在 | (≪孟子·尽心≫) | 어디에 있는가 |
| 曷 | 见 | (≪吕氏春秋·任数≫) | 무엇을 보는가 |
| 曷 | 知 | (≪吕氏春秋·任数≫) | 무엇을 아는가 |
| 谁 | 先 | (≪孟子·告子上≫) | 누구를 먼저하는가 |
| 孰 | 法焉 | (≪荀子·非相≫) | 무엇을 본보기로 삼는가 |
| 谁 | 立焉 | (≪左传·闵公二年≫) | 누구를 세우는가 |

이들은 대부분 2음절 음보 형식으로 출현하는데, 이러한 형식에서 의문대명사의 음절수가 동사보다 많은 경우는 매우 드물다. 그러나 (19)의 마지막 두 예와 같이 동사의 음절수는 의문대명사보다 많을 수 있다. 의문을 나타내는 형식이 2음절인 경우에는 (20)과 같이 대부분 [의문사 목적어+之+동사]의 형식을 취한다.

(20) a. [何罪]之有? (≪墨子·公输≫) 무슨 죄가 있는가?
b. [何谋]之敢? (≪吴越春秋·三≫) 감히 무슨 계획을 하는가?
c. [谁子]之与也? (≪荀子·王霸≫) 누구와 함께 할 것인가?

何乐士가 지적한 바와 같이, ≪左传≫에서 [何+N] 형식이 동사의 목적어일 때는 항상 전치사 之를 사용하여 전치하여 [何+N+之+V]의 형식을 형성한다. 그러나 (21)과 같은 [何+N+V]의 형식은 매우 드문데, 이는 [何罪]有의 강세 구조가 왼쪽이 무겁고 오른쪽이 가벼운 형식이기 때문이다.

(21)

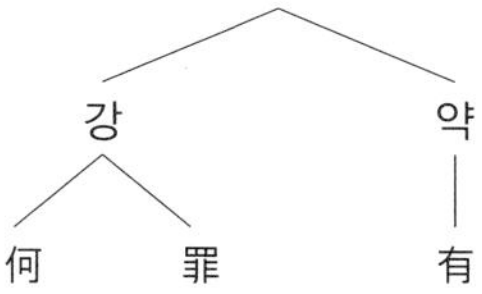


(22)는 何罪之有의 운율 구조이다.

(22)

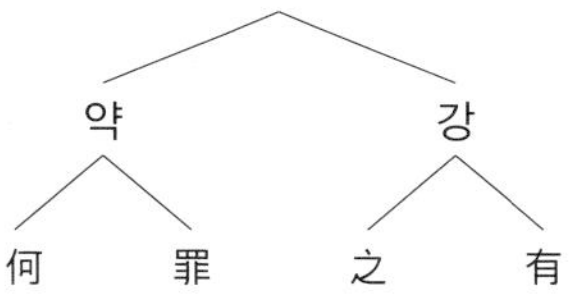


(22)는 마지막 음보가 2음절이므로 자연스러운 강세 형식이 실현될 수 있다.[65] 何知무엇을 아는가와 같은 [1음절+1음절] 형식은 보편적인데 반해 *何罪有와 같은 [2음절+1음절] 형식이 존재하지 않는 사실은 이 시기 의문 형식 [O V]의 강세가 의문 성분에 있지 않고 동사 성분에 있다는 것을 보여준다. 唯命是从명령대로 따르다은 SVO의 강세 형식에 부합하기 때문에 여전히 사용된다.

의문대명사 목적어 후치 과정에 보이는 [何+N] 형식도 이 문제를 잘 설명한다. 魏培泉의 연구에 의하면, 의문대명사의 후치가 보이는 초기 문헌에서 [何+N] 형식은 일반적으로 동사 뒤에 놓인다. 예를 들어 ≪晋语·四≫의 余于伯楚屡困, 何旧怨也?내가 백초(伯楚) 당신으로 인해 수차례 곤경에 처하니, 무슨 옛 원한이 있는가?에 대한 韦昭의 주를 보면 数见困, *何旧怨有?가 아니라 数见困, 有何旧怨?수차례 곤경을 당하니, 무슨 옛 원한이 있는가?으로 되어 있다. 이와 관련하

65) *何罪有가 적법하지 않은 이유는 SVO 유형 언어의 일반강세 규칙, 즉 [XY]가 문말의 통사적 구일때 Y가 X 보다 무거울 것을 요구하는 규칙으로 설명할 수 있다(제4장 참조). *把他打가 적법하지 않은 이유는 제3장의 논의를 참조할 수 있다.

어 더욱 흥미로운 현상은 [何+N] 형식과 1음절 [何] 사이에 특별한 의미의 차이가 없음에도 불구하고 의문대명사가 동사의 오른쪽에 출현하는 경우에는 [何+N] 형식을 선택하는 예가 보인다는 것이다. 예를 들어, 선진 시기의 何由무엇을 길로 삼는가에서 由는 원래 길의 의미를 지니는데, 이후 康僧会의 ≪六度集经≫에는 由의 오른쪽에 목적어 何道를 더하여 今欲返国, 由何道也?지금 나라로 돌아가려 하니, 어느 길로 가는가?라고 하였다.

이와 같은 논의에 근거하여 단음절 [何]와 2음절 또는 다음절 [何+N] 형식이 통사적 위치에 있어서 두 가지 상보적 분포complementary distribution를 이룬다는 것을 알 수 있다. 첫째, 의문대명사 목적어 후치 이전의 [何+V]와 [何+N+之+V] 사이의 상보적 분포이다. 즉, 동사 앞에서 1음절 [何]는 반드시 동사에 인접해야 하며 *何之有와 같이 之로 何와 동사를 분리할 수 없다. 그러나 2음절 또는 다음절인 [何+N] 형식은 *何罪有와 같이 동사에 인접할 수 없고 之로 동사와 분리해야 한다. 둘째, 의문대명사 목적어 후치 초기에 보이는 [何+V]와 [V+何+N] 사이의 상보적 분포이다. 1음절 [何]가 아직 동사 앞에 출현할 수 있었을 때, 2음절 또는 다음절 [何+N] 형식은 동사의 뒤에 출현하였다.66) 우선, 이 현상은 동

66) [何+V]와 [V+何+N]의 상보적 분포는 엄격하지 않다. 즉 [何+V]와 [何+N+之+V]에서 [何]는 [何+N]의 위치([__之+V])에 출현할 수 없고 [何+N]은 [何]의 위치([__[V])에 출현할 수 없는 것과 다르다. 张之强 선생이 필자에게 지적한 바와 같이, ≪论语·子张≫에 子夏云何자하는 무엇을 말하였는가?와 같이 의문사 목적어의 후치 현상이 발견된다. 따라서 [何+N]은 [何]의 위치([__V])에 출현할 수 없지만 1음절 [何]는 [何+N]의 위치([V__])에 출현할 수 있다. 그러나 선진 시기의 일부 의문대명사 후치 현상은 [谓……何]와 같은 형식이나 云과 같은 동사, 于와 같은 전치사가 수반되는 경우에만 매우 제한적으로 출현한다는 점에 주의할 필요가 있다. 따라서 전반적으로 볼 때, 이 시기의 의문대명사는 목적어 역할을 하였으며 일반적으로 엄격하게 전치 규칙을 준수하였다. 이것이 바로 ≪马氏文通≫에서 "의문대명사가 대개 목적어 자리에 있을 때에는 반드시 목적어를 앞에 두어야 하며 앞에 두지 않는 경우는 얼마 되지 않는다. 이는 바꿀 수 없는 예이다.询问代字凡在宾次, 必先其所宾, 其不先者仅矣. 此不易之例也"라고 기술한 것이다. 따라서 [何]와 [何 N]이 [__V]와 [V__]에서 상보적 분포를 형성한 것은 어순 변화의 초기에 이루어진 것이다. 1음절 의문사 목적어가 선진 시기의 소수 특정 형식과 동사나 전치사에서 먼저 후치된 원인에 대해

사 앞의 의문사 목적어 위치가 이미 강세를 소실하여 2음절 형식의 의문사 목적어가 이 위치에 출현할 수 없게 되었다는 것을 나타낸다. 이와 같은 추론은 또한 의문대명사가 오른쪽으로 이동한 현상이 가장 늦게 출현한 이유를 설명한다. 앞서 언급한 바와 같이, SOV에서 SVO로의 통사적 변화는 새로운 약강의 강세 구조에 부합한다. 일반적인 1음절 의문대명사는 약강세로 발음되었기 때문에 동사의 오른쪽에 새롭게 형성된 강세 위치에 출현할 수 없었다. 그러나 언어가 SOV에서 SVO로 변화하고 동사 뒤의 위치에 之와 같은 약강세 어휘와 통사적 약강세 성분의 출현이 허용되면서 비로소 의문대명사가 후치하게 된 것이다. 이와 같은 추론에 근거하면 1음절 의문대명사가 후치하는 현상 또한 SOV가 SVO로 변화한 표지가 된다. 또한, 의문대명사 何의 후치 과정에서 1음절 형식인 [何]가 아니라 2음절이나 다음절 형식인 [何+N]이 선택된 것은 동사 뒤의 운율적 무게에 대한 제약을 만족하기 위한 것이다. 마지막으로, 의문대명사 목적어의 후치 현상은 문말 강세 구조의 변화 추세가 점차 강화되면서 고정적인 형식으로 굳어졌음을 알 수 있다. 즉 강세의 변화와 제약으로 인해 목적어 후치 형식이 완성된 것이다.

이상의 논의를 종합하면, 중국어는 의문대명사의 이동 현상이 없으므로 동사 왼쪽의 의문대명사 위치는 심층 구조의 목적어 위치로 해석해야 한다. 고대 중국어에 SOV와 SVO 두 가지 심층 구조가 나타나는 현상에 대한 합리적인 해석은 俞敏과 같이 중국어의 전신을 SOV 유형의 언어로 보는 것이다. 동사 왼쪽의 위치가 의문대명사 목적어가 출현하는 위치이면, 중국어의 의문 초점은 동사의 왼쪽이고 따라서 의문문 강세와 응답문의 초점강세도 그에 상응하는 동사 왼쪽에 놓여야 한다. 그러나 응답

---

서는 앞으로 연구가 진행되어야 한다.

문의 초점강세는 동사의 오른쪽에서 실현된다. 이러한 문제에 대한 적절한 설명은 SOV가 SVO로 변화하는 과정에서 의문 형식에 강세의 이동이 일어나면서 OV 통사 형식에서 VO 형식의 강세 유형이 실현된 것으로 분석하는 것이다. 이와 같은 해석은 이론적으로 통사 형식과 강세 형식이 상충되는 현상을 설명할 뿐만 아니라 실제 언어에서 통사와 강세가 상충되는 형식이 장기간 지속된 이유를 설명한다. 즉 SOV와 SVO 간의 충돌 및 의문문과 응답문의 초점의 상충은 강세 형식의 영향으로 형성된 것이다.

## 제5절 결론

말소리, 의미, 통사와 더불어 운율 구조도 언어의 여러 가지 층위와 상호작용하는 중요하고 독립적인 층위를 구성한다. 언어 표면에 나타나는 복잡한 현상은 통사나 의미 층위 규칙의 제약뿐만 아니라 운율 규칙의 제약을 받는다. 상고 중국어의 통사적 변화 과정은 이 점을 충분히 보여준다. SOV 형식이 점차 소실되는 역사적 과정에서 일반적인 내용어 목적어의 후치는 대명사 목적어보다 이른 시기에 진행되었고, 일반 대명사 목적어의 후치는 부정문의 대명사 목적어보다 일찍 진행되었다. 또한 부정문의 대명사 목적어의 후치는 의문대명사 목적어의 후치보다 앞서 진행되었다. 이와 같은 순서는 순수한 통사 규칙으로 설명하기 어렵지만 유추类化의 개념을 도입하여 해석할 수 있다. 언어의 운율 규칙 및 운율 규칙과 다른 언어 층위 규칙간의 상호작용을 고려하면 어떤 SOV 형식은 유추가 빨리 진행되고 어떤 형식은 나중에 진행되었는지 설명할 수 있다. 또한 부정문의 목적어 대명사의 왼쪽 이동 중지와 오른쪽 이동의 정착, [何+N]과 [何]가 동사 왼쪽과 오른쪽에서 통사 위치의 상보적 분포를 보이는 현상, 의문문 목적어 대명사의 강세 이동 및 [何+N] 강세 형식의 동사 오른쪽 출현, 이후 何物무엇와 같은 2음절 의문대명사의 출현 등(Feng 1996)은 모두 운율이 통사적 변화의 균형과 촉진, 완성에 매개 역할을 담당한다는 것을 나타낸다.

* 이 장의 내용은 ≪语言研究≫ 1994年 第1期에 게재되었다.

## 생각할 문제

1. 我未之前闻也의 통사 구조를 분석하고 之의 통사적 위치를 설명하시오.

2. 圣王有百, 吾孰法焉의 吾孰法焉의 통사 구조를 분석하고, 의문대명사 孰의 통사적 위치를 설명하시오. 또한 이 문장과 1번 문장의 차이 및 차이의 원인을 설명하시오.

3. 고대 중국어의 기본 어순은 SVO이지만 SOV 문장도 다수 보인다. 이 현상에 대한 다양한 해석을 서술하고 평가하시오.

4. 고대 중국어와 현대 중국어에는 모두 다음과 같은 OV 구조가 있다.

   (1) 我什么都不知道。
   (2) 我哪儿都不怎么去。
   (3) 汝何知, 知天乎。
   (4) 时不我待。

   이에 근거하여 고대 중국어와 현대 중국어에 차이가 없다고 보는 견해도 있다. 이에 대한 자신의 견해를 밝히고 논거를 제시하시오.

5. SOV에서 SVO로의 변화가 다음과 같은 순서를 거친 원인을 설명하시오.

   내용어 〉 대명사 〉 부정문 대명사 〉 의문대명사

6. 다음 문장이 출현한 역사적 순서를 이론적으로 추론하고 근거를 제시하시오.

   (1) 未之有
   (2) 未尝之有
   (3) 不复重教之

7. 어휘초점, 구조초점, 부분초점, 전체초점을 예를 들어 설명하시오.

8. 아래 세 종류 문장의 차이와 그 차이의 원인을 설명하시오.

A : 谁先?
　 孰法焉?

B : 何罪之有?
　 何谋之敢?

C : 有何旧怨?
　 由何道也?

제 6 장

# 운율과 문학

이천여 년에 걸친 중국 문학의 역사에서 변우骈偶와 대우对仗는 중요한 수사적 수단으로 사용되었다.[67] 운율형태론적 시각에서 보면 변우는 운율단어에서, 대우는 복합 운율단어에서 비롯되었다. 변려骈俪의 기원이나 사륙문체四六文体의 발전은 모두 운율 규칙의 직접적인 영향을 받은 결과이다. 변체문骈体文은 중국 문학사에서 2음절 음보의 대칭미를 가장 잘 보여주는 문체이며, 韩愈와 柳宗元에 의해 주도된 고문운동古文运动은 대칭미의 극단적 추구에 대한 반작용으로 나타났다. 언어학적 시각에서 볼 때 변문骈文과 고문古文은 방식은 다르나 1음절 형태소와 2음절 음보 규칙을 운용하여 형성된 것이다. 즉 대우对偶를 중시하면 2음절 음보의 형식미를

67) 변우骈偶는 대칭문이라고도 하며 문장이 둘씩 대를 이루는 것을 일컫는데, 글자 수가 반드시 완전히 같거나 대칭을 이룰 필요는 없다. 대장对仗은 주로 시, 사, 대련对联 등에서 대우를 사용하도록 요구하는 것으로, 단어나 구 혹은 문장 간에 서로 대를 이루어 나타난다. 중고 시기의 시가 격률의 표현법으로 주로 사용되었으며, 대장队仗, 배우排偶라고도 한다. 대우对偶는 수사 방식의 하나로, 글자 수가 동일하고 통사 구조가 유사하며 의미적으로 대칭되는 두 개의 구나 문장이 관련이 있거나 혹은 대립되는 의미를 나타내는 것을 말한다. 일반적으로 대장은 시, 사 등의 문체에서 요구되는 문장 작법을, 대우는 대장을 실현하는 수사학적 방식을 가리키는데 원문에서는 대장, 배우, 대우를 엄격하게 구분하지 않으므로 혼란을 피하기 위해 일괄적으로 대우로 번역한다. (역자주)

추구하므로 문장은 반드시 넷 혹은 여섯 글자로 이루어져야 한다文必四六는 극단적인 주장까지 하게 된다. 한편 고문운동은 운율단어과 복합 운율단어를 결합하여 사용하는 것을 가능한 한 억제하고 1음절 형태소를 활용하여 글을 짓는 것을 의미한다. 고문과 변문은 모두 홀, 짝수를 맞추는 수사적 수단을 토대로 성립된 문체이다. 변문과 고문은 모두 중국어의 기본적 운율 규칙을 실현하므로, 변문은 2음절 음보를 추구하면서도 1음절어를 사용하였으며 고문 역시 1음절 형태소 사용을 위주로 하면서도 변우나 대우를 배제하지 않았다. 그 이유는 홀수奇 음절과 짝수偶 음절이 모두 중국어의 기본적 운율 규칙을 형성하는 기본 요소이기 때문이다.

## 제1절 중국어의 문학적 특성

변우와 대우는 중국어의 가장 고유한 특징이라 할만하다. ≪易传≫의 배비排比,[68] 사부辞赋인 枚乘 <七发>에 보이는 대거对举,[69] 변문인 王勃 <滕王阁序>의 사륙문체, 杜甫 <登高> 등 율시律诗의 대우에 보이는 바와 같이, 변우와 대우는 중국어의 형식미를 구현하는 가장 보편적인 수사적 수단으로 사용되었다.

(1) a. 云从龙, 风从虎。≪易传≫ 구름은 용을 따르고, 바람은 범을 따른다.
b. 老当益壮, 越女侍前, 齐姬奉後。枚乘 <七发> 월나라 여자는 앞에서 시중들고, 제나라 여자는 뒤에서 받든다.
c. 宁移白首之心, 穷且益坚, 不坠青云之。王勃 <滕王阁序> 나이 들면 마땅

68) 배비排比는 수사 수단의 일종으로 두 개 혹은 두 개 이상의 의미가 상관되고 구조가 유사하며 어기가 동일한 주술구 및 동목구 혹은 문장을 나란히 배열하는 것으로 의미를 강화하는 효과를 나타낸다. (역자주)
69) 대거对举는 상대적인 것을 나란히 열거하여 의미를 부각하는 것을 가리킨다. (역자주)

히 더욱 굳건해야 하거늘, 어찌 흰머리 늙은이의 마음을 옮기려하는가. 궁하더라도 더욱 굳건히 지켜, 청운의 뜻을 잃지 않으리라.

d. 无边落木萧萧下，不尽长江滚滚来。杜甫 <登高> 끝없이 넓은 숲에 나뭇잎은 우수수 떨어지고, 그지없이 긴 장강은 넘실거리며 흘러온다.

다른 언어에서는 중국어만큼 변우와 대우가 보편적으로 사용된 예가 드물다. 그러나 종족과 문화의 차이를 떠나서 언어에는 공통적인 성질이 있기 마련이다. 현대 언어학에 따르면 인간의 언어 내부에 존재하는 규칙은 모두 동일하며, 언어 간의 차이는 보편 원칙이 실현될 때 작용하는 매개변수에 의해 나타난다. 이에 따르면 변우는 중국어의 고유한 특징이기는 하지만 언어의 보편 원칙이 적용되면서 여러 규칙이 상호 작용을 일으켜 얻어진 결과이다. 제6장에서는 이러한 시각에서 중국어의 변우와 대우를 살펴보려 한다.

우선 중국어 변우의 특수성에 대해 살펴보자. 중국어는 다른 언어와 달리 오랫동안 변우를 주요한 수사적 수단으로 사용하였다. 일반적으로 변우와 대우는 대부분 율시, 변문, 팔고문八股文 등 고대의 작품에 한정된 것으로 간주하나, 현대 작가들의 작품에서도 여전히 자주 관찰된다. 秦牧의 문장에서 인용한 (2)의 예를 살펴보자.

(2) a. 作家的笔名，有的平淡，有的深奥；有的是友人投赠的别号，有的是作者自励的词语；有的记录了人世沧桑，有的寄寓了怀人情愫。(≪中国作家笔名探源・序≫)

작가의 필명은 평범한 것도 있고 심오한 것도 있다. 어떤 필명은 친구가 지어준 별명이고, 어떤 것은 작가 자신이 스스로를 격려하기 위해 지은 말이기도 하다. 어떤 것은 급격한 세상의 변화를 기록하는 것이기도 하고, 어떤 것은 누군가를 그리워하는 진심을 기탁한 것이기도 하다.

b. 进城出城的人多极了，抬轿的，骑马的，挑瓜贩菜的，引车卖浆的，徒手的，提篮的，人来人往，好不热闹。(≪愤怒的海・省城风光≫)

성안을 오가는 사람들은 대단히 많아서, 가마를 진 이, 말을 탄 이, 박을 들고 푸성귀를 파는 이, 수레를 끌며 콩국물을 파는 이, 빈손인 사람, 장바구니를 든 사람, 이러저러한 사람들이 오고가며 매우 북적거렸다.

(2)에서 보이는 대우排偶나 병렬식 대우并列排偶 표현은 사륙문의 흔적처럼 보인다. 이로부터 변우가 중국어의 수사적 수단으로 여전히 강력한 영향을 미치고 있음을 알 수 있다. 일반 화자의 발화에서도 이러한 현상을 찾아볼 수 있다. (3)의 예를 살펴보자.

(3) a. 看菜吃饭，量体裁衣 요리 봐가며 밥 먹고, 몸에 맞춰 옷을 재단한다.
b. 若要人不知，除非己莫为 다른 사람이 모르게 하려면 자신이 하지 않는 수밖에 없다.
c. 只许州官放火，不许百姓点灯 관리는 방화도 허락되지만, 백성은 등불을 켜는 것조차 허락되지 않는다.

启功이 변우를 중국어의 유전자에 비유한 것도 일리가 있다.

어떤 사람이 쥐로 실험하면서 유전자를 어지럽게 뒤섞으니, 꼬리가 등에서 나기도 하고, 다리가 다섯 개 나기도 한다. 그러나 꼬리나 다리가 어찌되었건 그것은 여전히 쥐이지 새 발톱이나 물고기 꼬리는 아니다. 유전자의 위대함은 그 밉살스럽도록 완고함에 있으니, 이와 같은 것이 또 있을까!

有人用老鼠做实验，把基因打破掺乱，于是有尾生背上、腿生五条的，但是其为尾为腿，依然故鼠，而无鸟爪鱼尾的。基因之伟大，其顽固之可恨，有如此者哉！

유전자가 있으면 세대를 거치면서 그 특징이 발현되는 것처럼, 변우는 고대와 현대에서 중국어를 중국어답게 하는 기본적인 요소로 작용한다. 그런데 陈望道에 따르면 대우对偶는 미학에서의 대칭에 해당하며 다른 언어에서도 자주 나타난다. 대우는 영어로는 antithesis라고 하는데, 서로 이웃한 구나 문장이 문법 구조의 대칭적 관계를 통해 의미적 대조 혹은 대립을 부각시키는 효과를 실현한다(Abrams 1999)는 점에서 개념적으로 대우와 유사하다. (4)의 예를 보자.

(4) a. Easy come easy go. (속담)

b. 易得易失。

쉽게 얻은 것은 쉽게 잃는다.

c. It was the spring of hope, it was the winter of despair. (Charles Dickens, *A tale of Two Cities*)

d. 它是希望的春天，也是绝望的冬天。

희망에 찬 봄이었으며, 절망 가득한 겨울이었다.

e. Joy for his fortune ; honour for his valour. (W. Shakespeare ; *Julius Caesar*)

f. 为他的幸福而高兴；为他的勇猛而骄傲。

그의 행운에 기뻐하였으며, 그의 용맹함에 자랑스러웠다.

g. By Force to ravish, or by fraud betray. (Alexander Pope, *The Rape of the Lock*)

h. 或以暴力强夺，或以欺诈出卖。

폭력으로 겁탈할 것인가, 사기로 배반할 것인가.

i. Marriage has many pains, but celibacy has no pleasures. (Samuel Johnson, *Rasselas*)

j. 结婚有苦但独身无乐。

결혼에는 많은 고통이 있지만, 독신에는 아무런 즐거움도 없다.

k. Willing to wound and yet afraid to strike. (Alexander Pope, *Epistle to Dr. Arbuthnot*)

l. 乐于伤害而怯于下手。

기꺼이 상처 입히고자 하지만, 때리기는 두려워한다.

(4)와 같이 영어는 중국어만큼 엄격하거나 광범위하지 않지만 대우를 사용한다. 다른 언어에도 대우가 존재한다는 사실은 그 언어도 대우의 속성을 갖고 있다는 것을 보여준다. 따라서 대우가 중국어의 고유한 특성

이 아니라고 생각할 수 있다. 그러나 다른 언어의 대우 현상과 중국어의 대우를 동일선상에서 이해할 수는 없다. 그렇다면 중국어와 다른 언어의 차이는 무엇인가? 그 차이를 이해하기 위해서는 중국어의 대우를 실현하는 내재적 요인을 규명해야 할 필요가 있다.

제6장에서 서술의 편의를 위해 변우는 山水산과 물의 山과 水처럼 동일한 수의 음절을 가진 두 개의 단어가 나란히 사용되는 현상을 가리킬 것이다. 대우는 青山, 绿水푸른 산과 푸른 물와 云从龙, 风从虎 등 동일한 수의 음절을 가진 두 개의 구 혹은 두 개의 문장이 나란히 사용되는 현상을 가리킬 것이다. 즉 변우는 두 단어가 짝을 이루는 것俪词을, 대우는 두 구가 짝을 이루는 것俪句을 의미한다.

## 제2절 변우의 역사적 기원

변우와 대우는 어디에서 비롯되었는가? 위진魏晋 시대 刘勰의 ≪文心雕龙·俪词≫에서 그 단서를 찾을 수 있다. 刘勰는 변우와 대우의 기원에 대해 다음과 같이 설명한다.

> 조물주가 형태를 부여하며 팔다리를 반드시 짝지으셨으니, 신비로운 이치가 사용되면 사물은 홀로 서지 않는다. 무릇 마음에서 문사가 생겨나면 백 가지 생각을 싣게 되는데, 높고 낮음이 서로 배합되어 자연스럽게 대우를 이루게 된다.
>
> 造化赋形，肢体必双。神理为用，事不孤立。夫心生文辞，运载百虑，高下相须，自然成对。

刘勰의 설명은 언어의 외적 요인에서 원인을 규명하고자 하였으므로 외인론外因论에 속한다. 위진 이래로 학자들은 대부분 刘勰의 설을 받아들였다. 조물주가 형태를 부여하면서 팔다리를 반드시 짝지었다造化赋形, 肢体必双고 한 ≪文心雕龙 · 俪词≫의 설명은 ≪文镜秘府论 · 论属对≫70)에서 사물이 홀로 서지 않는다事不孤立고 표현된다.

> 무릇 문장을 짓고자 한다면 모두 대우를 갖추어야 한다. 진실로 사물은 홀로 서지 않으니, 반드시 짝을 맞추어 이루어진다.
>
> 凡为文章, 皆须对属, 诚以事不孤立, 必有配匹而成。

청清 대 사상가인 袁枚는 조물주가 형태를 부여함에 있어造化赋形 반드시 모두 짝을 이루지는 않는다는 것을 인정하지만, 변우와 대우의 근원을 여전히 꽃받침瓣萼이나 물 흐름이 서로 갈마드는 모습交流 등 자연적인 현상에서 찾고 있다.

> 문장에서 대칭을 이루는 것은 숫자에서 짝을 맞추는 것과 같은 이치이다. 가깝게는 사람의 신체로부터 예를 찾을 수 있는데, 머리는 홀수이지만, 눈썹, 눈과 손, 발은 짝수이다. 멀게는 사물로부터 예를 찾을 수 있는데, 풀과 나무는 홀수이지만, 떡잎과 꽃받침은 짝수이다. 산이 우뚝 솟으면 쌍봉을 이루고, 물이 나뉘면 흐름이 갈마들며, 날짐승이 날면 날개를 나란히 펼치고, 별이 무리지면 진주를 꿰어놓은 듯하니, 어찌 사람이 인위적으로 하는 일이겠는가?
>
> 文之骈, 则数之偶也。而独不近取诸身? 头, 奇数也; 而眉、目, 而手、足, 则偶矣。而独不远取诸物? 草、木, 奇数也; 而由孽, 而瓣萼, 则偶矣。山峙而双峰, 水分而交流, 禽飞而并翼, 星缀而连珠, 岂人之为哉? (≪小仓山房文集卷11 · 胡稚威骈体文序≫)

---

70) ≪文镜秘府论≫은 일본의 헤이안 시대 승려인 구카이空海(774~835)의 저작으로 天卷, 地卷, 东卷, 南卷, 西卷, 北卷의 6권으로 이루어져 있으며, ≪论属对≫편은 이 중 北卷에 수록되어 있다. 육조와 당 시대 시문의 격식 · 음운 · 수사 등에 관한 저작을 분류 · 편찬한 것으로 종합적인 문학 이론을 집대성하였다. 属对는 상하구의 대를 맞추는 시 작법이며, 对属는 시에서 두 구가 대우를 이루도록 짓는 것을 가리킨다. 본문에서는 혼란을 피하기 위해 모두 대우로 번역한다.(역자주)

이러한 외인론 또는 자연론은 현대에도 계속되고 있다. 다음은 范文澜의 견해이다.

> 원래 여사俪辞의 기원은 사람의 마음이 능히 관련지어 생각할 수 있는 데서 시작되었다. 구름이 용을 좇는 것을 생각하면 바람이 범을 좇는 것과 관련지으니, 이것이 정대正对이다. 西伯가 은밀하게 <주역>을 풀이한 것을 생각하면 周公 旦이 드러내어 ≪예경礼经≫을 지은 것과 관련지으니, 이는 반대反对이다. 바로 대를 맞추는 것과 반대로 맞추는 것이 다르기는 하나 그것이 연이어 생각하는 것에서 기인한다는 점에서는 같다.
>
> 原俪辞之起，出於人心之能联想。既思云从龙，类及风从虎，此正对也;既想西伯幽而演易，类及周旦显而制礼，此反对也。正反虽殊，其由於联想一也。(≪文心雕龙・注≫)

范文澜이 대우의 근원을 인간의 관련지어 생각하는 능력联想에서 찾으려고 한 것은 刘勰가 조물주의 조화造化를 대우의 근원으로 본 것과는 다르다. 그러나 사실상 신비로운 이치가 사용되면 사물은 홀로 서지 않는다神理为用, 事不孤立는 刘勰의 설명은 范文澜이 말한 인간의 관련지어 생각하는 능력과 크게 다르지 않다. 刘勰와 마찬가지로 范文澜도 언어 외부에서 변우와 대우의 성립 원인을 찾고 있다. 후세의 연구자들은 변우가 기억을 돕고, 증명을 충분히 하도록 돕는다고 보기도 한다. 또한 문장의 구조를 고르게 하고, 미학적 작용을 담당한다고 보는 견해도 있다. 그러나 이는 모두 언어 외부에서 원인을 찾고 있으며, 중국어에서 변우와 대우가 광범위하게 사용되는 특수성을 설명하지 못한다. 즉 외인론은 다른 언어에 존재하는 변우 현상과 중국어의 변우의 차이점을 설명하지 못한다.

따라서 최근 학자들은 언어 내부적 요인에 근거하여 변우를 해석하고자 시도하였다. 그러나 이러한 시도가 문제를 완전히 해결한 것은 아니다. 예컨대 石毓智(1995)는 대칭적인 구조를 가진 [2+2] 형식이 보편적인 이유는 그것이 최대 음절의 최다 구성 요소에 부합하기 때문으로 설명한다. 즉 4자격의 4음절은 중국어 음절의 4요소 [자음+개음+모음+자음/모음]의 수에 대응된다는 것이다. 그러나 4자격의 음절수와 음절을 구성하는 요소의 수 사이에 필연적인 연관성이 있다고 보기는 어렵다. 그보다는 중국어의 변우와 대우가 중국어의 1음절성에 기인한다고 보는 견해가 더 설득력이 있다. 이러한 견해는 변우를 해석하는 중요한 단서를 제공한다. 1음절 형태소를 기반으로 하는 1음절성은 중국어의 중요한 특징 중 하나이다. 1음절을 토대로 하여, [1+1]로 2음절어를, [2+2]로 네 글자 구를, [2+2+2]로 사륙문을 구성할 수 있다. 사람에게 사지가 있고, 말에게 다리 네 개가 있는 것으로 보아, 조물주가 형태를 부여하여 지체가 반드시 짝을 맞춘다는 자연론도 일리가 있다. 그러나 1음절어라는 언어적 특징이 없다면 완벽한 균형을 추구하는 사륙문은 성립하지 않았을 것이다. 중국어와 달리 영어와 프랑스어 등의 언어에서는 사륙문이 발전하지 않았다. 이는 보편적인 현상을 토대로 하는 고전적인 자연론으로는 대우를 해석할 수 없다는 것을 나타낸다. 중국어의 1음절성은 대우가 성립하게 된 언어 내재적 요인이며 이러한 특징을 갖추지 않은 다른 언어에서는 대우가 보편적이지 않다. 그러므로 중국어의 1음절성은 중국어와 다른 언어를 구별하는 중요한 특징이다.

중국어의 1음절성은 대우의 형성에 필요한 언어적 기초이다. 그러나 이는 중국어가 대우를 보편적으로 사용하게 된 원인을 설명하지 못한다. 즉 1음절어라는 특징은 대우의 필요조건일 뿐이다. 1음절성이라는 필요조건이 갖추어진다고 해서 대우가 반드시 성립되는 것은 아니다. 그러므로 중국어의 1음절성은 영어 등 다른 언어에서 대우가 발달하지 않은 이유를 설명할 수 있지만 중국어에서 대우가 발전한 원인은 설명하지 못한다. 이는 돌에서 닭이 나올 수 없는 것은 설명할 수 있지만 계란에서 닭이 부화하는 원인은 밝힐 수 없는 것에 비유할 수 있다. 어떤 사람들은 중국어의 1음절성에서 대우가 성립하는 것이 계란에서 닭이 부화하는 것처럼 매우 당연하여 설명할 필요조차 없다고 생각할 수도 있다. 그러나 중국어의 1음절성에서 대우가 성립한 원인과 과정을 규명하는 것은 중국어의 본질을 이해하는 데 매우 중요하다.

변우와 대우가 성립하게 된 원인은 문학이나 수사학이 아니라 언어학의 관점에서 해석해야 한다. 변우 출현의 언어 내부적 원인은 중국어의 2음절어 출현과 밀접한 관계가 있기 때문이다. 그러나 지금까지의 언어학 이론은 중국어 2음절어가 출현하게 된 내부적 기제에 대해 충분히 설명하지 못하였다. 따라서 문학과 수사학의 관점에서도 2음절에서 변우가 발전하는 내적 요인을 밝히는 데 어려움이 있다. 언어학적 설명이 불충분하기 때문에 외인론에 근거하여 언어 내부적 원인을 부정하는 경우도 있다. 王作新(1995)에 따르면 중국어는 말소리, 의미, 통사 등 여러 층위에서 다음절어의 구조적 특징을 지니며, 다음절어 형성에 필요한 구조와 모형을 갖추고 있다. 그러나 중국어에서 이러한 다음절 모형을 선택한 이유나 음과 의미를 결합한 다음절 형식을 구성하게 된 원인은 언어 내부적 조건에만 근거하여 설명할 수 없다고 지적한다. 결론적으로 王作新의 견해는 옳다. 1음절성은 내부적 조건일 뿐이며 이 조건만으로는 변우 혹은 2음절어의 근원을 만족스럽게 설명할 수 없다. 중국어의 1음절성으로는 문제를 해결하지 못하고 다른 요소도 파악하지 못하여 중국어 화자의 행위와 태도에서 해결안을 찾으려는 경향이 나타나기 시작했다. 물론 언어 사용자의 행위와 태도를 고찰하는 시도가 무의미한 것은 아니다. 그러나 이러한 경향은 언어 내부적 요인에 근거한 이론에 대한 중국어 언어학계의 실망감을 나타낸다. 더욱 안타까운 점은 이런 시도가 내부적 요인의 탐구를 저해한다는 것이다. 이로 인해 刘勰의 이론을 보완하는 것을 넘어 전통적인 외인론으로 돌아가려는 경향으로 나타나기도 한다.

이와 같이 중국어의 1음절성이라는 언어 내부적 요인을 발견하였음에도 불구하고 다시 외인론으로 회귀함으로써 중국어에서 변우가 성립된 언어 내적 체계는 충분히 탐색되지 못하였다. 중국어가 변우와 대우를 적극적으로 사용하게 된 내재적 요인은 제3절에서 살펴볼 것이다.

## 제3절 변우의 운율적 기제

변우와 대우는 중국어의 운율 통사 체계에 기반한다. 그러므로 변우의 출현은 언어 사용자의 인위적 선택이 아니라 통사적 규칙의 산물이라 할 수 있다. 이런 견해의 근거는 무엇인가? 제1장에서 소개한 중국어 운율 형태론에 따르면 중국어의 음보는 반드시 2음절로 이루어져야 한다.

(5)

2음절 음보 모형은 (6)의 두 가지 규칙에 의해 결정된다.

(6) a. 2분지 제약binary condition
b. 중국어에서 모라는 음보를 구성하기에 부족하다

음보가 반드시 2분지로 구성되어야 하고 모라는 음보를 구성할 수 없기 때문에 중국어 음보의 2분지는 하나의 음절 안에서 실현될 수 없다. 즉 an이나 ao 등은 모두 독립적인 음보를 구성하기에 부족하다.

(7) *음보

a o

2분지 제약은 음보가 위반할 수 없는 조건이며, 음보의 2분지는 모라로 실현될 수 없다. 그렇다면 음보는 2음절로 실현되어야 한다. 중국어의 음보 모형은 보편 규칙인 2분지 제약과 중국어에서는 모라가 음보를 구성하기에 불충분하다는 특수 규칙이 상호작용한 결과이다. 모라로 음보를 구성할 수 없는 것은 중국어의 특성이며(제2장 참조), 이 특성을 보편 규칙에 적용한 결과가 2음절 음보이다. 그러므로 중국어의 2음절 음보는 언어 규칙의 산물이다.

중국어의 표준음보가 2음절 음보라는 사실은 여러 학자들의 의견이 일치한다. 그러나 표준음보와 중국어 변우 및 대우의 관계에 대해서는 충분한 논의가 진행되지 않았다. 제3절은 2음절 음보가 변우의 기초임을 논의할 것이다. 2음절 음보는 운율위계를 기초로 하는 운율형태론의 산물이다.

(8) **운율위계**prosodic hierarchy

운율 단어PrWd

↑

음보foot

↑

음절syllable

↑

모라mora

(8)의 네 위계 층위에서 가장 아래에 위치하는 것이 모라이며, 모라는 음절을, 음절은 음보를, 음보는 운율단어를 구성한다. 운율형태론에서 자유

롭게 독립적으로 운용되는 최소의 운율단위는 음보이므로 운율단어는 반드시 적어도 하나의 음보로 구성되어야 한다. 중국어의 음보는 2음절로 구성되므로 운율단어 역시 최소한 2음절을 포함해야 한다. 즉 운율단어는 음보로 결정된다. 음보보다 작은 단위는 운율단어를 구성하기에 부족하므로 운율단어를 구성하기 위해서는 음절을 추가해야 한다. 운율단어를 구성하지 못하는 단위는 제한적으로만 운용된다. 옛 학자가 두 글자 말은 문장을 구성하기 쉽지만 한 글자 말은 문장을 구성하기 어렵다偶语易安, 奇字难适고 기술한 것과 오늘날의 학자가 한 글자는 단어를 구성하기에 부족하다고 주장한 것이 모두 이것이다. 한 글자 말은 문장을 구성하기 어렵기 때문에 중국어에서는 (9)과 같이 한 글자가 두 글자로 늘어나는 현상이 나타나게 되었다.

(9) 踅xué → 踅摸xuémo 구하다　　孔kǒng → 窟窿kūlong 구멍
茨cí → 蒺藜jílí 질려　　趼jiǎn → 鸡眼jīyǎn 티눈

한 글자가 두 글자로 연장되는 현상은 운율단어의 필요에 의해 나타났다(제1, 2장 참조). 그러나 이 현상은 음절의 짝수偶 조건을 충족하기는 하지만 대对를 형성하지는 않는다. 이는 음절 층위에서 짝수일 뿐이며 영어의 paper, inner, garden 등 2음절 단어와 본질적으로 다른 점이 없다. 이런 단순한 2음절 단어의 출현은 음보의 존재와 음보로 운율단어를 구성하는 규칙을 설명할 수는 있지만 변우나 대우가 중국어에서 발달한 원인을 설명하지 못한다. 단순 2음절 단어는 다른 언어들에서도 흔히 나타나며, 영어의 easy come, easy go에서 볼 수 있듯이 두 구가 대를 이루는 표현 형식을 구성할 수도 있다. 중국어의 고유한 변우와 대우 형식은 운율단어를 기초로 한다. 단순한 2음절 단어는 운율단어이기는 하지만 이

로부터 변우와 대우가 발전한 것은 아니다.

중국어 변우와 대우의 특징은 음절수가 짝수를 이루는 것도 중요하지만, 단어, 구, 문장이 짝수로 병렬을 이루는 것이 더욱 중요하다. 음절과 단어, 구와 문장에서 짝수를 맞추는 조건을 충족하지 않으면 전형적인 변우와 대우가 아니다. 단어, 구, 문장이 짝수를 이루면 글자끼리 서로 대를 이루고字字相俪, 문장이 서로 대를 이루며 맞물리는句句相衔 수사적 효과를 거둘 수 있다. 그러나 刘勰의 견해에 따르면 변우와 대우의 가장 큰 특징은 의미를 짝지어 하나를 이루는 데偶意一也 있다(≪文心雕龙·俪词≫). 즉, 의미적으로 일대일로 대응하는 병렬과 대칭이 바로 변우와 대우 구성의 핵심이며, 짝수로 이루어진 단어, 구, 문장은 의미적으로도 대를 이루어야 한다. 중국어의 대우 원칙은 (10)와 같이 정리할 수 있다.

(10) **중국어의 대우 원칙**
대우를 구성하는 단위에서 음절의 수는 의미의 수와 동일해야 한다.

(10)의 대우 원칙s에 따르면 음절의 수가 짝을 이루는 것만으로는 대우를 이루는 조건을 충족하지 못한다.

(11) 짝수 음절偶音이면서 짝수 의미偶意임 : 人杰地灵사람이 뛰어나고 땅이 영험하다
짝수 음절이지만 짝수 의미가 아님偶音非偶意 : 草木蒺藜초목과 질려

중국어의 변우는 음절과 의미가 대를 이루어야 한다. 人杰사람이 뛰어나다과 地灵땅이 영험하다은 음절수에서 2음절 대 2음절로 대를 이루며, 의미적으로도 2의미 대 2의미로 대를 이룬다. 그러나 草木과 蒺藜는 음절수로는 2음절 대 2음절의 대를 이루지만 의미적으로는 2의미 대 1의미로 (10)의 대우 원칙에 어긋난다. 이처럼 草木과 蒺藜와 같이 의미가 대를 이루어야

한다는 대우의 원칙에 부합하지 않는 현상도 존재한다. 그러나 이와 같은 현상은 변우나 대우의 전형적인 예가 아니다. 그렇다면 변우와 대우 발생의 원인을 규명할 수 있는 전형적인 자료는 무엇인가?

변우와 대우는 운율적 산물이다. 그렇다면 음절과 의미의 측면에서 모두 대를 이루는 중국어 고유의 변우는 어떠한 운율적 요소에서 발전하였는가?

운율단어가 실현되는 방법에는 복합식과 부가식의 두 가지가 있으며, 이 중 복합식이 주로 사용된다(제1장, 제3장 참조). 再见같은 복합식 운율단어가 가장 보편적인데, 이는 중국어의 음절이 대부분 독립적인 의미를 갖고 있기 때문이다. 중국어는 하나의 음절이 하나의 독립된 형태소나 단어에 해당하며, 1음절 형태소는 대부분 근원형태소根语素로 기능하여 다른 형태소와 통사적, 형태적으로 결합한다. 그러므로 2음절 음보는 상대적으로 독립된 두 개의 형태소의 결합이다. 이에 따라 음보로 구성된 운율단어는 음절뿐만 아니라 의미도 짝수로 맞춰지게 된다. 음절의 수가 짝수로 맞춰지는 것은 음보 구성의 조건이며, 의미가 짝수로 맞춰지는 것은 1음절 형태소가 조합되어 나타나는 결과이다. 이를 도식화하여 제시하면 (12)와 같다.

(12)

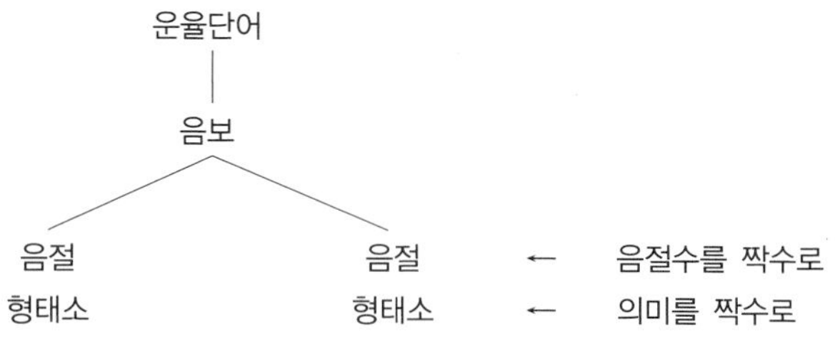


음절수를 짝수로 맞추는 것과 의미를 짝수로 맞추는 것은 동전의 앞뒤

면 같은 관계이며 중국어 운율단어의 산물이다. 대우 원칙에 따라 음절 수와 의미를 모두 짝수로 맞추는 것은 중국어 변우 형식을 구성하는 기본 요소이며, 이는 운율단어를 통해 실현된다. 운율단어는 [1+1] 형식의 변우를 이루는 최소 단위를 제공한다. 袁枚는 문장에서 대를 이루는 것은 짝수를 만드는 것이다文之骈, 即数之偶也라고 설명한 바 있다. 운율단어는 짝수를 만드는 것数之偶에 해당하며, 문장의 대를 이루는文之骈 토대이다. 변우는 운율단어를 기반으로 발전하였으며, 운율단어는 변우를 구성하는 기본 단위로 작용한다. 그러므로 변우는 중국어 운율단어에 뿌리를 두고 있다.

조어법은 언어 규칙의 결과이며, 수사법은 언어 규칙의 범위 내에서 언어를 운용하는 것이다. 조어법과 수사법은 동일한 층위가 아니다. 그러나 조어법에 속하는 운율단어와 수사법에 속하는 변우는 소리와 의미를 짝수로 맞추는 성질을 공유한다. 언어 규칙의 산물인 운율단어를 토대로 수사적으로 짝수를 맞추어 문장을 쓰는 것属文缀偶이 변우이다. 운율단어는 언어학적으로는 형태론적 산물이며, 미학적으로는 균형과 대칭의 구현이다. 그러므로 운율단어는 수사학적 변우 형식의 모형이며 변려문체의 기본 구성 성분이다. 이천여 년간 대칭과 대우를 추구한 언어 내부적 요인은 운율단어인 것이다. 그 연원적 관계를 그림으로 나타내면 (13)과 같다.

(13)

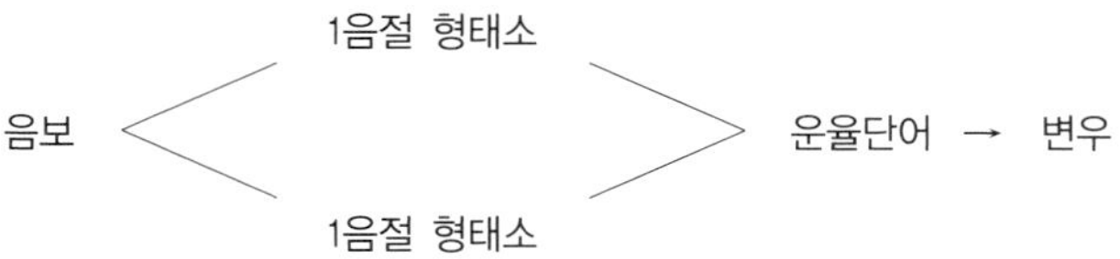


변우는 운율단어에서 비롯하며, 운율단어는 운율 체계의 파생물이다.

그러므로 변우는 언어 내부 규칙의 결과이지 인위적 산물이 아니다. 이것이 중국어의 내부 규칙 체계가 변우 형식을 결정했다고 보는 내인론内因论이다.

운율단어가 변우의 기본 형식임을 밝히는 것은 변우의 기원을 단어의 음절수를 짝수로 맞추는 형태론적 층위의 설명이다. 그렇다면 구와 문장 층위에서의 변우 형식, 즉 대우는 어떻게 해석해야 하는가? 이를 설명하는 방법 중 한 가지는 단어를 짝수로 맞추는 방식이 발전하여 대우가 형성되었다고 보는 것이다. 즉 단어의 음절수를 짝수로 맞추는 방식에서 문장수를 짝수로 맞추는 방식句偶이 발전한 것으로 간주하는 것인데, 이는 외적 요인에 근거한 설명이다. 또 다른 설명은 중국어 대우의 발전은 내적 규칙의 산물로 간주하는 것이다. 이에 따르면 대우 역시 중국어에 내재한 통사 체계의 직접적 산물이다.

再와 见을 합쳐 再见을 만드는 것처럼 어휘 체계에서 단어는 복합을 통해 새로운 형식을 구성한다. 운율통사론의 조어 체계도 이와 마찬가지이다. 운율단위는 복합을 통하여 새로운 형식을 구성한다. 운율 조어 체계를 이루는 단위는 운율단어이므로 운율단어 간의 복합은 운율단어보다 큰 범주를 구성하는 조어 방식이다. 이것이 제3장에서 주장한 복합 운율단어의 개념이다. 표준 운율단어가 2음절이고, 초운율단어는 3음절이다. 표준 운율단어 간의 결합 혹은 초운율단어 간의 결합을 통하여 [2+2]의 형식뿐만 아니라 [3+3], [2+3] 혹은 [3+2] 등 다양한 복합 운율단어의 형성이 가능하다. 그렇다면 [2+2]의 4자격이 보편적인 현상은 어떻게 해석해야 하는가? 여러 가지 형식 가운데 표준 운율단어 간의 결합 형식이 가장 간단하고 쉽기 때문이다. 표준 운율단어는 표준적인 조어 단위이며 가장 제한이 적은 운율 모형이다. 그러므로 조어 체계에서 구성 단위 간의 결합이 가능하다면 표준 단위 간의 결합이 최선의 선택이다. 어떠한 체계에서나 최적의 형태가 선택되므로 운율단어의 복합 과정에서도 (14)의 형식이 우선적이다.

(14)

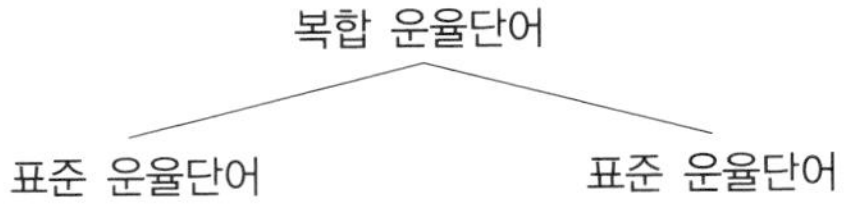


표준 운율단어는 2음절 모형이므로 표준 운율단어의 복합은 4자격을 도출한다. 이는 4자격 형식의 발생에 대한 언어학적 설명이다. 고대 중국어의 복합식 운율단어는 초기에 단어가 아닌 구였다. 복합 운율단어는 두 개의 운율단어로 구성되므로 초기의 복합 운율단어는 두 개의 2음절 구가 결합한 것으로 추정할 수 있다.

(15)

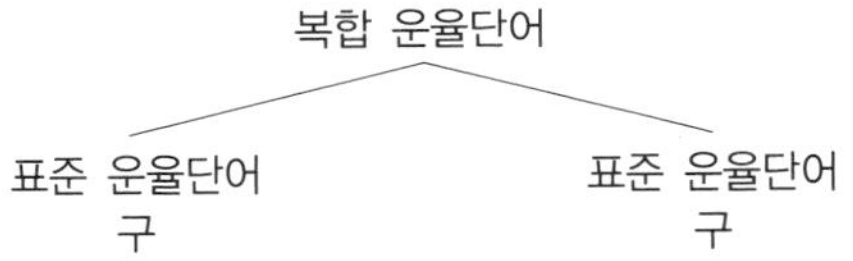


(14)의 운율단어 도식을 참조하면 (16)과 같은 도식을 얻을 수 있다.

(16)

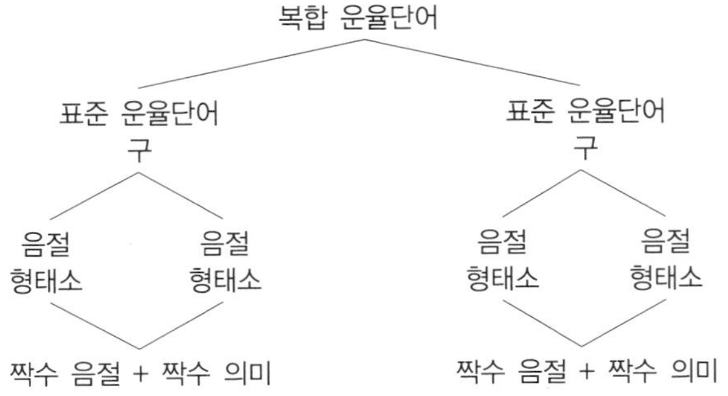

(16)에서 구 형태의 운율단어는 袁枚가 말한 짝수를 만드는 것数之偶也에 해당하며, 운율단어의 결합으로 구성된 결과는 문장에서 대를 이루는 것文之骈이다. 두 운율단어는 짝을 이루는 동시에 내부적으로 각각 짝수 음절과 의미의 결합으로 대우를 구성한다. (17)의 예를 살펴보자.

(17) 摩肩－接踵어깨가 부딪히고 등이 스치다
远走－高飞먼 곳으로 달려가고 높은 곳을 향하여 날다
烟消－云散안개가 걷히고 구름이 사라지다
四分－五裂여러 갈래로 갈기갈기 찢어지다
惊心－动魄몹시 공포에 떨다

(17)과 같이 짝을 이루는 구 구조는 전통적으로 성어라 분류되는 복합 운율단어인데, 음보와 구의 측면에서 모두 짝을 이룬다. 짝을 이루는 두 개의 구는 대우와 대련对联를 구성하는 기본 형식이다. 吕叔湘에 따르면 성어, 즉 복합 운율단어는 대부분 4글자로 이루어졌으며 가장 일반적인 격식은 대구를 이루는 두 부분으로 구성된 것이다(吕叔湘, 朱德熙 1951). 이 주장에 의하면 4자성어와 대련은 매우 유사한 방식으로 구성되어 있다. 이는 탁월한 견해이지만 대련이 먼저 만들어지고 성어가 나중에 이루어졌다는 오해를 일으키기 쉽다. 성어는 사실상 대련보다 훨씬 일찍 출현하였다.

(18) 神出鬼行(≪淮南子・兵略≫) 신출귀몰하다
排患解纷(≪史记・鲁仲连列传≫) 걱정거리를 제거하고 갈등을 풀다
杜渐防萌(≪后汉书・丁鸿传≫) 걱정의 싹을 자르고 미연에 화를 방지하다
风驰电赴(≪六韬≫) 바람이나 번개처럼 재빨리 달려가다

刘麟生은 ≪中国骈文史≫에서 연어联语를 즐겨 쓰게 된 것은 시기가 비

교적 늦어서, 그 변천 과정을 소급하면 오대五代 시기 즈음联语之玩弄, 则为时较晚, 溯其沿革, 乃在五代之际이라고 주장한 바 있다. 가장 원시적이고 간단한 대우의 원형은 성어에서 발견된다. 神出가 鬼行과, 风驰가 电赴와 대를 이루는 것은 모두 대우를 형성하여 대련과 형식적으로 유사하다. 대우를 이루는 형식은 성어의 형성 방식에서 발전된 것이다. 후세에 등장한 俞曲圆의 《题彭刚直公祠》와 같은 길이가 긴 대련长联이나, 欧阳修의 《祭尹师鲁》처럼 30여 자가 넘는 운어韵语 등은 모두 이러한 대우의 전통을 계승, 발전시킨 결과이다. 이는 복합 운율단어의 구조적 특징이 대련의 토대가 된다는 것을 나타낸다. 즉 중국어 대우의 형식은 복합 운율단어에서 두 개의 운율단어가 합해지는 모형을 통해 발전된 것이다. 물론 이러한 결론이 성어, 즉 복합 운율단어가 모두 두 개의 대립 평행하는 구로 구성되어 있다는 뜻은 아니다. 勃然大怒벌컥 화를 내다 같은 주종 구조, 笑容可掬웃는 얼굴이 환하다 같은 주술 구조, 饱经风霜온갖 시련을 다 겪다 같은 동목 구조나 심지어 一衣带水허리띠만큼 좁은 강물 같은 수식 구조 등은 모두 평행적이고 대등한 관계의 두 개의 구로 형성된 형식이 아니다. 그러나 단일한 구나 문장으로 이루어진 복합 운율단어가 존재한다고 해서 4자격의 가장 일반적인 격식이 대구를 이루는 두 부분으로 구성된 것이라는 사실을 부정할 수는 없다. 이는 대우를 추구하는 중국어의 수사적 수법과 경향이 언어 자체의 내부적 규칙에 의해 형성, 발전되었음을 설명한다. 운율단어는 중국어의 변우와 대우의 모형을 형성하였으며, 복합 운율단어는 중국어의 대우 형식을 구성하였다.

(19) 운율단어 → 변우
복합 운율단어 → 대우

이렇게 변우와 대우는 중국어의 운율형태론과 조어 체계를 통하여 합리적으로 해석할 수 있다.

## 제4절 언어적 자유와 제한

변우와 대우는 중국어의 내적 기제에 의해 형성되었으므로 언어 외적인 요인과는 무관하다. 변우와 대우가 자연스럽게 사용되는 현상은 (20)의 예에서도 드러난다. 복합 운율단어를 이루기에 부족한 형식은 음절을 추가하여 [2+2] 형식을 만족해야 한다. 반면 복합 운율단어보다 큰 구는 음절을 삭제하여 [2+2] 형식을 만족해야 한다.

(20) a. 大养猪 > 大养其猪돼지를 많이 기르다
b. 不在乎 > 满不在乎조금도 개의치 않다
c. 依样画葫芦 > 依样葫芦조롱박 모양 그대로 조롱박을 그리다
d. 空口说白话 > 空口白话입으로 빈말만 하다

이는 복합 운율단어가 되기 위해서는 [2+2]의 운율 형식을 만족시켜야 한다는 것을 보여준다. (20a)의 형성을 설명하기 위해서 외인론에 기댈 필요는 없다. 大养其猪의 其는 특별한 의미를 나타내지 않기 때문에 짝을 맞추는 원칙은 언어 내부에서 원인을 찾아야 한다. *大养猪는 자연스럽게 받아들여지지 않는데, 이는 통사적 오류나 의미적 부적절함 때문이 아니라 운율적 문제 때문이다. 그러므로 짝을 맞추어야 하는 조건은 언어 외적 원인에 의한 것이 아니다. 依样葫芦의 경우에는 운율적으로 짝을 맞추기는 하였으나 동사가 없어 통사적으로 불완전하다. 통사적으로 불완전하면 의미적으로 짝을 맞출 수 없으므로 외인론의 주장과는 상충된다.

依样葫芦는 운율적 요구에 부합하기 위하여 음절을 삭제하여 짝을 이룬 경우이다. 이는 신발에 맞추어 발을 깎는 것削足适履에 비유할 수 있다. 犬养其猪는 의미적으로 짝을 이루지 않지만 운율적으로는 짝을 이룬 예이며, 依样葫芦는 운율적으로 짝을 맞추기 위해 의미적으로 불충분해지는 것을 감수한 예이다. 이 두 예를 통해 의미나 통사보다 운율이 우선적으로 적용된다는 것을 알 수 있다. 복합 운율단어는 중국어 운율형태론의 독립적인 단위로, 4개의 음절로 구성되어야만 운율 조건을 만족시킬 수 있다.

이상의 분석에 따르면, 중국어가 변우와 대우를 발전시킨 것은 자연 등의 외적 요인이나 다른 언어의 영향이 아니며 중국어 화자의 자의적 선택도 아니다. 중국어의 내적 조건에 부합하지 않는 외적 요인은 영향력이 강하지 않기 때문이다. 이는 외적 요인의 영향을 부정하는 것이 아니라 변우와 대우를 형성하는 가장 근본적이고 우선적인 원인은 언어 내적 규칙이라는 뜻이다. 따라서 중국어 화자의 선택은 언어 규칙 내에서 이루어진다. 1음절 형태소와 2음절 음보는 모두 중국어의 규칙이다. 이 두 가지 규칙 중에 전자를 선택하면 韩愈가 주창한 고문운동에 해당할 것이며, 후자를 지지하면 사륙문을 선택할 가능성이 크다고 할 수 있다. 발화나 문장은 통사 규칙을 따라야 하지만 어떠한 통사 규칙을 따르는지는 상황과 화자의 선택에 달려 있다. 규칙을 선택한다는 것은 특정 규칙만을 사용하거나, 특정 규칙의 사용을 피하려고 하는 것이다. 육조 시기에 유행한 변문은 2음절 음보에 대한 극단적 선호의 결과인데, 처음에는 운율단어와 복합 운율단어를 선호하다가 의도적으로 운율단어와 복합 운율단어를 생성하고, 최종적으로 이 규칙을 극단적으로 적용하여 사륙문 형식이 아니면 사용을 제한하는 지나친 형식주의로 흐르게 되었다. 반면 고문운동은 운율단어와 복합 운율단어의 사용을 배제하고 1음절어의 사용을 강조한 문체적 운동이다. 그러므로 고문운동에서는 사륙문체를 일괄적으로 배제하고자 하였다. 1음절어나 2음절 음보는 모두 중국어의 내부 규칙이므로 선택될 수도 있고 배제될 수도 있지만 완전히 소멸될 수는 없다. 고문운동을 이끈 韩愈와 柳宗元의 글도 변려문처럼 변우와 대우의 형식을 사용한 예가 적지 않으며, 사륙문도 1음절어의 사용을 완전히 피할 수는 없었다. 이는 특정 규칙의 사용을 선호하거나 의도적으로 배제하더라도 완전히 피하거나 소멸시키는 것은 불가능하다는 뜻이다. 그 이유는 무엇인가? 이러한 1음절 형태소나 2음절 음보는 언어 내부적 규칙이고, 중국어를 중국어답게 만들어주는 특징이기 때문이다.

혹자는 1음절어와 2음절어가 실제 사용에 차이가 없다고 주장한다. (21)의 예를 살펴보자.

(21) 盐소금 : 咸盐짜다-소금　　井우물 : 水井물-우물　　冰얼음 : 凉冰차다-얼음
眼눈 : 眼睛눈-눈동자　　龟거북 : 乌龟검다-거북　　蒜마늘 : 大蒜크다-마늘

(21)은 1음절과 2음절이 서로 대를 이루는 예를 보여주는데, 각각의 예에서 특별한 의미적 차이는 발견되지 않는다. 소금盐은 짠 속성을 지니고, 우물井은 물이 있는 것이 전제되며, 얼음冰은 차가운 속성을 지닌다. 그러므로 1음절이나 2음절의 사용은 자유롭게 선택할 수 있는 것처럼 보인다. 그런데 문제는 간단하지 않다. 种树나무를 심다라고 하는 것은 문제가 없지만, *种植树라고 하면 틀린다. 读报신문을 읽다라고 할 수는 있지만 *阅读报라고 하면 매우 어색하다. 비슷한 맥락에서 *归还钱이나 *砍伐树 등의 동목구 형태로 말하는 사람은 없을 것이다. 즉 1음절 동사 种과 2음절 동사 种植는 선택적이며 자유롭게 쓰이지만, 일단 种植란 2음절 동사를 선택하면 목적어는 반드시 2음절 성분이어야 한다. 자유로운 선택이 불

가능한 것이다. 그리하여 2음절을 선호하는 경우에는 자연스럽게 변우와 대우를 추구하게 된다.

不와 동사의 결합에서도 선택의 자유와 제한의 관계를 관찰할 수 있다. *我许你看书는 가능하지 않지만 我不许你看书나는 네가 책 보는 것을 허락하지 않는다는 가능하며, 긍정문으로는 他允许我看书그는 내가 책 보는 것을 허락하였다가 되어야 한다. 이로부터 1음절 동사 许는 不와 연결 사용되어야 하며 不가 없으면 2음절의 允许만 가능하고, 이로부터 운율적 제약을 받아 단어의 선택이 제한적으로만 가능하다는 사실도 확인할 수 있다.

把자문의 경우도 동일하다. 我把它卖了나는 그것을 팔았다는 我卖了它了나는 그것을 팔았다라고 바꿔 말할 수 있지만, *我把它卖라고 할 수는 없다. 把의 사용 여부는 자유롭지만 일단 把를 사용하면 동사의 사용은 더 이상 자유로운 선택이 아니라 규칙을 따라 제한적인 형태로 사용된다(제4장 참조). 이는 2음절어는 규칙에 따라 선택되는 것应偶者不得不偶이라는 黄侃의 주장에 부합한다.

이러한 예로 보아 선택의 자유는 상대적인 반면, 선택의 제한은 절대적임을 알 수 있다. 그런 의미에서 육조 시기에 나타난 변우와 대우의 추구는 문장 구성에 있어 가능한 한 2음절 변우와 대우의 통사 구조를 선택하였다가 이후 2음절 제약의 규칙을 엄격하게 따른 것이다. 당송 시기의 고문운동은 극단적인 2음절 선호 경향으로부터 벗어나기 위한 의식적인 노력이었다. 사실상 2음절을 선호하는 경향은 극단적으로 형식을 추구할 수 있었지만, 1음절을 사용하려는 노력은 2음절이 발전하지 않았더라면 나타나지 않았을 것이다. 운율적으로 1음절의 사용은 피할 수 있지만 2음절의 사용은 완전히 피할 수 없다. 2음절 사용을 추구하는 문체에서는 2음절이 1음절로 대체될 수 있는 경우 1음절을 채택할 수 있다(제5절 참조). 그러나 1음절 사용을 추구하는 문체에서는 2음절의 사용을 배제하려고 하여도 운율적 제약에 의하여 2음절을 사용할 수밖에 없다. 이것이 바로 변문 작가가 고문체를 추구하는 산문 작가보다 훨씬 극단적으로 2음절 형식미를 고수할 수 있었던 이유이다. 1음절은 단어를 구성할 수 없기 때문에 2음절 형태로 문장에 출현하는 경우가 많다. 옛 학자가 두 글자 말은 문장을 구성하기 쉽지만 한 글자 말은 문장을 구성하기 어렵다偶语易安, 奇字难适고 한 것은 바로 이러한 상황을 반영한 것이며, 고문체 산문이 변문의 영향을 피할 수 없었던 근본적 원인이다.

## 제5절 문학에 나타난 음절수 실현 현상

제5절에서는 중국어 언어학계의 오랜 쟁점인 중국어는 1음절 언어인가 다음절 언어인가라는 문제를 논의할 것이다. 현대 중국어나 고대 중국어를 논의함에 있어 언어적 가치에 대한 편견을 버려야 한다. 1음절 언어나 다음절 언어 모두 언어의 보편적 규칙을 따르며 우열은 존재하지 않는다. 이는 마치 피부색이 두뇌의 공통적 특성에는 영향을 미치지 않는 것과 같다. 언어의 우열에 대한 편견을 버려야만 중국어가 1음절 언어인가 2음절 언어인가라는 문제를 과학적으로 탐구하여 객관적인 결론을 얻을 수 있다.

고대 중국어가 1음절 언어라는 견해에는 큰 이견이 없는 것 같다. 논쟁의 초점은 현대 중국어에 있다. 많은 사람들은 현대 중국어가 다음절 혹은 2음절 언어로 이미 변화하였거나 적어도 변화 중이라고 생각한다. 이런 생각의 원인은 현대 중국어에서 2음절 어휘가 절대다수를 차지하고 있고 계속적으로 증가한다는 사실에 기인한다. 새로운 어휘는 일반적으로 복합의 방법을 통해 성립되는데, 복합어는 다음절 어휘이고 특히 2음절 어휘가 다수를 차지하므로 중국어가 다음절화를 진행하고 있다는 것이다.

2음절 어휘의 증가는 부인할 수 없는 사실이다. 그러나 2음절 어휘의 증가만을 근거로 중국어의 성질이 다음절 언어로 변화하고 있다거나, 이미 변화하였다고 할 수는 없다. 중국어가 다음절 언어라는 주장은 근거가 불충분하고 지나치게 편향적이다. 2음절 단어가 아무리 급증하더라도 1음절 형태소가 여전히 근간을 이루기 때문이다. 2음절 복합어의 출현은 오히려 1음절어의 존재를 갈수록 더 강화시킨다. 이 주장의 근거는 무엇인가?

중국어에서 2음절 단어란 어떤 의미이며 어떻게 생성되는지를 살펴보자. 중국어 2음절어의 대부분은 2음절 복합어이며, 단순 2음절어는 극히 적다. 즉 날로 증가하는 2음절 혹은 다음절 단어는 葡萄포도나 布尔什维克볼셰비키 등과 같은 단순 다음절 단어가 아니라 汽车자동차나 再见안녕히 가세요처럼 두 개 혹은 여러 개의 1음절어나 형태소가 더해져 생성되었으며 일반적으로 복합어라 부른다. 따라서 1음절 형태소가 다음절어로 대체되고 있다는 결론은 부정된다. 2음절어의 증가는 2개의 1음절 형태소를 강화하기 때문이다. 복합어는 1음절어, 즉 형태소가 결합된 것이다. 그러므로 1음절 형태소가 없으면 복합어도 형성될 수 없다. [1+1]은 2음절을 이루므로 1음절어 없이 2음절어가 이루어질 수 없는 것이다. 그러므로 1음절 형태소를 부정하는 것은 2음절 복합어를 부정하는 것과 같다. 동일한 논리에서 2음절 또는 다음절 복합어가 1음절 형태소를 대체한다고 가정하면, 2음절 혹은 다음절 복합어는 더 이상 존재할 수 없다. 왜냐하면 1음절 형태소가 없으면 복합어도 존재할 수 없고, 복합어가 존재하는 한 1음절어도 사라지지 않기 때문이다. 이와 같이 1음절어는 다음절 어휘로 대체될 수 없으며, 1음절 형태소와 2음절 음보는 중국어의 매우 중요한 특징이다.

복합어가 반드시 2음절은 아니며 3음절 심지어 4음절이나, 5, 6음절인 것도 있으므로 복잡한 구조의 다음절 복합어가 1음절 형태소를 강화하지 않는다는 주장도 있다. 그러나 중국어의 복합어는 기본적으로 운율단어의 산물이며 표준 운율단어는 2개 음절 이상, 3개 음절 이하이다. 이에 따라 현대 중국어의 기본 복합어는 대부분 2음절이나 3음절로 이루어져 있다. 복합어 간에 다시 복합이 이루어져도 기본 복합어를 인식하는 데는 거의 변화가 없다. 예를 들어 北京中央电视台春节晚会演员休息室베이징 중앙텔레비전 설맞이 특집 프로그램 출연진 휴게실처럼 복잡한 구조는 단어로 보기도 하고 구로 보기도 하는데, 중국어 화자는 이를 北京베이징－中央중앙－电视台텔레비전 방송국－春节설－晚会연회－演员배우－休息室휴게실처럼 기본 복합어 단위로 이해하고 기억한다. 그러므로 복합의 결과가 아무리 길고 복잡해도 복합의 기본 단위는 여전히 2음절에서 3음절을 벗어나지 않는다. 이는 문장에서 사용되는 복합어의 상황과 일치한다. 그러므로 앞서 제기된 주장은 다음절 복합어의 증가가 중국어의 1음절성을 강화한다는 결론을 부정하기에 부족하다.

일반적으로 복합어는 하나의 완전한 개념으로 사용하며 복합어를 구성하는 1음절 성분의 개별적 의미에 따라 이해하지는 않는다. 이와 같은 복합어의 전체성은 1음절 형태소의 의미를 약화 또는 상쇄시키며, 이로부터 2개의 형태소로 이루어진 2음절어가 1개의 형태소로 이루어진 단순 2음절어로 변화한다는 주장도 있다. 예를 들어 朋友친구는 하나의 개념으로 이해하지 朋과 友로 나누지 않는다는 것이다. 또한 朋과 友는 *她是我朋이나 *你有没有友처럼 각기 독립적으로 사용되지 못한다. 朋友를 이루는 1음절 성분인 朋이나 友가 단독으로 사용될 수 없고 朋友의 개념도 의미의 복합을 통해 실현되는 것이 아니라면, 朋友 같은 2음절어는 점점 더 단순 2음절어로 접근하게 된다는 것이다. 이런 복합어가 대량으로 출현하면 중국어는 다음절 언어로 변화할 것이라고 생각할 수도 있다. 그러나 사실은 그렇지 않다. 朋友의 의미가 朋과 友의 의미의 합성이 아니며 朋과 友가 더 이상 단독으로 사용되지 않더라도, 이 두 형태소가 가진 각각의 독립적 의미가 소실된 것은 아니다. 이 두 형태소는 여전히 다른 복합어에서 독립적으로 활용되기 때문이다. (22)를 살펴보자.

| | | | | | |
|---|---|---|---|---|---|
| (22) | 友 | 友情우정 | 友邦우방국 | 女友여자친구 | 好友친한 친구 |
| | 朋 | 朋党붕당 | 亲朋친척과 친구 | 宾朋손님과 친구 | 良朋훌륭한 벗 |

(22)에서 [友__] 구조의 友가 朋友에서 분석되어 나온 것인지, [朋__]의 朋이 朋友보다 먼저 출현하였는지 등은 중요하지 않다. 중요한 것은 이러한 조어 환경에서 개별적으로 사용되는 朋과 友가 반복적으로 출현한다는 사실이다. 이러한 조어 환경에서 朋과 友는 모두 독립적인 의미를 나타낸다. 즉 朋과 友는 문장 층위에서 단독으로 사용되지 못하지만 단어 층위에서는 독립적으로 단어 구성에 참여한다. 이 사실은 종종 간과되지만 매우 중요하다. 어휘 또는 형태소의 사용에 대한 기존의 설명은 일반적으로 통사적 차원에서 이루어졌으며 형태론적 차원에서는 다루어지지 않았다. 그러나 언어의 습득은 통사뿐만 아니라 형태적 측면에서도 이루어진다. 단어나 형태소 등 언어 단위에 대한 인지는 문장을 통해 획득되기도 하지만 조어법과 형태론적 측면을 통해서도 누적된다. 특히 기본적으로 형태론과 통사론의 규칙이 일치하는 중국어에서 조어법은 큰 영향력을 발휘한다. 朋과 友는 조어 측면에서 단독으로 출현하여 독립적인 의미를 나타내므로, 중국어 화자는 朋과 友를 1음절 형태소로 인식한다. 따라서 朋과 友의 독립적인 의미가 朋友에서는 드러나지 않지만 朋党, 友

情, 友邦 등의 복합어에서는 매우 분명해진다. 이것이 여러 한자로 구성된 단어에서 개별 한자의 의미는 발화자의 머릿속에서 생생하게 살아 있다고 한 李荣(1952)의 견해로, 복합어가 1음절 형태소를 강화한다는 주장을 뒷받침한다.

한편, 운율형태론에 따르면 일반적인 복합어는 2개의 음절로 구성되므로 신조어를 창출할 경우 가장 보편적인 복합 방법은 2개 음절로 구성된 단어를 1음절로 나누고 각각의 음절을 다시 2음절어로 조합하는 것이다. (23)가 이에 해당한다.

(23) 达到目标 > 达标목표에 도달하다
代替培养 > 代培대신하여 양성하다
等待就业 > 待业취업을 기다리다
低级庸俗 > 低俗저속하다

代替대신하다라는 단어에서 代의 원래 의미는 아직 약화되지 않았지만, 培养양성하다이라는 단어에서 培기르다의 원래 의미는 이미 약화되었다. 그러나 代培라는 신조어를 접했을 때 사람들은 培가 培养에서 어떤 의미를 담당하는지와 상관없이 培养의 뜻으로 이해한다. 즉 새로운 복합어는 代와 培의 독립적인 의미를 강화할 뿐만 아니라 어떤 1음절 형태소에 대해서는 새로운 의미를 부여하기도 한다. 이는 복합어는 1음절 형태소를 강화한다는 주장을 뒷받침하는 두 번째 예이다.

단순어는 1음절 형태소를 강화하지 않는다는 주장도 있다. 이론적으로 단순어는 분명히 1음절 형태소의 반례로 보인다. 그러나 중국어의 어휘는 다음절 단순어의 방향으로 발전하고 있지 않다. 중국어의 단순어는 수량이 매우 적고 1음절 형태소 규칙의 영향을 받는다. 또한 2음절 단순어를 1음절로 나누고 각각의 음절을 다시 2음절어로 조합할 수 있다.

(24)의 예를 보자.

(24) 蚂蚁개미 > 蚁 > 蚁王수캐미, 工蚁일개미

陆宗达에 따르면 蚂는 马勺큰 국자나 马蜂말벌의 马처럼 본래 크다大는 의미였다. 그러므로 원래는 蚂와 蚁가 각각 의미를 갖고 있었다. 그런데 蚂蚁가 단일한 단어로 발전했음에도 불구하고 蚁王수캐미, 工蚁일개미, 蚁穴개미굴 등의 2음절어에서 蚁는 1음절 형태소로서 기능한다. 통사적 측면에서 蚁는 이미 독립적으로 존재할 수 없고 蚂蚁라는 단어의 형태적 측면에서도 蚁는 1음절 형태소로서의 지위를 잃었지만, 蚁는 여전히 다른 2음절 복합어에서 1음절 형태소로 기능한다. 이러한 현상으로 볼때 단순어의 발전이 1음절 형태소의 존재에 위협적이라는 주장은 설득력을 잃는다. (25)는 이러한 문제를 더욱 잘 설명한다.

(25) 狐狸여우 : 狐疑여우처럼 의심이 많다　　狐裘여우가죽으로 만든 옷
　　脑袋머리통 : 电脑컴퓨터　　脑海머릿속
　　蘑菇버섯 : 蘑伞버섯모양 우산　　金菇팽이버섯
　　苍蝇파리 : 蚊蝇모기와 파리　　蝇头파리머리만큼 사소하다
　　骆驼낙타 : 驼毛낙타털　　驼绒낙타털　　驼色낙타색

(25)의 예로 볼 때 현대 중국어에서 2음절 단순어가 발전한다고 판단하기 어렵다. 현대 중국어를 다음절어로 판단하기 위해서는 다음절 단순어에 해당하는 다음절 어휘가 전제되어야 한다. (25)의 왼쪽에 있는 예는 모두 다음절 단순어이지만 그에 속한 음절이 다시 새로운 어휘를 구성하여 1음절 형태소로 기능한다. (25)의 다음절어가 다음절 형태소의 역할을 하려면 (26)와 같은 3음절 단어가 성립되어야 한다.

(26) 工蚂蚁　电脑袋　蘑菇伞　苍蝇头　骆驼色

그러나 (26)은 단어로 간주되지 않는다. 중국어는 1음절 형태소와 2음절 음보의 규칙을 따르기 때문이다. 음보는 2음절로 구성되므로 표준 운율단어는 2개의 음절로 이루어진다. 중국어의 복합어는 운율단어에서 형성되는데, (26)의 3음절 조합은 운율단어의 조어 규칙에 부합하지 않으므로 표준 운율단어에 부합하는 2음절 복합어가 우선적으로 선택되어야 한다. 1음절 형태소 규칙은 2음절 단순어를 2개의 형태소로 나누고 그 중 한 형태소를 1음절 어휘로 기능하도록 할 수 있다. 이는 (27)에 보인다.

(27) 伏特볼트 → 伏
瓦特와트 → 瓦
米突미터 → 米
佛陀부처 → 佛

많은 2음절 단순어, 특히 외래어는 최종적으로 1음절어로 변하였다. 중국어가 다음절어라고 주장하는 학자들을 실망시킬 수도 있겠지만, 이러한 사실은 중국어의 1음절 형태소 규칙의 작용을 설명한다. 물론 모든 다음절 단순어가 1음절로 해체될 수 있어야만 1음절 형태소 규칙이 성립하는 것은 아니다. 대다수의 2음절 단순어는 외래어이며, 외래어와 고유어의 규칙은 다르기 때문이다. 2음절어가 두 개의 1음절 형태소로 나뉘는 현상은 1음절 형태소 규칙이 적용된 것이다. 北京 및 기타 방언에서 나타나는 儿化 현상 역시 이 문제를 설명한다(徐通锵 1991). 王洪君(1994)은 둘이 하나로 합해지고二合一 하나에서 둘이 나온다一生二는 두 가지 원칙으로 중국어의 조어 현상을 개괄한 바 있다. 이 책의 이론 체계에서 둘을 하나로 합한다二合一는 것은 1음절 형태소 규칙이 적용된 결과이며, 하나에서 둘이 나오는一生二 원칙은 2음절 음보 규칙의 산물이다. 이 두 가지 규칙은 상호모순적인 듯 보이지만 그렇지 않다. 1음절 형태소 규칙은 어휘 체계에서 적용되는 규칙이며, 2음절 음보 규칙은 운율 체계에서 적용되는 규칙이다. 운율과 어휘는 직접적인 관계가 없기 때문에, 이 두 규칙은 각기 다른 범주에 속하며 영향을 미치지 않는다. 그런데 이 두 규칙이 중국어의 모든 조어법에 영향을 미치게 된 이유는 무엇인가? 이는 1음절 형태소 규칙이 하나의 형태소가 하나의 음절에 해당할 것을 요구하기 때문이다. 중국어의 음보 또한 음절 층위에 관련되므로 음보도 형태소에 관계된다.

(28)

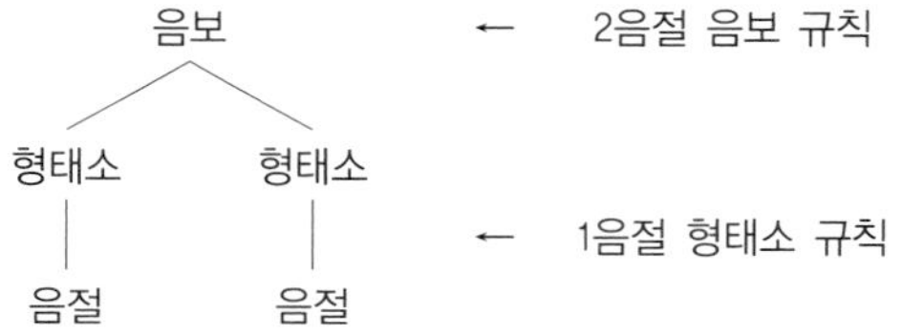


(28)의 도식은 운율 층위와 형태 층위가 관련을 맺게 되는 과정을 보여준다. 그러나 운율 층위와 형태 층위의 규칙은 상충되지는 않는다. 형태 층위의 규칙은 대량의 1음절 형태소를 생산하여 음보를 구성하는 기본 성분을 제공한다. 운율 층위의 규칙은 이러한 1음절 형태소 단위를 결합하여 2음절 운율단어를 형성한다. 형태 층위의 규칙은 기본 단위를 제공하고 형태 층위의 규칙은 그것을 단어로 가공한다. 이 두 규칙의 작용은 독립적이면서 상호 협력적이다.

이상의 분석에 따라 고대 중국어와 현대 중국어는 모두 1음절 형태소 규칙과 2음절 음보 규칙이라는 두 가지 제약을 받고 있음을 알 수 있다. 고대 중국어와 현대 중국어의 차이는 (29)와 같이 요약된다.

(29) 고대 중국어 : 1음절 의미 단위인 단어는 문장 구성에서 독립적으로 사용 가능
현대 중국어 : 1음절 의미 단위인 단어 또는 형태소는 단어 구성에서 독립적으로 사용 가능

즉 현대 중국어와 고대 중국어의 차이는 현대 중국어가 일부 고대 중국어의 1음절어를 통사 층위에서 형태 층위로 이동하여 운용한다는 데 있다. 1음절 형태소와 2음절 음보 규칙에 따라 중국어의 기본적인 복합식 조어법이 변함없이 유지된다. 복합식 조어법이 유지되면 중국어는 엄격한 의미에서의 다음절 언어로 변화할 가능성은 없다. 복합이 실현되기 위해서는 1음절 형태소가 전제되어야 하기 때문이다. 기초 단위가 없으면 복합도 실현되지 못한다.

중국어의 1음절 형태소, 2음절 음보 규칙을 통해 다음의 몇 가지 현상을 설명할 수 있다. 첫째, 오늘날의 중국어에 2음절어가 급증하고 있음에도 불구하고 1음절어는 완전히 소실되지 않았다. 둘째, 동일한 의미의 단어가 1음절과 2음절로 표현될 수 있다. 셋째, 고대 중국어에서는 통사 층위에서 기능할 수 있었던 1음절어가 현대 중국어에서는 형태 층위에서 독립적으로 운용된다. 넷째, 고대와 현대의 문학 작품에서 중국어는 홀수와 짝수의 글자수를 배타적이면서 상호 보완적으로 활용한다. 홀수와 짝수의 글자수를 적절히 운용해야만 문장이 아름다운 것微奇偶, 文无以归은 예전에도 그랬고 지금도 여전히 그러하다.

## 생각할 문제

1. 중국어 변우와 대우의 유래에 대한 여러 가지 해석을 설명하고, 변우와 대우가 성립하게 된 언어 내적 원인에 대해 설명하시오.

2. 중국어 변우가 성립하게 된 언어적 기제는 무엇이며, 중국어가 변우를 추구하는 경향을 갖게 된 원인은 무엇인지 설명하시오.

3. A가 B의 4자격으로 변화한 원인과 방식을 분석하시오.

| A | | B |
|---|---|---|
| 大养猪 | 〉 | 大养其猪 |
| 不在乎 | 〉 | 满不在乎 |
| 依样画葫芦 | 〉 | 依样葫芦 |
| 空口说白话 | 〉 | 空口白话 |

4. 중국어에서 1음절 형태소와 2음절 음보는 언어 내적 규칙에 해당한다. 제2장의 운율 모형을 활용하여 이 두 규칙이 변려문의 발전과 고문운동에서 어떠한 역할을 하였는지 설명하시오.

5. 현대 중국어가 이미 다음절 혹은 2음절 언어로 변화하였거나 적어도 변화 중에 있다는 주장은 2음절 또는 다음절 어휘가 현대 중국어에서 지속적으로 증가하고 있는 현상에 기초한다. 이 주장에 대한 자신의 견해와 근거를 서술하시오.

6. a, b, c에 보이는 언어 현상에 적용된 언어 규칙을 서술하시오.

a. 友： 友情 友邦 女友 好友
　 朋： 朋党 亲朋 宾朋 良朋

b. 达到目标 → 达标
　 代替培养 → 代培
　 等待就业 → 待业

| | | | |
|---|---|---|---|
| c. | 伏特 | → | 伏 |
| | 瓦特 | → | 瓦 |
| | 米突 | → | 米 |
| | 佛陀 | → | 佛 |

7. 제6장은 현대 중국어가 고대 중국어의 일부 1음절어를 통사적 층위에서 형태적 층위로 가져왔다고 주장한다. 이 주장이 현대 중국어의 공식적 문체에 대한 연구에 시사하는 점이 무엇인지 설명하시오.

## 참고문헌


陈建民(1984), 《汉语口语》, 北京出版社.

程湘清(1981), 先秦双音词研究, 程湘清主编, 《先秦汉语研究》.

程湘清(1985), 论衡复音词研究, 程湘清主编, 《先秦汉语研究》.

丁邦新(1975), 《论语》、《孟子》及《诗经》中并列语成分之间的声调关系, 《史语所集刊》第47本.

丁邦新(1979), 上古汉语的音节结构, 《史语所集刊》第50本.

董同龢(1948), 上古音韵表稿, 《史语所集刊》第18本.

董同龢(1954), 《中国语音史》, 台北：中国文化出版事业社.

方　梅(1993), 动词与动量词语的次序问题, 《中国语文》第1期.

冯春田(1988), 魏晋南北朝时期某些语法问题探究, 程湘清主编, 《魏晋南北朝汉语研究》.

冯胜利(1994), 论上古汉语的重音转移与宾语后置, 《语言研究》第1期(总第26期).

冯胜利(1996), 论汉语的音律词, 《中国社会科学》第1期.

冯胜利(1996), 论汉语的音律结构及其对句法构造的制约, 《语言研究》第1期.

冯胜利(2005), 《汉语音律语法研究》, 北京大学出版社.

郭绍虞(1938), 《照隅室语言文字论集》, 上海古籍出版社.

郭绍虞(1938), 中国语词之弹性作用, 《燕京学报》第24期.

何乐士(1988), 左传中的"何"字, 《古汉语论集》.

洪成玉・廖祖桂(1980), 句末的"为"应该是语气词, 《中国语文》第5期.

黄　侃(1934), 《文心雕龙札记》, 北京文化学社.

李方桂(1980), 《上古音研究》, 商务印书馆.

李兴亚(1980), 宾语和数量补语的次序, 《中国语文》第3期.

林　焘(1990), 《语音探索集稿》, 北京语言学院出版社.

刘麟生(1966), 《中国骈文史》, 东方出版社.

刘叔新(1990), 复合词结构的词汇属性, 《中国语文》第4期.

陆俭明(1980), 汉语口语句法里的易位现象. 《中国语文》第1期.

陆志韦(1947), 古音略说. 《燕京学报》专号之二十. 台北：学生书局.

陆志韦(1965), 《汉语的构词法》, 科学出版社.

吕叔湘(1941), 《中国文法要略》, 商务印书馆.

吕叔湘(1955), 《汉语语法论文集》, 中国科学出版社;商务印书馆1984年增订版.

吕叔湘(1963), 现代汉语单双音节初探, ≪中国语文≫第1期.
吕叔湘(1979), ≪汉语语法分析问题≫, 商务印书馆.
吕叔湘·饶长溶(1981), 试论非谓形容词, ≪中国语文≫第2期.
吕叔湘·朱德熙(1951), ≪语法修辞讲话≫, 开明书店.
梅祖麟(1980), 四声别义中的时间层次, ≪中国语文≫第6期.
梅祖麟(1990), 唐宋处置式的来源, ≪中国语文≫第3期.
齐德立(1986), 汉语"四字格"固定语之特征与语法功能分析(手稿). University of Utah.
启　功(1991), ≪汉语现象论丛≫, 香港：商务印书馆.
裘锡圭(1979), 谈谈古文字资料对古汉语研究的重要性, ≪中国语文≫第6期.
石毓智(1995), 论汉语的大音节结构, ≪中国语文≫第3期.
史存直(1986), ≪汉语语法史纲要≫, 华东师范大学出版社.
汤廷池(1984), ≪汉语词法与句法论集≫, 台北：学生书局.
汤廷池(1989), ≪汉语词法句法续集≫, 台北：台湾学生书局.
汤廷池(1992), 原则参数语法与英华对比分析, ≪汉语词法句法三集≫, 台北：学生书局.
王洪君(1994), 汉语常用的两种语音构词法, ≪语言研究≫第1期.
王　还(1984), ≪"把"字句和"被"字句≫, 上海教育出版社.
王　力(1944), ≪中国语法理论≫, 中华书局.
王作新(1995), 汉语复音词结构特征的文化透视, ≪汉字文化≫第2期.
魏培泉(1990), ≪汉魏六朝称代词研究≫, 台大中国文学研究所博士论文.
文　炼(1994), 汉语语词的节律问题, ≪中国语文≫第1期.
邢公畹(1947), 诗经"中"字倒置的问题, ≪语言论集≫, 商务印书馆.
徐德庵(1981), 汉语早期构词法—以≪尔雅≫≪方言≫同郭注的对照为例, ≪西南师范学院学报≫第3期.
徐福汀(1980), "何以…为"试析, ≪中国语文≫第5期.
徐世荣(1982), 双音节词的音量分析, ≪语言教学与研究≫第2期.
徐通锵(1990), 结构的不平衡性和语言演变的原因, ≪中国语文≫第1期.
徐通锵(1991), ≪历史语言学≫, 商务印书馆.
薛凤生(1987), 试论"把"字句的语义特性. ≪语言教学与研究≫第1期.
薛凤生(1997), 古汉语中的主语省略与所谓的被动句型, ≪中国语言学论丛≫, 北京语言学院出版社.
余迺永(1985), ≪上古音系研究≫, 香港:中文大学出版社.
俞　敏(1981), 倒句探源, ≪语言研究≫创刊号.
俞　敏(1989), ≪俞敏语言学论文集≫, 黑龙江人民出版社.
张志公(1956), ≪汉语语法常识≫, 新知识出版社.
周光午(1959), 先秦否定句代词宾语位置问题, ≪语法论集·三≫.

周同春(1990), ≪汉语语音学≫, 北京师范大学出版社.
朱德熙(1981), ≪现代汉语语法研究≫, 商务印书馆.
朱德熙(1984), ≪语法讲义≫, 商务印书馆.
朱剑芒(1955), 成语的基本形式及其组织规律的特点, ≪中国语文≫第2期.
朱庆之(1992), ≪佛典与中古汉语词汇研究≫, 台北：文浸出版社.

Abrams, Meyer Howard. 1999. A Glossary of Literary Terms (7th Edition). New York : Harcout Brace.

Aoun, Joseph & David W. Lightfoot. 1984. Government and Contraction. *Linguistic Inquiry* 15.3 : 465 - 509.

Aronoff, Mark & Mary-Louise Kean (Eds.). 1980. Juncture. Saratoga : Anma Libri.

Bao, Zhiming. 1990. Fanqie Languages and Reduplication. *Linguistic Inquiry* 21 : 317-350.

Barale, Catherine. 1982. A Quantitative Analysis of the Loss of Final Consonants in Beijing Mandarin. Doctoral Dissertation. University of Pennsylvania.

Baxter, William H. 1992. A Handbook of Old Chinese Phonology. Berlin/New York : Mouton De Gruyter.

Benedict, Paul K. 1972. Sino-Tibetan : A Conspectus. Cambridge : Cambridge University Press.

Bodman, Nicholas C. 1978. Old Chinese Reflexes of Sino-Tibetan *-ʔ, -k and Related Problems. Paper Presented at the 11th International Conference on Sino-Tibetan Language and Linguistics.

Bodman, Nicholas C. 1980. Proto-Chinese and Sino-Tibetan : Data Towards Establishing the Nature of the Relationship. In F. Van Coetsem and Linda R. Waugh (Eds.). 34-199.

Borer, Hagit & Youssef Aoun (Eds.). 1981. Theoretical Issues in the Grammar of Semitic Languages. MIT Working Papers in Linguistics. vol. 3. Cambridge : The MIT Press.

Calabrese, Andrea. 1990. Some Informal Remarks on Focus and Logical Structures in Italian. ms.

Chao, Yuan Ren. 1968. A Grammar of Spoken Chinese. Berkeley : University of California Press.

Chen, Matthew Y. 1975. An Areal Study of Nasalization in Chinese. *Journal of Chinese Linguistics* 3 : 16-59.

Chen, Matthew Y. 1979. Metrical Structure: Evidence from Chinese Poetry, *Linguistics*

*Inquiry* 10 : 371-420.

Cheng, Lisa L. S. 1986. Clause Structure in Mandarin Chinese. M.A. Thesis. University of Toronto.

Chiu, Bonnie. 1995. An Object Clitic Projection in Mandarin Chinese. *Journal of East Asian Linguistics* 4.2 : 77-117.

Chomsky, Noam. 1986. Knowledge of Language, Its Nature, Origin, and Use. New York : Praeger Publishers.

Chomsky, Noam. 1988. Lectures on Government and Binding. Dordrecht : Foris.

Chomsky, Noam. 1993. A Minimalist Program for Linguistic Theory. In Kenneth Hale & Samuel J. Keyser (Eds.). 1-52.

Chou, Fa-kao. 1962. A Historical Grammar of Ancient Chinese. Part Ⅱ : Morphology. The Institute of History and Philology. Academia Sinica. Special Publications No. 39. Taipei.

Cinque, Guglielmo. 1993. A Null Theory of Phrase and Compound Stress. *Linguistic Inquiry* 24 : 239-297.

Driven, Rene-Vilem Fried (Eds.). 1987. Functionalisms in Linguistics. Linguistic and Literary Studies in Eastern Europe 20. Amsterdam : John Benjamins.

Dobson, William. A. C. H. 1959. Late Archaic Chinese : a grammatical study. Toront o : University of Toronto Press.

Duanmu, San. 1990. A Formal Study of Syllable, Tone, Stress and Domain in Chinese Languages. Doctoral Dissertation. MIT.

Feng, Shengli. 1990a. The Passive Construction in Chinese, ms. University of Pennsylvania.

Feng, Shengli. 1990b. Subject in Chinese and the Theory of Case-Assignment, The PENN Review of Linguistics. vol. 14.

Feng, Shengli. 1991. Prosodic Structure and Word Order Change in Chinese. The PENN Review of Linguistics. vol.15 : 21-31, Presented at the NACCL Ⅲ. Cornell University.

Feng, Shengli. 1992. Prosodic Constraint and Syntactic Structure in Chinese. Paper Presented at the 1st International Conference on Chinese Linguistics. 1992. Singapore.

Feng, Shengli. 1993. The Copula in Classical Chinese Declarative Sentences. *Journal of Chinese Linguistics* 22.2 : 277-311.

Feng, Shengli. 1995. Prosodic structure and Prosodically Constrained Syntax in Chinese. Doctoral Dissertation. University of Pennsylvania.

Feng, Shengli. 1996. Prosodically Constrained Syntactic Changes in Early Archaic Chinese. *Journal of East Asian Linguistics* 5.4: 323-371.

Goldsmith, John A. 1990. Autosegmental and Metrical Phonology. Oxford : Basil Blackwell Ltd.

Goodall, Grant. 1990. Mandarin Chinese Passives and the Nature of Case Absorption. Paper Presented at the 3rd Northeast Conference on Chinese Linguistics. Cornell University.

Hale, Kenneth & Samuel J. Keyser (Eds.). 1993. View from Building 20. Cambridge : The MIT Press.

Haudricourt, André. 1954. "De L' Origine des Tons en Vietnamien". *Journal Asiatique* 242: 68-82.

Haudricourt, André. 1972. Problèmes de Phonologie Diachronique. Langues Africaines.

Hayes, Bruce. 1980. A Metrical Theory of Stress Rules. Doctoral Dissertation, MIT.

Hayes, Bruce. 1989. Compensatory Lengthening in Moraic Phonology. *Linguistic Inquiry* 20 : 253-306.

Henne, Henry et al. 1977. A Handbook on Chinese Language Structure. Universitetsforlaget.

Hoa, Monique. 1983. L'Accentuation en pékinois. University of Paris. Doctoral Dissertation. Published by Centre de Recherches Linguistiques, Paris.

Hogg, Richard. & Christopher B. McCully. 1987. Metrical Phonology. Cambridge : Cambridge University Press.

Hsueh, Frank F. S. 1986. ≪北京音系解析≫, 北京：北京语言学院出版社.

Hu, Mingliang. 1993. Definiteness and Word Order in Mandarin Chinese. *Journal of Chinese Language Teachers Association* 2 : 75-90.

Huang, C.-T. James. 1982. Logical relations in Chinese and the Theory of Grammar. Doctoral Dissertation. MIT.

Huang, C.-T. James. 1984. Phrase Structure, Lexical Integrity, and Chinese Compounds. *Journal of Chinese Linguistics Teachers Association* 19.2 : 53-78.

Huang, C.-T. James. 1988. "Wo Pao de Kuai" and Chinese Phrase Structure. Language 64.2 : 274-311.

Huang, C.-T. James. 1988. The Local Nature of the Long-Distance Reflexives in Chinese. Proceedings of NELS 18. 191-206.

Huang, C.-T. James. 1989. Pro-Drop in Chinese : A Generalized Control Theory. In O. Jeaggli and K. Safir (Eds). The Null Subject Parameter. 185-214.

Huang, C.-T. James. 1992. More on Mandarin Word Order and the X-bar Theory.

Paper Presented at the 1st International Conference on Chinese Linguistics. 1992. Singapore.

Huang, Shuan-fan. 1978. Historical Change of Prepositions and Emergence of SOV Order. *Journal of Chinese Linguistics* 6 : 213-137

Kager, Rene. 1992. Alternatives to the Iambic-trochaic Law. Natural Language and Linguistics Theory Ⅱ : 381-432.

Karlgren, Bernhare. 1940. Grammata Serica: Script and Phonetics in Chinese and Sino-Japanese, Bulletin of the Museum of Far Eastern Antiquities 12 : 1-471.

Kemenade, A. van. 1987. Syntactic Case and Morphological Case in the History of English. Dordrecht : Foris.

Kiparsky, Paul. 1979. Metrical Structure Assignment is Cyclic. *Linguistic Inquiry* 10 : 421-442.

Kroch, Anthony. 1989. Reflexes of Grammar in Patterns of Language Change, *Journal of Language Variation and Change* 1 : 133-172.

Labov, William. 1984. The Interpretation of Zeroes. *Phonologica* 6 : 135-156.

Labov, William. 1987. The Overestimation of Functionalism. In René Driven and Vilem Fried (Eds.). 311-332.

Ladd, D. Robert, Jr. 1978. The Structure of Intonational Meaning. Indiana University Press.

Li, Charles N. & Sandra Annear Thompson. 1981, Mandarin Chinese : A Functional Reference Grammar. Berkeley and Los Angeles : University of California Press.

Li, H.-J. Grace. 1994. Bei : An Affected Head—The Bei-Construction Revisited. Unpublished M. A. Thesis. National Taiwan Normal University.

Li, Y.-H. Audrey. 1985. Abstract Case in Chinese. Doctoral Dissertation. University of Southern California.

Li, Y.-H. Audrey. 1990. Order and Constituency in Mandarin Chinese, Studies in Natural Language and Linguistic Theory. Kluwer Academic Publishers, Dordrecht.

Li, Yafei. 1991. Long-distance Passivization in Mandarin Chinese and its Theoretical Implications. Talk Given at University of Pennsylvania.

Li, Yafei. 1993. What Makes Long Distance Reflexives Possible? *Journal of East Asian Linguistics* 2.2 : 135-166.

Liberman, Mark & Alan Prince. 1977. On Stress and Linguistic Rhythm, *Linguistic Inquiry* 8 : 249-336.

Liberman, Mark & Richard Sproat. 1992. The Stress and Structure of Modified Noun

Phrases in English, In Ivan A. Sag & Anna Szabolcsi (Eds.). 131-181.

Lightfoot, David. 1991. How to Set Parameters: Argument from Language Chinese. Cambridge : The MIT Press.

Lu, Bingfu & San Duanmu. 1991. A Case Study of the Relation between Rhythm and Syntax in Chinese. Paper Presented at the 3rd North American Conference on Chinese Linguistics. May 3-5. Ithaca.

McCarthy, John & Alan Prince. 1991. Prosodic Minimality. Lecture Presented at the University of Illinois Conference "The Organization of Phonology".

McCarthy, John & Alan Prince. 1993. Prosodic Morphology Ⅰ : Constraint Interaction and Satisfaction. Unpublished Manuscript. University of Massachusetts and Rutgers University.

McCarthy, John. 1979. On Stress and Syllabification, *Linguistic Inquiry* 10 : 443-466.

Mei, Tsu-lin. 1970. Tones and Prosody in Middle Chinese and the Origin of the Rising Tone. *Harvard Journal of Asiatic Studies* 30 : 86-110.

Mei, Tsu-lin. 1994. Notes on the Morphology of Ideas in Ancient China. In Willard J. Peterson et al. (Eds.). 37-46.

Nespor, Marina & Irene Vogel. 1986. Prosodic Phonology. Dordrecht : Foris.

Norman, Jerry. 1988. Chinese. Cambridge : Cambridge University Press.

Peterson, Willard J. et al. (Eds.). 1994. The Power of Culture : Studies in Chinese Cultural History. Hong Kong: The Chinese University Press.

Pinker, Steven. 1994. The Language Instinct : How the Mind Creates Language. New York : Harper Collins.

Prince, Alan. 1980. A metrical Theory for Estonian Quantity. *Linguistic Inquiry* 11 : 511-526.

Pulleyblank, Edwin G. 1962. The Consonantal System of Old Chinese. Asia Major 9 : 58-144, 206-265.

Pulleyblank, Edwin G. 1977-1978. The Final Consonants of Old Chinese. Monumenta Serica 33 : 180-206.

Quirk, Randolph. 1972. A Grammar of Contemporary English. London : Longman.

Rickford, J. R. & Rickford, A. E. 1995. Dialect Readers Revisited. *Linguistics and Education* 7.2 : 107-128.

Sag, Ivan A. & Anna Szabolesi (Eds.). 1992. Lexical Matters. Stanford : Stanford University Press.

Scott, Meredith. 1990. Issues in the Phonology of Prominence. Doctoral Dissertation. MIT.

Selkirk, Elisabeth. 1980a. Prosodic Domains in Phonology : Sanskrit Revisited. In Mark Aronoff and Mary & Louise Kean (Eds.). 107-129.

Selkirk, Elisabeth. 1980b. The Role of Prosodic Categories in English Word Stress. *Linguistic Inquiry* 11. : 563-605.

Selkirk, Elisabeth. 1981. Epenthesis and Degenerate Syllables in Cairene Arabic. In Hagit Borer & Youssef Aoun (Eds.). 209-232.

Shih, Chi-lin. 1986. The Prosodic Domain of Tone Sandhi in Chinese. Doctoral Dissertation. University of California San Diego.

Shlonsky, Ur. 1992. Resumptive Pronouns as a Last Resort. *Linguistic Inquiry* 23.3 : 443-468.

Stimson, Hugh M. 1966. The Jongyuan in Yunn : A Guide to Old Mandarin Pronunciation. Sinological Series. no.12. New Haven : Yale University Far Eastern Publication.

Stowell, T. 1979. Stress Systems of the World, Unite. In K. Safir, Ed. 1979.

Ch.4: Behagel, Otto. 1909. "Beziehungen zwischen Umfang und Reihenfolge von Astzgliedern" *Indogermanische Forschungen* 25 : 110-142.

Ting, Jen. 1993. A-Binding and the Bei-Construction in Mandarin Chinese, Paper Presented at the 5th North American Conference on Chinese Linguistics. University of Delaware.

Tsai, Wei-Tien, Dylan. 1995. Visibility, Complement Selection and the Case Requirement of CP. *Journal of East Asian Linguistics* 4.4 : 281-312.

Tsujimura, Natsuko. 1992. The Case of Deverbal Nominals in Japanese. NLLT 10 : 477-522.

van Coetsem, Frans & Linda R. Waugh (Eds.). 1980. Contributions to Historical Linguistics. Leiden : E. J. Brill.

van der Hulst, Harry. 1984. Syllable Structure and Stress in Dutch. Dordrecht : Foris.

Wang, Zhijie. 1993. The Geometry of Segmental Features in Beijing Mandarin. Doctoral Dissertation. University of Delaware.

Zec, Draga & Sharon Inkelas. 1990. Prosodically Constrained Syntax. In The Phonology-Syntax Connection. Chicago : The University of Chicago Press.

# 중국어의 운율통사 현상 요약

십여 년 전, 戴庆厦 선생님께서 필자에게 다른 언어 연구자들이 참고할 수 있도록 운율적 통사 현상을 수집해 달라는 당부를 하셨다. 그 때부터 필자는 이를 마음속에 새기고 있었지만 완성할 시간적 여유가 없었다. 그동안 필자의 제자가 이를 주제로 어느 정도 기초를 닦아 놓기도 했으나, 책으로 엮을 만한 정도는 되지 못했다. 그러다가 올해 北京대학교 출판사의 요청에 따라 장절을 조절하고 내용을 더하여 ≪중국어 운율, 형태와 통사≫의 수정판을 내놓게 되었는데, 이번 기회를 통해 마음속에 담아 두었던 오랜 숙원을 이루고자 ≪중국어의 운율통사 현상 요약≫을 집필하게 되었다.

요약이라고 이름을 붙인 것은 상세히 다루었다는 오해를 피하기 위함이다. 세부 분야가 무엇이건 언어 현상은 본래 일일이 상세하게 다루자면 끝이 없기 때문이다. 그러나 이 책에서 자세히 다룰 수 없었던 데는 다른 이유가 있다. 첫째는 충분한 시간적 여유가 없었고, 둘째는 이 영역에 발굴해야 할 현상이 아직 많기 때문이다. 하기 싫어서 안 한 것이 아니라 능력이 부족하여 할 수 없었던 것이다.

이 ≪요약≫은 필자가 십여 년간 찾아낸 운율통사 현상을 수집하고 분류하여 나온 결과이지만 아직 부족한 점이 많다. 이 때문에 새로운 것과 이미 발표된 것이 섞여 있다.

초학자들이 운율적 통사 현상을 공부할 수 있도록 돕기 위해 이 부분을 첨부하였으므로, 모든 현상들을 일일이 분석하고 출처를 밝히지는 못했다. 초학자들은 이 요점을 통해 기초를 닦아 한 단계 더 나아갈 수 있을 것이다. 만일 다른 학자들에게도 조금이나마 도움을 줄 수 있다면 戴庆厦 선생님께서 말씀하신 임무를 어느 정도 완수했다고 볼 수 있을 것이다. 더 완벽해지기 위해서는 어느 정도 시간이 필요하므로 필자의 성과를 바탕으로 신진 학자들이 더 많이 발전시킬 수 있기를 기대해 본다.

## 1. 형태

### 1) 방향보어

방향보어를 포함한 동사구는 최대 V+C+D(verb+complement+directional-complement)의 세 가지 성분을 가질 수 있다. 중국어에는 3음절로 이루어진 동사가 없지만, V+C+D 중의 C+D가 모두 경성으로 두 경성을 하나의 음절로 계산할 수 있기 때문에 V+C+D는 3음절이 아니다.

| | | |
|---|---|---|
| 走过来 | 走上来 | *走过上来 |
| 跑过去 | 跑下去 | *跑过下去 |
| 拿过来两本书 | 拿上来两本书 | *拿过上来两本书 |

### 2) 양사 중첩

1음절 양사는 중첩하여 모든每의 의미를 나타낼 수 있다.

| | | | | |
|---|---|---|---|---|
| 斤：斤斤 | 两：两两 | 个：个个 | 天：天天 | 年：年年 |
| 月：月月 | 日：日日 | 盆：盆盆 | 筐：筐筐 …… | |

그러나 2음절 양사는 중첩하여 모든每의 의미를 나타내는 용법으로 사용되지 않는다.

加仑：*加仑加仑　　公斤：*公斤公斤　　嘟噜：*嘟噜嘟噜
星期：*星期星期　　礼拜：*礼拜礼拜　　笸箩：*笸箩笸箩

### 3) 형용사 중첩

1음절 형용사는 중첩하면 '~하게 하다'라는 의미를 나타낸다.

愁：这样做只是想愁愁她。
苦：父母无非是有意想苦苦孩子。
美：好好地美美他吧。

경성을 포함한 2음절 형용사는 중첩하면 '~하게 하다'의 의미를 나타낸다.

辛苦：辛苦辛苦你，怎么样?
迷惑：没别的，就是想迷惑迷惑你。

2음절 형용사는 중첩하여 '~하게 하다'의 의미를 나타내는 용법으로 사용되지 않는다.

高兴：*咱们也高兴高兴他吧。(비교：咱们也让他高兴高兴吧)
幸福：*幸福幸福孩子吧。

1음절 형용사는 중첩하면 2음절 동사를 수식할 수 있다.

大：大大增强了信心　大大提高了产量　大大轰动了世界
小：小小冲击了一下美国的市场　大震以后又小小余震了三五次
轻：轻轻推动着社会的进步　轻轻拍抚着他的肩膀
重：重重打击了敌人的计划　重重斥责了他的行为

1음절 형용사는 직접 2음절 동사를 수식할 수 없다.

大：*大增强了信心　*大提高了产量　*大轰动了世界
小：*小冲击了市场　*小震动着人们的心扉
轻：*轻推动着社会的进步　*轻拍抚着他的肩膀
重：*重打击了敌人的计划　*重斥责了他的行为

1음절 형용사는 중첩하여 的를 삽입하면 다른 성분을 수식할 수 있다.

红：红红的脸蛋　红红的葡萄酒　红红的太阳
黑：黑黑的夜景　黑黑的脸庞　黑黑的墨迹
苦：苦苦的哀求　苦苦的笑　苦苦的生活

2음절 형용사는 ABAB형으로 중첩할 수 없다.

藕荷：*藕荷藕荷的脸色　*藕荷藕荷的衬衫
橘黄：*橘黄橘黄的皮肤　*橘黄橘黄的头发
漂亮：*漂亮漂亮的发型　*漂亮漂亮的眼睛
痛苦：*痛苦痛苦的哀求　*痛苦痛苦的笑　*痛苦痛苦的生活
[반례] 蜡黄蜡黄的脸色　火红火红的衣服

### 4) 동사 중첩

1음절 동사는 대부분 중첩할 수 있다.

看：看看　吃：吃吃　想：想想　走：走走　说：说说　弄：弄弄

왼쪽이 무거운 2음절 동사는 중첩하기 쉽다(Feng 1995).

| | | | |
|---|---|---|---|
| 改造改造 | 学习学习 | 讨论讨论 | 整理整理 |
| 考虑考虑 | 调查调查 | 了解了解 | 解释解释 |
| 观察观察 | 计划计划 | 交流交流 | 开发开发 |

경성을 포함한 2음절 동사는 중첩하기가 가장 쉽다(Feng 1995).

| | | | |
|---|---|---|---|
| 咳嗽咳嗽 | 扒拉扒拉 | 抖楼抖楼 | 搅和搅和 |
| 鼓逗鼓逗 | 打点打点 | 分析分析 | 琢磨琢磨 |

白话(bái huə)白话　点补(dián be)点补　叨唠叨唠

오른쪽이 무거운 2음절 동사는 중첩하기 어렵다(Feng 1995).

| | | | |
|---|---|---|---|
| 병렬식： | *关爱关爱 | *阅读阅读 | *种植种植 |
| | *浇灌浇灌 | *批发批发 | *购买购买 |
| 동목식： | *解气解气 | *生气生气 | *争气争气 |
| | *吃亏吃亏 | *跑步跑步 | *谈话谈话 |

1음절 동사의 [V一V] 형식 중첩은 일반적으로 제약 조건이 없다.

看：看一看　吃：吃一吃　想：想一想

走：走一走　说：说一说　弄：弄一弄

2음절 동사는 [VV一VV] 형식으로 중첩하지 않는다.

*考虑一考虑　　*观察一观察　　*讨论一讨论
*学习一学习　　*调查一调查

1음절 동사의 [V-着 V-着] 중첩 형식은 일반적으로 제약 조건이 없다.

打着打着　　躲着躲着　　写着写着　　说着说着　　游着游着

2음절 동사는 대부분 [VV-着 VV-着] 형식으로 중첩하지 않는다.

*打击着打击着　　*躲藏着躲藏着　　*书写着书写着
*诉说着诉说着　　*游泳着游泳着

### 5) 명사화의 운율형태적 수단

명사화의 분절음 형태

북방어에서는 子를 가산명사의 표지로 사용한다(司马翎 2007 참조).

桌子　　椅子　　孩子　　裤子　　鸭子　　蚊子
刷子　　凳子　　裙子　　被子　　孙子　　鞭子

명사화의 초분절음 형태

2음절은 가산명사 표지이므로 2음절 혹은 그 이상은 子를 첨가할 필요가 없다.

| | | | |
|---|---|---|---|
| 大蒜 | *大蒜子 | 蚂蚁 | *蚂蚁子 |
| 铅笔 | *铅笔子 | 电视 | *电视子 |
| 桌椅 | *桌椅子 | 手机 | *手机子 |
| 电脑 | *电脑子 | 收音机 | *收音机子 |

### 6) 동사 명사화의 운율형태적 수단

| | | | | |
|---|---|---|---|---|
| 编写教材 | *教材的编 | 教材的编写 | 教材编写 | *教材编 |
| 起草文件 | *文件的写 | 文件的起草 | 文件起草 | *文件写 |
| 调动工作 | *工作的调 | 工作的调动 | 工作调动 | *工作调 |
| 安排人事 | *人事的管 | 人事的安排 | 人事安排 | *人事管 |
| 调查资料 | *资料的查 | 资料的调查 | 资料调查 | *资料查 |
| 保养机器 | *机器的养 | 机器的保养 | 机器保养 | *机器养 |

### 7) 최소어 효과(표준음보=2음절)

| | | |
|---|---|---|
| [VO]NP | *[VOO]NP | |
| [取笑]他 | *[开玩笑]他 | 跟他开玩笑 |
| [负责]病房 | *[负责任]病房 | 对病房负责任 |
| [有害]身体 | *[有伤害]身体 | 对身体有伤害 |

| | | |
|---|---|---|
| [VR]NP | *[VRR]NP | |
| [打牢]基础 | *[打牢固]基础 | 把基础打牢固 |
| [写通]句子 | *[写通顺]句子 | 把句子写通顺 |
| [讲透]道理 | *[讲透彻]道理 | 把道理讲透彻 |

| | | |
|---|---|---|
| [색깔 + [大/小+N]] | *[색깔 + [大/小+NN]] | |
| 白[大褂] | *白[大盘子] | 大白盘子 |
| 黑[小辫] | *黑[小雨伞] | 小黑雨伞 |
| 红[小豆] | *红[小汽车] | 小红汽车 |
| 灰[大雁] | *灰[大狗熊] | 大灰狗熊 |

| | |
|---|---|
| AUX + V | *AUX + VV |
| 非常[可疑] | *非常[可怀疑] |
| 非常[可恶] | *非常[可厌恶] |
| 非常[可悲] | *非常[可悲哀] |
| 非常[可爱] | *非常[可喜爱] |

| | |
|---|---|
| [VO] + V | *[VOO] + V |
| [并肩]作战 | *[并肩膀]战斗 |
| [携手]前进 | *[携手臂]前进 |
| [同步]运行 | *[同步伐]运行 |

| | |
|---|---|
| Adv + [S + P]$_{\sigma\sigma}$ | *Adv + [S + P]$_{\sigma\sigma\sigma}$ |
| 非常[年轻] | *非常[年纪轻] |
| 非常[头疼] | *非常[脑袋疼] |
| 非常[心虚] | *非常[耳朵软] |

## 2. 조어

### 1) 단어와 어근

| 단어 | 어근 | 형태소 + 형태소 |
|---|---|---|
| 豆子／儿 | 豆 | 豆腐 |
| 电影 | 影 | 影片 |
| 地雷 | 雷 | 扫雷 |
| 蚂蚁 | 蚁 | 蚁穴 |
| 豆腐 | 腐 | 腐乳 |
| 桌子 | 桌 | 桌椅 |

### 2) 다른 1음절과 결합해야 하는 1음절 단어嵌偶词 (≪现代书面用语初编≫, 약 300개의 예)

| | |
|---|---|
| 暗：暗查，暗送，暗想 | *暗检查，*暗赠送，*暗思考 |
| 备：备尝，备感，备受 | *备尝试，*备感觉，*备受到 |
| 错：错砍，错杀，错认 | *错砍伐，*错杀死，*错辨认 |
| 返：返京，返美，返校 | *返北京，*返美国，*返学校 |
| 广：广传，广交，广寻 | *广传播，*广结交，*广寻找 |
| 景：观景，选景，雪景 | *观赏景，*选择景，*白雪景 |

力：力保，力拒，力劝 *力保证，*力拒绝，*力劝说
享：同享，独享，尽享 *共同享，*单独享，*尽情享
资：闲资，天资，敛资 *闲余资，*添加资，*收敛资
过：过静，过密，过难 *过安静，*过密切，*过困难
校：本校，我校，贵校 *这个校，*我们校，*他的校

3) 다른 2음절과 결합해야 하는 2음절 단어合偶词 (≪现代书面用语初编≫, 약 400개의 예)

**형식동사**

加以：加以评论 加以改正 加以补充 *加以评 *加以改 *加以补
进行：进行调查 进行讨论 进行批判 *进行查 *进行论 *进行批
从事：从事教学 从事写作 从事翻译 *从事教 *从事写 *从事译

**부사**

共同：共同发展 共同进步 共同商讨 *共同发 *共同进 *共同商
极为：极为严格 极为深刻 极为灵验 *极为严 *极为深 *极为灵
并肩：并肩战斗 并肩前进 并肩抗敌 *并肩战 *并肩进 *并肩抗
大力：大力帮助 大力援助 大力发展 *大力帮 *大力助 *大力发

**동사**

保卫：保卫人民 保卫祖国 保卫家乡 *保卫人 *保卫国 *保卫家
光临：光临寒舍 光临我校 光临大会 *光临家 *光临校 *光临会
建筑：建筑桥梁 建筑公路 建筑房屋 *建筑桥 *建筑路 *建筑房
消耗：消耗能源 消耗体力 消耗时间 *消耗能 *消耗力 *消耗时

**형용사**

严重：严重错误 严重事故 严重缺陷 *严重错 *严重事 *严重缺
合法：合法居住 合法买卖 合法分配 *合法住 *合法买 *合法分
宏伟：宏伟气势 宏伟宫殿 宏伟蓝图 *宏伟气 *宏伟宫 *宏伟图

### 4) 명사

[1+2] 형식으로 이루어진 [명사+명사]는 일반적으로 적법하지 않음

| | |
|---|---|
| *皮工厂 | 비교：皮革厂, 皮厂 |
| *金商店 | 비교：五金店, 金店 |
| *纸工厂 | 비교：造纸厂, 纸厂 |
| *鞋商店 | 비교：皮鞋店, 鞋店 |
| *帽商店 | 비교：鞋帽店, 帽店 |
| *钢公司 | 비교：钢铁公司 |
| *砖建筑 | 비교：砖瓦建筑 |

[1+2] 형식으로 이루어진 [구별사+명사]는 적법함

| | | | |
|---|---|---|---|
| 金 | 金项链 | 银 | 银戒指 |
| 铁 | 铁饭碗 | 棉 | 棉大衣 |
| 男 | 男教师 | 女 | 女演员 |

형태는 같으나 구조와 의미가 다른 [1+2] 형식

| | | |
|---|---|---|
| 纸老虎 | 종이로 만든 호랑이, 겉보기에 강한 듯 하지만 실제로 힘이 없는 사람 | 纸 = 재료, 묘사적 |
| *纸工厂 | 종이를 만드는 공장 | 纸 = 대상, 제한적 |
| 铁公鸡 | 철로 만든 수탉, 구두쇠 | 铁 = 재료, 묘사적 |
| *铁工厂 | 철을 만드는 공장 | 铁 = 대상, 제한적 |
| 金项链 | 금 목걸이 | 金 = 재료, 묘사적 |
| *金工厂 | 금을 만드는 공장 | 金 = 대상, 제한적 |

### 5) 동사

중국어에는 3음절 동사가 없음(형용사 포함)

동목형 2음절 동사：取消, 得罪, 吃亏, 缺德, 关心, 操心

3음절 구 ：开玩笑, 泡蘑菇, 负责人, 背黑锅, 尥蹶子, 拍马屁

병렬형 2음절 동사 : 左右, 依靠, 失败, 铺排, 打扫, 招呼, 斟酌, 琢磨
3음절 동사 : ________________
수식형 2음절 동사 : 枪毙, 风行, 鬼混, 步行, 轻视, 复写, 瞎说, 胡闹
3음절 동사 : ________________
주술형 2음절 동사 : 地震, 路过, 发指, 神往
3음절 구 : 心眼好, 眼发直
동보형 2음절 동사 : 改良, 改善, 提高, 扩大
3음절 구 : 改正确, 打牢固, 绑结实, 写完整, 做到位

### 6) 형용사(형용사+명사)

1음절 형용사+명사(일반 형식)

红花 白纸 新问题 老毛病 小汽车 大字典

1음절 형용사+的+명사(대조를 통한 강조)

红的花 白的纸 新的问题 老的毛病 小的汽车 大的字典

2음절 형용사+2음절 명사(일반적으로 的 있음)

伟大的著作, 舒服的沙发, 漂亮的房屋, 伟大的领袖, 光荣的军属
*伟大著作, *舒服沙发, *漂亮房屋, *伟大领袖, *光荣军属

2음절 형용사+1음절 명사(반드시 的 필요)

危险的事 舒服的床 漂亮的狗 伟大的手 光荣的人
*危险事 *舒服床 *漂亮狗 *伟大手 *光荣人

1음절과 2음절 형용사의 차이점

[1음절 형용사+的]는 직접적으로 상태를 표시할 수 있음

水, 凉的 炕, 热的 水缸, 满的 绳子, 松的

2음절 형용사는 的를 첨가하지 않고 직접 상태를 표시할 수 있음

水, 干净　　床, 舒服　　人, 漂亮　　事儿, 麻烦

[2음절 형용사+的]는 직접적으로 상태를 표시하기에 적합하지 않음

*水, 干净的　　*床, 舒服的　　*人, 漂亮的　　*事儿, 麻烦的

[2음절 형용사+的]가 상태를 표시할 때 일반적으로 부사어가 필요함

水, 挺干净的　　床, 蛮舒服的　　人, 挺漂亮的　　这事儿, 怪麻烦的

7) 방위사

上 / 下 / 左 / 右 / 前 / 後 / 里 / 外 / 东 / 西 / 南 / 北+边 / 面 / 头

……之上 *头 / 边 / 面

……的上 *(头 / 边 / 面)

*(　)는 괄호 안의 성분이 반드시 필요함을 나타냄

1음절의 장소명사는 반드시 방위사를 첨가해야 함

| | |
|---|---|
| *墙有一张画。 | 墙上有一张画。 |
| *我不知道锅有饭。 | 我不知道锅里有饭。 |
| *他把冰棍掉到地了。 | 他把冰棍掉到地下了。 |
| *街站着两个警察。 | 街上站着两个警察。 |
| *手拿着茶杯。 | 手里／手上拿着茶杯。 |

2음절의 장소명사는 방위사를 동반하지 않아도 됨

| | |
|---|---|
| 教室有三个人在打架。 | 教室里有三个人在打架。 |
| 那两本书我放宿舍了。 | 那两本书我放宿舍里了。 |
| 大厅站着俩警察。 | 大厅里站着两个警察。 |
| 左手拿着茶杯。 | 左手里拿着茶杯。 |

## 3. 통사

### 1) 1음절 단어는 언어 환경에 따라 독립적으로 사용되지 못할 수도 있음

| | | |
|---|---|---|
| 나이 | A : "他今年多大啦?" | B : "*五。" "五岁。" |
| | A : "他今年多大啦?" | B : "十五。" 혹은 "十五岁。" |
| 날짜 | A : "今天几号?" | B : "*八。" "八号。" |
| | A : "今天几号?" | B : "十八。" 혹은 "十八号。" |
| 지명 | A : "您去哪儿?" | B : "*通。" "通州。" |
| | A : "您去哪儿?" | B : "大兴。" 혹은 "大兴区。" |
| 국명 | A : "您去哪儿?" | B : "*美。" "美国。" |
| | A : "您去哪儿?" | B : "日本。" |
| 인명 | A : "您怎么称呼?" | B : "叫我*宁吧。" "叫我李宁吧。" |
| | A : "您怎么称呼?" | B : "叫我建明吧。" 혹은 "叫我李建明吧。" |

### 2) 2음절 동사와 1음절 목적어의 운율 제약

VVO는 일반적으로 적법하지 않음

*阅读报 *清理仓 *种植树 *浇灌花 *维修灯 *批发菜
*饲养马 *粉碎纸 *收割表 *修理车 *种植花 *购买书

VOO와 VVO는 모두 3음절이나 적법성은 대립적으로 나타남

种果树 *种植树 浇花草 *浇灌花 读报纸 *阅读报
清仓库 *清理仓 购书报 *购买报 修路灯 *维修灯

경성이 포함된 2음절 동사의 VVO는 적법함

喜欢钱 害怕鬼 埋怨人 糊弄人 吓唬狗
鼓捣车 挤兑(jǐde)人 掰扯理儿 摩挲(māsa)布

### 3) [1+2] 형식 고정구와 [2+1] 형식 단어의 대립

| [1+2] 형식의 VO구 | [2+1] 형식의 NN단어 |
|---|---|
| 泡蘑菇 | 蘑菇汤 |
| 背黑锅 | 黑锅店 |
| 拍马屁 | 马屁精 |
| 戴高帽 | 鞋帽店 |

### 4) [동목] 구조의 명사 수식

[VVOO]가 명사를 수식할 때 동사와 목적어의 어순은 반드시 도치되어야 함

| | | | |
|---|---|---|---|
| 军马饲养场 | *饲养军马场 | 汽车修理厂 | *修理汽车厂 |
| 报纸阅读课 | *阅读报纸课 | 花卉种植期 | *种植花卉期 |
| 首长保卫人员 | *保卫首长人员 | 古迹介绍专家 | *介绍古迹专家 |
| 路灯维修电话 | *维修路灯电话 | 蔬菜批发公司 | *批发蔬菜公司 |

[VO]가 명사를 수식할 때 동사와 목적어는 도치될 수 없음

| | | | | | |
|---|---|---|---|---|---|
| 养马场 | *马养场 | 修车厂 | *车修厂 | 读报课 | *报读课 |
| 种花期 | *花种期 | 修车铺 | *车修铺 | 加油站 | *油加站 |
| 理发店 | *发理店 | 鈷山豹 | *山鈷豹 | 写字台 | *字写台 |

[VVO]가 적법하지 않으므로 [VVO] 형식이 명사를 수식하더라도 동사와 목적어를 도치할 수 없음

| | | | |
|---|---|---|---|
| *修理车厂 | *车修理厂 | *维修灯电话 | *批发菜公司 |
| *菜批发公司 | *马饲养法 | *饲养马法 | *灯维修电话 |

[VOO]는 적법하나 [VOO]가 명사를 수식하더라도 동사와 목적어를 도치할 수 없음

| | | | | |
|---|---|---|---|---|
| *修汽车厂 | *修路灯电话 | *加汽油站 | *碎废纸机 | *割野草机 |
| *汽车修厂 | *路灯修电话 | *汽油加站 | *废纸碎机 | *野草割机 |
| *车票售员 | *军马养法 | *财物管人员 | *环境保组织 | *小麦 割机 |

## 5) [1음절 부사어+1음절 동사]+NN

[Adv-V]+NN/VV

| | | | |
|---|---|---|---|
| [炮打]军列 | [草菅]人命 | [枪毙]罪犯 | [油炸]鸡蛋 |
| *[炮打]车 | *[草菅]命 | *[枪毙]人 | *[油炸]鸡 |

비교 : *他每天都油炸鸡(=구)。 他每天都做油炸鸡(=복합어)。

## 6) 2음절로 만들기 위해 덧붙인 단어의 결합 양상

极X+YY

极其不满, 极为不满, 极其愚蠢, 极有希望

X有YY

大有文章, 确有不知, 实有冒犯, 颇有礼遇, 仍有区别, 享有权利

X爲YY

大为不满, 甚为不满, 最为不满, 颇为不满, 稍为不慎

X燃YY

猛然回头, 徒然无功, 陡然上升, 居然不知, 依然如故

X且VV

暂且不论, 姑且放松, 权且照旧, 尚且如此

X以YY

足以度日, 难以为继, 加以整理, 得以解决, 无以为生

X于YY

苦于无知, 乐于助人, 甘于寂寞, 敢于斗争, 精于书法

7) 3음절 [동목]구는 了, 着, 过를 부가할 수 없음

| | | |
|---|---|---|
| 取笑过(她) | *开玩笑过 | 开过玩笑 |
| 关心着(她) | *开玩笑着 | 开着玩笑 |
| 负责着(这个学校) | *负责任着 | 负着责任 |
| 得罪过(领导) | *拍马屁过 | 拍过马屁 |

3음절 [동목]구는 더 이상 목적어를 부가할 수 없음

| | | |
|---|---|---|
| 取笑她 | *开玩笑她 | 跟她开玩笑 |
| 关心她 | *说笑话她 | 给她说笑话 |
| 负责病房 | *负责任病房 | 对病房负责任 |
| 得罪领导 | *拍马屁领导 | 拍领导的马屁 |
| 有害身体 | *有伤害身体 | 对身体有伤害 |

8) 이합사의 운율 조건 : 2음절(1음절은 분리할 수 없고, 3음절은 합칠 수 없음)

| | | |
|---|---|---|
| 关心 | 关心他 | 你关什么心? |
| 负责 | 负责病房 | 我到底负什么责? |
| 有害 | 有害身体 | 还有什么害? |
| 高兴 | 很高兴 | 高起兴来了 |

9) [동사+목적어+빈도/시간구]와 [동사+了+목적어+빈도/시간구]의 적법성 대립

| | |
|---|---|
| 学了三年中文 | *学了中文三年 |
| 学了三次中文 | *学了中文三次 |

적법하게 만드는 방법은 다음과 같음

| | |
|---|---|
| 목적어를 전치하여 주제어로 만드는 방법 | 中文, 学了三年。 |
| 동사를 중첩하는 방법 | 学中文学了三年。 |
| 的자를 사용하여 재배열하는 방법 | 学了三年的中文。 |

### 10) 동보 구조의 운율 제약

[동사+보어]는 일반적으로 2음절의 [VR] 구조임

提高　改善　看透　想全　摆齐
改通　想透　想通　凿实

3음절의 [VRR] 구조로 이루어진 [동사+보어] 형식도 있음

看透彻　想周全　摆整齐　改通顺
看仔细　想透彻　看清楚　扫干净

일반적으로 3음절의 [VVR] 구조로 이루어진 [동사+보어] 형식은 없음

*提拔高　*改革善　*装修美　*摆放平
*摆放齐　*修改通　*思考全　*观察周
반례 : 修改好, 修改完, 收集齐

[동사+보어]에서 만일 동사의 두 번째 음절이 경성이면 3음절의 [V.VR] 구조가 있을 수 있음

摩挲(māsɑ)平了　打点齐了　抖搂散了　鼓捣坏了
挤兑(jǐde)怕了　搅和乱了　憋屈坏了　扒拉开了
掰扯烦了

[동사+보어]에서 보어가 허화되면 [VV.R] 구조가 있을 수 있음

改革好　装修完　修改好　观察完

[동사+보어]에는 [VVRR]의 4음절 구조가 있음

摆放整齐　修改通顺　思考周全　观察周密　分析透彻

11) [동사+보어]의 3음절 [VRR] 구조는 일반적으로 목적어를 첨가할 수 없음

| | | |
|---|---|---|
| 看透问题 | 看透彻 | *看透彻问题 |
| 摆齐桌子 | 摆整齐 | *摆整齐桌子 |
| 关严窗户 | 关严实 | *关严实窗户 |
| 累弯腰 | 累弯曲 | *累弯曲腰 |
| 打牢基础 | 打牢固 | *打牢固基础 |
| 写通文章 | 写通顺 | *写通顺文章 |

[동사+보어]에서 만일 보어가 경성이면 [VR.R]은 목적어를 가질 수 있음

| | |
|---|---|
| 看清楚 | 看清楚黑板 |
| 想明白 | 想明白问题 |
| 扫干净 | 扫干净房间 |

12) 동보 구조가 [전치사+목적어]를 수반할 때의 운율 제약

[VR]+PP는 일반적으로 가능

摆平到彼此满意的程度

[VRR]+PP는 일반적으로 불가능

*摆公平到彼此满意的程度

13) 동사, 목적어, 전치사구

[동+목] 구조는 일반적으로 전치사구를 수반할 수 없음

*他想挂帽子在墙上。

*他放了书包在桌子上。

[반례] 他放了一盆花在门口。

[동사+전치사+목적어] 구조는 목적어를 더 첨가할 수 없음

*放在两张桌子上三本书。

*他想挂在钩子上帽子。

적법하게 만드는 방법은 다음과 같음

목적어를 전치하여 주제어로 만드는 방법 : 那三本书, 他放在两张桌子上了。
帽子, 他挂在钩子上了。

把자문을 통해 목적어를 전치하는 방법 : 他把那三本书放在两张桌子上了。
他把帽子挂在钩子上了。

전치사의 목적어가 약강세 성분이면 [동사+전치사+목적어] 구조도 목적어를 더 수반할 수 있음

他放在那儿两本书。
她挂那儿一条围巾。
他贴那儿一幅画儿。
他放在那张桌子上两本书。
他挂墙上一幅画儿。

[동사+전치사+목적어] 구조에서 시태조사 了, 着, 过 는 반드시 전치사 뒤에 위치함

| | |
|---|---|
| *杯子，她放了在桌子上。 | 杯子，她放在了桌子上。 |
| *她把一蓝子菜全都放了在椅子上。 | 她把一蓝子菜全都放在了椅子上。 |

3음절 [동-보] 구조는 전치사구를 수반할 수 없음

*我得把书放整齐在桌子上。
*你要把这个镜框钉牢固在墙上。
*你应该把道理点透彻到人人都懂的地步。
*你要把问题想全面到滴水不漏为止。

2음절 [동-보] 구조는 전치사구를 수반할 수 있음

我得把书摆齐在桌子上。
你要把这个镜框钉死在墙上。
你应该把道理点透到人人都懂的地步。
你要把问题想全到滴水不漏为止。

14) 전치사의 위치

술어 뒤에는 2음절 전치사가 올 수 없음

他一生献身于教育事业。
火车开往／到／向北京。
*失控的远洋巨轮漂流向往深海。

1음절 전치사는 문장의 맨 앞에 올 수 없고 주어와 술어 사이에 옴

每个人都应该与困难作斗争。
*与困难作斗争每个人都应该。
老人望他点点头。
*望他老人点点头。

주어 앞에는 2음절 전치사만 올 수 있음

关于防止疾病，学校已经作了安排。
*学校关于防止疾病已经作了安排。
鉴于条件不利，我们还是改变计划为宜。
*我们鉴于条件不利还是改变计划为宜。

### 15) 被자문의 운율 제약

被자문의 동사는 일반적으로 1음절이 올 수 없음

*他们被敌人围。　　他们被敌人围在山里了。
*他被敌人杀。　　他被敌人杀了。
*罪犯被警察捕了。　　罪犯被警察逮捕了。　　罪犯被警察捕获了。

被자는 다른 1음절어와 결합하여 2음절로 만드는 환경을 제공할 수 있음

*他围了敌人以后，就发起进攻。　　敌人被围以后才知道上当了。
*最近，罪犯经常盗机密文件。　　最近，机密文件经常被盗。
*最近，罪犯经常窃机密文件。　　最近，机密文件经常被窃。
*暴风雪经常把山里人困不能外出。　　暴风雪一来，山里人经常被困不能外出。

### 16) 把자문의 운율 제약

1음절 동사는 把자문을 구성할 수 없음

*我们要把敌人灭。　　我们要把敌人消灭。
*出门后把灯关。　　出门后把灯关闭。
*我们要迅速把目标转。　　我们要迅速把目标转移。

### 17) [V+起来O]와 [V+起O来]의 운율통사

[V+起来O]는 독립적으로 문장을 만들 수 있으며, O가 주요 강세를 받음

他又写起来他那龙飞凤舞的字了。
他又谈起来以往的英雄事迹。
父亲经常翘起来他那又粗又壮的大拇指。

[V+起+O+来]도 독립적으로 쓰이며, O가 주요 강세를 받음

他又写起字来了。
他又谈起以往的英雄事迹来了。
父亲又翘他又粗又壮的大拇指来了。

[V+起来O]는 뒤에 오는 성분이 주요 강세를 받는 것을 허용하지 않음

*他写起来字龙飞凤舞。
*他谈起来话滔滔不绝。
*他翘起来大拇指得意洋洋。

[V+起来O]의 뒤에 다른 성분이 오면 주요 강세가 상호 충돌하는 것을 막기 위해 [V+起O来]의 구조로 바뀌어야 함

他写起字来龙飞凤舞。
他谈起话来滔滔不绝。
他翘起大拇指来得意洋洋。

18) 부사어 표지 地의 구 운율 기능

1음절 형용사가 부사어가 되면 일반적으로 地를 첨가할 수 없음

*快地吃 *慢地跑 *早地来 *晚地走 *轻地拿 *高地攀

2음절 형용사가 부사어가 되면 일반적으로 地를 첨가할 수 있음

详细地查问 慢慢地跑 轻巧地打开 高高地攀登 仔细地观测

[1음절 부사어+동사] 앞에는 很을 첨가할 수 없음

*很快吃 *很慢跑 *很早起 *很晚说 *很轻跳 *很高爬

19) 地와 的의 구 운율 표지 기능

[大狗](=단어) *很[大狗] [很大]的狗(=구)

[平地](=단어)　　*很[平地]　　[很平]的地(=구)
[快走](=단어)　　*很[快走]　　[很快]地走(=구)
[慢跑](=단어)　　*很[慢跑]　　[很慢]地跑(=구)

## 20) 조사 之와 的의 의존 방향과 운율 효과

(北京)(之春)　　*(北京之)(春天)
*(北京)(的春)　　(北京的)(春天)
*(平台的)(上)　　(平台的)(上边)
(平台)(之上)　　*(平台之)(上边)

## 21) 조사 的의 구조, 층위와 운율

a. 的가 과도하게 많으면 층위가 복잡해지고 휴지가 많아 어색하게 느껴짐

*校长的方案的主要的内容……
*新盖的大楼的图书馆的空调很好。

b. 한 개의 구에는 하나의 的만 사용하는 것이 좋음

校长方案的主要内容……
新盖大楼的图书馆，空调很好。

c. 的의 유무에 따라 구조가 달라짐

大塑料床单 = [大[…床单]]　　*大塑料的床单 = [大塑料的[…]]
老炼钢工人 = [老[…工人]]　　*老炼钢的工人 = [老炼钢的[…]]

d. 的를 여러 번 사용할 때 뒤에 오는 성분일수록 중요함

A的B的C的...D的N { ABC的N / AB的CN

校长的方案的主要的内容 { 校长方案，主要的内容是……
以上是校长方案的主要内容。

### 22) 병렬 구조의 운율 제약

(1) [V和V] 구조를 구성하는 동사는 1음절은 비적법, 2음절은 적법함

*他想说和唱这首外国诗。
他想朗读和介绍这首外国诗。
*我们今天练习写和说文言文。
我们今天开始学习和写作文言文。

(2) [V和V] 구조를 구성하는 동사가 1음절과 2음절의 결합이면 적법하지 않음

*学生今天看和讨论这个问题。
*他想读和介绍这首外国诗。
*我们今天开始学和写作文言文。

(3) [A而A]를 구성하는 형용사가 1음절과 2음절의 결합이면 적법하지 않음

*这件衣服长而宽大。
这件衣服长而瘦。
*有问题问我或者他都可以。
有问题问我或者问他都可以。
有问题问老刘或者老张都可以。
*这里的建筑既高且雄伟。
这里的建筑既高且大。
[반례] 这家饭店的菜又贵又难吃。
他这个人不但帅而且细心。

### 23) 형용사 술어문의 운율 제약

형용사는 단독으로 술어가 될 때 운율적인 제약을 받음

형용사가 단독으로 사용되면 대조의 의미를 나타냄(대조 초점 운율구조)

这张桌子大。(이 책상이 비교적 크다)

那个戴帽子的人漂亮。(모자를 쓴 그 사람이 더 잘 생겼다)

여러 문장이 병렬될 경우 각 문장에 단독으로 사용된 형용사는 대조를 나타내지 않음(병렬 운율구조)

这张桌子大。(이 책상이 비교적 크다)

桌子大、房间小，我觉得住在这里不舒服。(大와 小에 비교의 의미가 없음)

这张桌子大、那把椅子小。(이 책상은 크지만 저 의자는 작다)

하나의 문장에서 여러 형용사 술어가 병렬되면 형용사의 비교 기능이 사라짐

这张桌子[又高][又大]。

这种饼干[又酥][又脆]。

这张桌子[不但高][而且大]。

수식 성분을 첨가하면 형용사의 비교 기능이 사라짐

这张桌子大。(이 책상이 비교적 크다)

很을 첨가 : 这张桌子很大。(비교의 의미가 없어짐)

太를 첨가 : 这张桌子太大。(비교의 의미가 없어짐)

부정문에서 단독 형용사는 대조를 나타내지 않음(부정 초점 운율 구조)

这张桌子不大。(부정사가 대조의 의미를 없앰=이 책상은 크지 않다)

의문문에서 단독 형용사는 대조를 나타내지 않음(의문 초점 운율 구조)

这张桌子大不大?　　　　这张桌子大吗? (이 책상은 큽니까?)

부분 초점 운율은 형용사의 비교 기능을 없앰

这个人真厚道!

这张桌子多好啊!

我没想到大学生活那么无聊!

4자격의 강세유형을 가진 형용사는 대조를 나타내지 않음

我喜欢张三，他忠诚老实。

张三这个人勤劳朴素、谦虚可敬。

24) [比……越发……]구문에서 형용사의 운율 조건

1음절 형용사는 了를 생략할 수 없음

这次考核比上次愈发*慌。

这次考核比上次愈发慌了。

经他一激，我的头越发*疼。

经他一激，我的头越发疼了。

我今年比去年越发*胖。

我今年比去年越发胖了。

2음절 형용사는 了를 첨가할 필요 없음

这次考核比上次愈发紧张。

这次考核比上次愈发紧张了。

经他一激，我的头越发疼痛。

经他一激，我的头越发疼痛了。

我今年比去年越发透气。

我今年比去年越发透气了。

### 25) N+们의 운율 제약

N+们은 목적어가 될 수 없음

*阿Q很敬重兵士们。

兵士们对阿Q很敬重。

兵士们很敬重阿Q。

阿Q对兵士们很敬重。

(반례)他不想把考试结果告诉孩子们 / 学生们。

N+们이 목적어이면 뒤에 보충 설명해주는 말이 와야 함

阿Q雇过长工们两年。

当阿Q决定开除长工们的时候，我就会辞职。

N+们이 목적어가 되려면 문장에서 특수 초점강세가 있음

阿Q是雇了长工们，不然根本没人帮忙干田里的事。

阿Q不是没雇过长工们。

N+们이 목적어라면 N은 반드시 한정적이어야 함

阿Q骂过那些长工们。

阿Q打过那些长工们。

阿Q雇过那些长工们。

N+们이 목적어가 되려면 종속절이 필요함

阿Q一看到长工们就生气。

阿Q找到长工们才会回来。

阿Q派长工们去城里打工。

阿Q让长工们下地干活儿。

阿Q赶着长工们下地干活儿。

阿Q逼着长工们学习语言学。

阿Q把长工们骂得抬不起头来。

当阿Q决定开除长工们的时候，我就会辞职。
要是阿Q开除了长工们的话，那就完了。

26) [형용사+一点] 구문에서 형용사는 가볍고 간단한(light and simple) 것이 좋음

请说快点　　请快点说
请说大声点　　请大声一点说　　请大声点说
请说清楚一点　　*请清楚一点说　　?请清楚点说。
请说详细一点　　*请详细一点说　　?请详细点说。

[V+Adj+一点]이 목적어를 수반하려면 一를 생략해야 됨

*打牢一点基础　　打牢点基础
*赚多一点钱　　赚多点钱

27) 2음절 동사와 2음절 동명사의 운율통사적 대립

2음절 동사는 极大와 같은 2음절 부사의 수식을 받을 수 있음

极大VV　　极大鼓舞　　极大支持　　极大影响
很大VV　　很大鼓舞　　很大鼓励　　极大震动　　很大推动

2음절 동사는 大와 같은 1음절 부사의 수식을 받을 수 없음

*大VV　　*大鼓舞　　*大支持　　*大影响
*大鼓励　　*大推动　　*大震动　　*大教育

2음절 동명사는 2음절 부사의 수식을 받을 수 없음

*极大NN　　*极大辩论　　*极大批判　　*极大屠杀

2음절 동명사는 1음절 부사의 수식을 받을 수 있음

大NN　　大批判　　大辩论　　大改革　　大屠杀　　大暴动

28) [VV+N]은 일반적으로 [对N+V] 형식으로 전환될 수 있지만, [V+N]은 [对N+V] 형식으로 전환될 수 없음

| | | | |
|---|---|---|---|
| 热爱祖国 | ?对祖国热爱 | 对祖国非常热爱 | |
| 爱祖国 | *对祖国爱 | *对祖国非常爱 | |
| 审问罪犯 | ?对罪犯审问 | 对罪犯详细审问 | 怎么对罪犯审问他都不说。 |
| 审罪犯 | *对罪犯审 | *对罪犯详细审 | *怎么对罪犯审他都不说。 |

## 4. 글말

1) 글말과 입말의 운율 대립

| 글말 | 입말 |
|---|---|
| 无法 +*学 | 没办法学 |
| 禁止 +*说 / *玩 | 不让说 / 不许玩 |
| 经受 +*批 | 挨批了 |
| 共同 +*谈 | 一块谈 |
| *持着枪去 | 拿着枪去 |

2) 글말 특유의 구 구성 방식 : 1음절어 간의 결합

입말 : 来参观旅游的人不应该去 / 应该去
글말 : 观光游客*不宜往 / *宜前往 / 不宜前往 / 适宜前往
글말 : *四环以外准鸣笛
　　　四环以内不准鸣笛 / 允许鸣笛

3) 글말 중 다른 1음절 단어와 결합하여 2음절을 만드는 1음절 단어(통사적으로 자유로우나 운율적으로 의존형인 어휘)

在美国，考上一般的大学很*易。
你能考上耶鲁大学可真是不易呀!
他的两只眼睛在书上*定，一动不动。

他的两只眼睛定在书上，一动不动。
黑客企图*窃一宗绝密文件。
黑客企图窃走一宗绝密文件。
我们必须先*围他们，再进攻。
我们必须先围住他们，再进攻。
我们必须先围起他们来，再进攻。
我们必须先把他们围在村里，再进攻。

### 4) 글말의 운율 - 풍격의 통일성 : 2음절과 2음절의 결합 [XX] + [YY]

VV+VV
面临倒闭，被迫停业，无法工作，采取措施，
增加投资，非法行医，不求上进，禁止说话，举行演出

VV+NN
列举事实，导致疾病，抢夺财物，贪图享乐，集中力量，侵入学校，
滥用职权，陷入僵局，坚持真理，安装机器，设立机构，举行会议

AdvAdv+VV
严厉惩罚，公然逃跑，共同协商

VO+VV
持枪抢劫，并肩战斗，开枪警告，依法逮捕，专心学习

### 5) 글말에서 명사구의 운율적 제약 조건

동사와 목적어가 도치된 명사화일 경우 동사는 2음절이어야 함

| | |
|---|---|
| 新工艺的使用 | *新工艺的用 |
| 教学方法的改革 | *教学方法的改 |
| 房屋的修建 | *房屋的建 |
| 资金的积累 | *资金的积 |
| 民间艺人的调查 | *民间艺人的查 |

명사화될 수 있는 자동사는 2음절임

| | |
|---|---|
| 理想价值的跌落 | *理想价值的落 |
| 社会风气的倒退 | *社会风气的退 |
| 人类智力的进步 | *人类智力的进 |

6) 주어와 술어 사이에 的가 들어간 명사화일 경우 술어는 2음절이어야 함

| | |
|---|---|
| 全国各族人民的帮助(抗震救灾) | *全国各族人民的帮(抗震救灾) |
| 国际社会的声援(我们) | *国际社会的援(我们) |
| 亿万人民的信赖(党的领导) | *亿万人民的信(党的领导) |

7) 글말의 운율통사 적용 과정

[VO] → 对O进行+[VV] → 进行+[VV]*+O

| | | |
|---|---|---|
| 对修正主义进行批判 | *对修正主义进行批 | *进行批判修正主义 |

[VO] → 对O加以+[VV] → 加以+[VV]*+O

| | | |
|---|---|---|
| 对旧有材料加以利用 | *对旧有材料加以用 | *加以利用旧有材料 |

[VO] → 对O予以+[VV] → 予以+[VV]*+O

| | | |
|---|---|---|
| 对不法分子予以打击 | *对不法分子予以打 | *予以打击不法分子 |

[VO] → 从事 → [OV] → 从事+*V → 从事+*[VO]

| | | |
|---|---|---|
| 从事小说创作 | *从事写 | *从事创作小说 |
| 从事语言教学 | *从事教 | *从事教授语言 |

[VO] → O+遭到+(……的)[VV]

| | |
|---|---|
| 学生遭到老师的批评 | *学生遭到老师的批 |
| *遭到老师的批评学生 | 遭到老师批评的学生 |
| 领导遭到群众的打击 | *领导遭到群众的打 |
| *遭到群众的打击领导 | 遭到群众打击的领导 |

8) 글말에서 [동목] 이합사가 위치 이동할 때의 운율 제약

| | | |
|---|---|---|
| 从美国过境 | → | 过境美国 |
| 从波黑撤军 | → | 撤军波黑 |
| 在城外待命 | → | 待命城外 |
| 在中南海讲学 | → | 讲学中南海 |
| 国足在津门热身 | → | 国足热身津门 |
| 米卢在中国队执鞭 | → | 米卢执鞭中国队 |
| 从日过境 | → | *过境日 |
| 在京待命 | → | *待命京 |
| 在山神庙收徒弟 | → | *收徒弟山神庙 |
| 在中南海讲经济学 | → | *讲经济学中南海 |
| 在山神庙收徒弟 | → | *收两徒山神庙 / *收真徒山神庙 / *收了徒弟山神庙 |

9) 경동사의 유무로 인한 위치 이동의 운율 제약

| | | | |
|---|---|---|---|
| 在黑板上写 | → | 写黑板 | *书写黑板 |
| 用凉水洗 | → | 洗凉水 | *洗浴凉水 |
| 在饭馆吃 | → | 吃饭馆 | *吃喝饭馆 |
| 用毛笔写 | → | 写毛笔 | *书写毛笔 |

10) XX与否→*X与否(제한된 언어 환경에서는 수용 가능)→X否

| | | |
|---|---|---|
| 正确与否 | *对与否 | 对否 |
| 考虑与否 | *想与否 | 想否 |
| 在家与否 | *在与否 | 在否 |

11) 不+다른 1음절 단어와 결합해야 하는 1음절 단어

| | | | | | | | | |
|---|---|---|---|---|---|---|---|---|
| 不可 | 不易 | 不宜 | 不忍 | 不顾 | 不确 | 不良 | 不快 | 不同 |
| *可 | *易 | *宜 | *忍 | *顾 | *确 | *良 | *快 | *同 |
| 可以 | 易于 | 宜于 | 忍心 | 顾及 | 确实 | 良好 | 愉快 | 相同 |

| | | | | | | | | |
|---|---|---|---|---|---|---|---|---|
| 不幸 | 不必 | 不便 | 不甘 | 不免 | 不妥 | 不定 | 不利 | 不明 |
| *幸 | *必 | *便 | *甘 | *免 | *妥 | *定 | *利 | *明 |
| 幸运 | 必须 | 便于 | 甘心 | 免得 | 妥当 | 一定 | 有利 | 明白 |

### 12) 동사성 고정구의 운율 제약

타동사성 고정구는 일반적으로 목적어를 수반하지 않음

*他从来不闻不问孩子。

*他总是患得患失分配给他的工作。

*学生忍无可忍校长的态度。

*他深恶痛绝恐怖分子。

*我感到莫名其妙他的话。

목적어는 일반적으로 [对……]를 사용하여 수반함

他从来对孩子不闻不问。

他对分配给他的工作总是患得患失。

学生对校长的态度忍无可忍。

他对恐怖分子深恶痛绝。

我对他的话感到莫名其妙。

### 13) 4자격의 운율 현상

한 글자를 덧붙여 4자격으로 만듦

日月星辰　*日月星

绸缎布匹　*绸缎布

桌椅板凳　*桌椅凳

门窗墙壁　*门窗墙

瓜菜豆角　*瓜菜豆

坐卧行走　*坐卧走

吃喝玩乐　*吃喝玩

耳鼻咽喉　*耳鼻喉

老弱残废　*老弱残

[반례] 工农兵, 老中青, 港澳台, 新马泰, 短平快, 福禄寿, 上中下

네 글자로서만 적법하면 하나라도 뺄 수 없음

大事小事　大小事务　*大小事

新旧书店　新旧图书　*新旧书

男客女客　男女客人　*男女客

中药西药　中西药材　*中西药

收信发信　收发信件　*收发信(제한된 언어 환경에서는 수용 가능)

# 용어대조표

* 일부 개념은 원문에서 두 개 이상의 용어를 사용하였음

| | | |
|---|---|---|
| 1음절 | monosyllable | 单音节 |
| 1음절어 | monosyllabic word | 单音词 |
| 1차 강세 | primary stress | 主要重音，重读 |
| 2모라 | bimoraic | 双韵素 |
| 2분지 음보 | binary foot | 音步双分 |
| 2분지 제약 | binary condition | 双分条件 |
| 2음절 | disyllable | 双音节 |
| 2음절 음보 제약 | disyllabic foot condition | 音步必双 |
| 2음절어 | disyllabic word | 双音词，复音词 |
| 2차 강세 | secondary stress | 次重 |
| 4자격 | four-syllable structure | 四字格 |
| 가벼운 마디는 분지하지 않는다는 원칙 | weak-nodes-don't-branch principle | 轻节点不分枝的原则 |
| 강세 | stress | 重音 |
| 강세 성분 | stressed element | 重音成分 |
| 강세 영역 | stress domain | 重音范域 |
| 강세 음절 | stressed syllable | 重音音节 |
| 강세 전이 | stress shift | 重音转移 |
| 강세 할당 규칙 | stress assignment rule | 重音指派 |
| 강약 구조 | trochaic | 扬抑 |
| 강조강세 | focal stress, emphatic stress | 强调重音 |
| 결손음보 | degenerate foot | 蜕化音步，残音步 |
| 경계 외부 성분 | emargination | 界外成分 |

고대 중국어Old Chinese 古汉语
고착화idiomatization 固化
관형어attribute 定语
구 구조 운율단어phrasal prosodic word 短语韵律词
기능어function word 虚词
기정치 강세default stress 无值重音
내용어content word 实词
논항argument 论元
대우antithesis 对仗，对偶
대조강세, 대조초점contrastive focus 对比重音
뒤쪽에 무게가 실리는 원칙principle of end-weight 尾重原则
마디node 节点
모라mora 韵素
무거운 명사구 이동heavy Np Shift 重型名词短语移位
무게weight 分量
문말 강세 제약end-stress condition 句尾重音要求
문법syntax 语法
문체style 风格
변우parallelism 骈偶
병렬형 복합어parallel compound word 并列式复合词
복잡동사compound verb 复杂动词
복합 운율단어compound prosodic word 复合韵律词
복합어compound word 复合词
부가 위치adjoined position 附加位
부가어adjunct 附加词
부분강세, 부분초점narrow focus 问答重音
부사어adverbial 状语
불변화사particle 小品词
비강세음절, 약음절unstressed syllable 弱音节
비기능형복합어counter functional compound word 反功能型复合词
비마찰음nasal fricative 鼻擦音

| | |
|---|---|
| 비한정indefinite | 无定 |
| 상고 중국어Arcaic Chinese | 上古汉语 |
| 속담proverb | 谚语 |
| 수식 구조modifying construction | 偏正 |
| 약강구조iambic | 抑扬 |
| 약강세weak | 轻读 |
| 어기조사modal particle / sentence-final particle | 情态助词 |
| 어휘초점lexical focus | 词汇焦点 |
| 언어 환경context | 语境 |
| 오른쪽에서 왼쪽으로 진행하는 원칙right-to-left principle | 从右向左 |
| 완전한 어휘적 기능을 갖춘 단어lexical word | 词汇词 |
| [운두+개음+운복+운미]를 모두 갖춘 완전한 음절 | 大音节 |
| 운율prosody | 韵律 |
| 운율단위prosodic unit | 韵律单位 |
| 운율위계prosodic hierarchy | 韵律阶层 |
| 운율체계prosodic structure | 韵律系统 |
| 운율단어prosodic word | 韵律词 |
| 운율음운론prosodic phonology | 韵律音系学 |
| 운율통사론prosodic syntax | 韵律句法学 |
| 운율형태론prosodic morphology | 韵律构词学 |
| 원칭 지시distal demonstrative | 远指 |
| 율격metrical | 节律 |
| 음길이duration | 音长 |
| 음보foot | 音步 |
| 음절syllable | 音节 |
| 일반강세normal stress | 正常重音 |
| 자동사intransitive verb | 不及物动词 |
| 재분석reanalysis | 重新分析 |
| 전체초점broad focus, wide focus | 全句焦点 |
| 전치사coverb, preposition | 介词 |
| 전-핵음prenucleus | 韵核前 |

| | |
|---|---|
| 접사affix | 词缀 |
| 접사형 4자격affixal four-syllable structure | 音缀四字格 |
| 접어화cliticization | 附着 |
| 조어법word formation | 构词法 |
| 중요한 정보를 뒤에 놓는 원칙das Gesetz der wachsenden Glieder | 强信息居后法则 |
| 지배성governance | 处置性 |
| 지시성referentiality | 指涉性 |
| 착지점landing position | 落居点 |
| 초강세 음절super-heavy syllable | 超重音音节 |
| 초음보superfoot | 超音步 |
| 초점강세focal stress | 焦点重音 |
| 총칭 지시generic reference | 泛指 |
| 최소어minimal word | 最小词 |
| 콜론 성분colon constituent | 双合成分 |
| 타동사transitive verb | 及物动词 |
| 통사syntax | 句法 |
| 통사형 복합어syntactic compound word | 句法式复合词 |
| 특정 지시specific reference | 特指 |
| 파생형 복합어derived compound word | 派生式复合词 |
| 표준음보default foot | 标准音步 |
| 한정 지시definite reference | 定指 |
| 핵강세, 보통강세nuclear stress | 普通重音 |
| 형태론morphology | 构词学 |
| 후-핵음postnucleus | 韵核后 |
| P-원칙Principle-P | 原则-P |

# 찾아보기

## C



## I



## S

## 저자 冯胜利 Feng Shengli

香港中文大學 中文系 敎授
University of Pennsylvania 박사
운율통사론, 역사 문법, 훈고학
≪漢語韻律句法學≫, 上海教育出版社, 2000
The Prosodic Syntax of Chinese, Lincom Europa, Lincom Studies in Asian Lingustics, 2002
≪漢語韻律語法研究≫, 北京大學出版社, 2005
≪漢語書面用語初編≫, 北京語言大學出版社, 2006 등

## 역자

### 신수영

이화여자대학교 중어중문학과 조교수
復旦大學 中國語言文學系 박사
중국어 의미론, 형태론

### 이옥주

이화여자대학교 중어중문학과 부교수
The Ohio State Univ. East Asian Langs. & Lits. 박사
중국어 음운론, 음성학

### 전기정

선문대학교 중어중국학과 부교수
고려대학교 응용어문정보학과 박사
중국어 통사론, 응용언어학

# 중국어의 운율과 형태 · 통사


초판 인쇄 2014년 2월 17일
초판 발행 2014년 2월 27일

저 자 冯胜利
역 자 신수영 이옥주 전기정
펴낸이 이대현
편 집 이소희
펴낸곳 도서출판 역락
서울 서초구 동광로46길 6-6 문창빌딩 2층
전화 02-3409-2058(영업부), 2060(편집부)
팩시밀리 02-3409-2059
이메일 youkrack@hanmail.net
등록 1999년 4월 19일 제303-2002-000014호

ISBN 979-11-85530-30-7 93720
정 가 23,000원

* 잘못된 책은 교환해 드립니다.

* 이 도서의 국립중앙도서관 출판시도서목록(CIP)은 서지정보유통지원시스템 홈페이지(http://seoji.nl.go.kr)와 국가자료공동목록시스템(http://www.nl.go.kr/kolisnet)에서 이용하실 수 있습니다.(CIP제어번호 : CIP2014004111)